浙江省高职院校“十四五”重点立项建设教材

浙江省职业教育一流核心课程“跨境电商物流”配套教材

国家级“跨境电子商务综合服务应用技术协同创新中心”建设成果

中国特色高水平高职专业群（国际贸易实务）建设成果

浙江金融职业学院电子商务与新消费研究院建设成果

新编21世纪高等职业教育精品教材 · 跨境电商系列

跨境电商物流

主 编 **吕 希 戴小红**

副主编 **倪华芬 杨 莹 王 薇 侯维田**

中国人民大学出版社

· 北京 ·

图书在版编目（CIP）数据

跨境电商物流 / 吕希，戴小红主编. -- 北京：中国人民大学出版社，2025. 6. --（新编 21 世纪高等职业教育精品教材）. -- ISBN 978-7-300-33868-2

Ⅰ. F713. 365. 1

中国国家版本馆 CIP 数据核字第 2025U71662 号

浙江省高职院校"十四五"重点立项建设教材
浙江省职业教育一流核心课程"跨境电商物流"配套教材
国家级"跨境电子商务综合服务应用技术协同创新中心"建设成果
中国特色高水平高职专业群（国际贸易实务）建设成果
浙江金融职业学院电子商务与新消费研究院建设成果
新编 21 世纪高等职业教育精品教材 · 跨境电商系列

跨境电商物流

主　编　吕　希　戴小红
副主编　倪华芬　杨　莹　王　薇　侯维田

Kuajing Dianshang Wuliu

出版发行	中国人民大学出版社		
社　　址	北京中关村大街 31 号	**邮政编码**	100080
电　　话	010－62511242（总编室）		010－62511770（质管部）
	010－82501766（邮购部）		010－62514148（门市部）
	010－62511173（发行公司）		010－62515275（盗版举报）
网　　址	http://www.crup.com.cn		
经　　销	新华书店		
印　　刷	北京昌联印刷有限公司		
开　　本	787 mm×1092 mm　1/16	**版　　次**	2025 年 6 月第 1 版
印　　张	14.75	**印　　次**	2025 年 6 月第 1 次印刷
字　　数	336 000	**定　　价**	38.00 元

前言

PREFACE

随着跨境电商的蓬勃发展，跨境物流的需求也在不断攀升。我国跨境电商进出口额从 2018 年的 1.06 万亿元，增长到 2023 年的 2.38 万亿元。“链”接四海、通达全球，广大消费者和企业“买全球、卖全球”的需求如今能在指尖轻松实现。截至 2024 年 5 月，我国已与 31 个国家建立了双边电商合作机制，跨境电商已经成为拉动外贸增长的新动能、全球贸易发展的新势力，彰显了激发外贸活力的中国力量。跨境电商物流作为跨境电商行业高质量发展的重要保障，包含境内配送、跨境运输、境内外仓储、境外配送、退换货等多种服务。依托科技力量发展智慧物流、智慧枢纽、海外仓、分拨中心等多元物流场景，未来跨境电商物流体系将更加完善，进一步降低物流成本，显著提高物流效率。

本教材为新形态教材，完全以学习者职业能力培养为出发点，内容紧贴典型工作岗位，形式简洁、图文并茂。本教材根据跨境电商进出口 B2C、B2B 业务的不同物流方式，最大限度地体现岗位工作能力要求，将岗位工作任务与个人职业能力作为教材目录，学习者逐一学习职业能力，将所有职业能力叠加在一起，便获得了胜任典型工作岗位的整体能力。本教材是由模块化课程专家、教研教改专家和跨境电商物流企业专家在典型岗位分析、学习领域转换的基础上，根据教学逻辑编写而成的。

本教材共包括 7 个学习任务：学习任务 1，跨境电商物流行业与岗位认知；学习任务 2，跨境电商出口物流 B2C 配送方式；学习任务 3，跨境电商出口物流 B2B 配送方式；学习任务 4，跨境电商进口物流配送方式；学习任务 5，跨境电商出口货物包装；学习任务 6，跨境电商清关业务；学习任务 7，跨境电商物流信息管理。

本教材由浙江金融职业学院吕希、戴小红担任主编，编写人员有倪华芬（海盟控股集团有限公司）、杨莹（浙江大田国际货运有限公司）、王薇（杭州乐链网络科技有限公司）、侯维田（杭州楷达供应链管理有限公司）。感谢海盟控股集团有限公司、浙江大田国际货运有限公司、杭州乐链网络科技有限公司和杭州楷达供应链管理有限公司对本教材编写工作提供的支持。

由于本教材编写时间跨度较长，加之编者水平有限，书中若有疏漏、不妥之处，恳请专家和读者批评指正。

编　者

2025 年 3 月

目录 CONTENTS

学习任务 1

跨境电商物流行业与岗位认知

内容结构

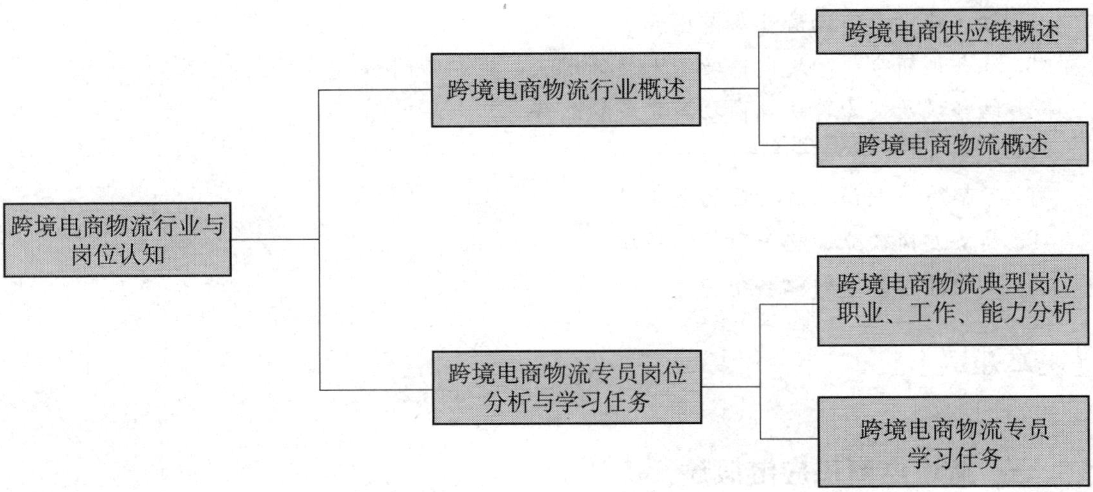

工作任务1 跨境电商物流行业概述

职业能力1-1-1 熟悉跨境电商物流行业

【学习目标】

知识目标

1. 了解跨境电商物流的含义。
2. 了解跨境电商物流的业务。
3. 认识跨境电商物流发展的现状与趋势。

能力目标

1. 独立开展跨境电商物流行业调研。
2. 描述跨境电商物流业务范围和参与主体。
3. 结合调研分析跨境电商物流发展的现状、存在的问题。
4. 结合调研提出跨境电商物流发展的趋势。

素质目标

1. 了解跨境电商物流行业的重要性。
2. 具备爱岗敬业、吃苦耐劳的品质。
3. 感受开放包容的丝路精神。

【基本知识】

一、跨境电商供应链概述

（一）跨境电商的概念

跨境电子商务，简称跨境电商，是指分属不同关境的交易主体，通过跨境电商平台达成交易、进行支付结算，并通过跨境物流运送商品、完成交易的一种国际商业活动。跨境电商是互联网与进出口贸易的融合，有广义和狭义之分。广义的跨境电商是指分属不同关境的交易主体，利用跨境电商平台进行商品展示、达成交易、进行跨境支付和跨境物流运输、完成交付的一类交易活动。狭义的跨境电商一般特指跨境零售的B2C业务，即分属不同关境的交易主体，通过跨境电商平台达成交易、进行支付结算，并采用快件、小包等跨境物流方式将商品送达终端消费者手中的交易活动。

（二）跨境电商供应链的概念

跨境电商供应链是指围绕跨境电商核心企业，通过对商流、信息流、物流、资金流的控制，将供应商、制造商、分销商、跨境电商服务商、国际物流企业、进出口各国海关、仓储/配送中心直到终端消费者连成一个整体的功能网链结构。较为完整的跨境电商进出口供应链业务流程，如图1-1所示。

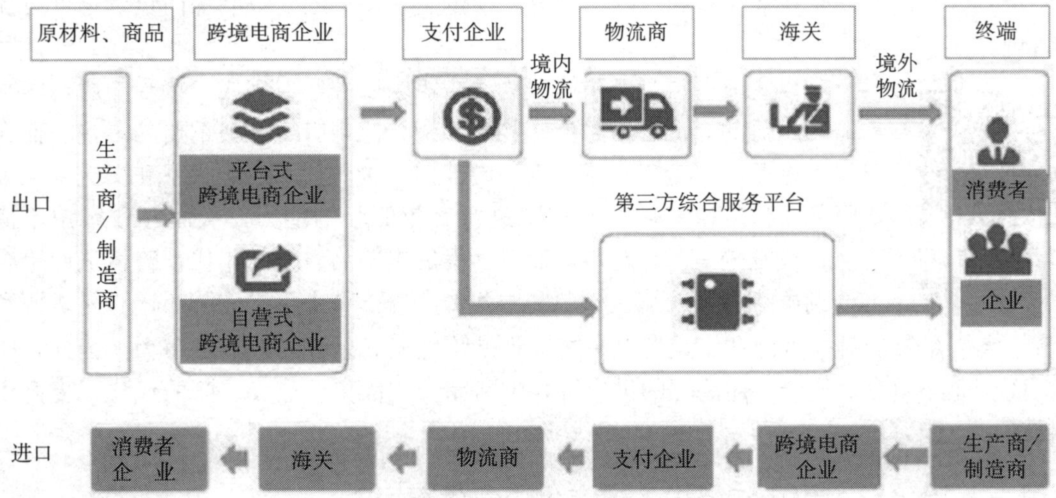

图1-1　跨境电商进出口供应链业务流程

从运行机制来看，跨境电商供应链是一个包括多个环节的过程，即根据客户订单，实现原材料采购、生产、跨境销售、支付、境内物流、通关检验、境外物流，最终将商品配送至境外消费者的一个过程。

跨境电商供应链管理的载体，包括贯穿于“链”条中的商流、信息流、物流和资金流。商流是物资的交易过程，商流活动使商品所有权发生转移，商流是信息流、物流和资金流的起点；信息流是信息流动，包括供应链上的供需信息和管理信息，它伴随物流的运作而不断产生，包括商品需求、订单传递、交货状态及库存信息；物流是商品发货流通的全过程，是供应链的核心环节，该流程的方向是商品由生产商/制造商经跨境电商企业、物流商、零售商等流向消费者；资金流是货币的流通，该流程的方向是商品由消费者经零售商、物流商、跨境电商企业等流向生产商/制造商。跨境电商进行供应链管理，目的是降低各环节成本，增加多功能、便利性服务，提高整条供应链的竞争能力。

国内跨境电商平台和商家很难全盘控制跨境电商供应链，因此供应链管理系统在跨境贸易中的重要性尤为凸显。从跨境电商企业内部的运作实践来看，其所有的供应链活动都可以归属为客户关系管理（Customer Relationship Management，CRM）、集成供应链管理（Integrated Supply Chain Management，ISCM）和供应商关系管理（Supplier Relationship Management，SRM）等部门流程中的一种。

客户关系管理聚焦于引发客户需求、简化客户下单手续、跟踪订单和进行客户服务的过程。客户关系管理包括客户关系、客户服务、订单、市场营销、定价、销售等流程管理。在企业中，一般由市场营销部门负责这部分流程管理。

集成供应链管理聚焦于以尽可能低的成本及时满足客户关系管理流程所引发的需求，包括内部生产和库存能力计划、供给和需求计划、订单履行等。在企业中，一般由生产制造部门负责这部分流程管理。

供应商关系管理聚焦于为商品和服务安排和管理货源，包括评估和选择供应商、协商供应条款、与供应商联系新商品和订购事宜等。在企业中，一般由采购部门负责这部分流程管理。

跨境电商洋葱海外聚合供应链

以上三种流程都致力于为客户需求服务，对生成、接受与履行客户需求所需的商流、信息流、物流和资金流都有着至关重要的影响。而在很多企业中，这三种流程由不同部门负责，彼此缺乏联系和交流，大大降低了供应链对供给和需求进行有效匹配的能力，从而导致客户不满意、成本较高。在跨境电商迅猛发展走向品质化的年代，跨境电商平台的竞争将是供应链上资源和服务的竞争。其中，供应链的核心是货源和物流，掌握足够的品类资源和稳定的供应链，将是跨境电商企业的核心竞争力。因此，跨境电商企业必须有效整合上述流程的供应链，不断完善、优化，形成自己的优势，提升供应链的响应能力。

（三）跨境电商供应链与内贸电商供应链的不同

跨境电商供应链与内贸电商供应链有显著不同，内贸电商供应链从商品生产到配送全过程基本均在国内完成，并不涉及海关、外汇、进口国或出口国贸易政策等相关问题。

跨境电商供应链和内贸电商供应链相比存在 6 点不同。

1. 物流环境

国际物流面向全球各国、各地区，国内物流只在本国内活动。从业务单据上看，国际物流需要准备报关单、原产地证书等相关文件，国内物流只需要一张快递面单。在国际物流中，不同商品类型的运输规范可能存在显著差异。以部分液体、粉末类商品为例，这类商品在国内物流中通常可依据常规流程运输，但在国际物流场景下，往往需要符合进出口双方国家的特定监管要求才能运输。具体而言，对此类商品进行国际运输时，托运方可能需要根据目的国的法规，提前准备包括安全认证文件、成分分析报告、进出口许可证等在内的合规材料。需要说明的是，实际监管强度会根据运输商品的危险性分类、贸易国别以及承运企业的风险管理政策而动态调整。相较而言，国内物流主要依据本国统一的运输法规执行，而国际物流则需要同时接受出口国、过境国和进口国多重监管体系的监督，这种差异客观上增加了国际物流的复杂性。建议相关企业在开展国际物流业务前，系统研究目标市场的准入要求并预留充分的准备时间。

2. 业务操作的复杂程度

首先，国际物流需要使用英语或者其他语言制作单据、佐证资料等文件，其业务操作复杂程度远高于国内物流。其次，国内物流分拣相较于国际物流简单，不用考虑国际物流因商品价值而产生的关税问题。最后，国际物流需要服务于不同国家的客户，需要根据不同国家的政策要求，采取相应措施。

3. 主要运输方式

国内物流根据客户时效要求，采取公路运输或空运＋公路运输的形式完成运输。2024年全年我国商用车保险量达285万台，其中卡车（包括轻卡、中卡、重卡等）占据主导地位，体现了卡车在物流运输中的基础性作用。国际物流需要使用海运、空运、铁路运输、公路运输等两种以上的运输方式。国际物流运输方式复杂、多变，使得国际物流的丢包成本非常高，企业经济损失大。

4. 信息查询沟通

国内消费者网购商品，通常使用电商自建物流或者与电商合作的第三方物流。消费者购买商品后可以在电商平台物流查询后台或者物流公司官方平台查询物流状态，或者打电话直接沟通物流情况。但这些方式应用到国际物流中则会存在许多障碍：一方面，国际物流信息通常需要等待商品发出两天后才能获得，且平台后台无法呈现精确的物流信息，只能显示商品到达某个港口；另一方面，不同平台对物流商的要求不同，并不是所有的商品均适用。例如，亚马逊平台对物流商的认证有要求，不是所有物流商均可以对接亚马逊后台。

5. 区域分布

国内物流发展至今已经形成覆盖区域较全的物流网络，发达地区的物流便利程度较高，偏远地区则需要花费较长时间。但国际物流涉及不同国家和地区，物流网络布局建设面临不同的政治环境、法律、行政法规，建设难度较大，发达国家和不发达国家间的物流差异性大。

6. 标准化要求

国际物流的标准化要求高于国内物流。针对液体、粉末、保健品、食品、动物皮毛类商品，不同国家有不同要求。如果没有当地国家的认证，物流商不可能将商品运输进去，甚至有些国家还禁止这些商品入境。

跨境电商未来的发展格局将是集约和整合，产业链成员间分工有序、协同合作。对于跨境电商来说，供应链的打造是实现企业提升转化量的首要任务。

二、跨境电商物流的含义

跨境电商物流，是指位于不同国家或地区的交易主体通过电商平台达成交易并支付清算后，商品跨关境流通的全过程，是跨境电商供应链整个链条中的货物交付环节。流程方向是供货商、厂家、跨境电商企业、分销商、支付企业、海关、物流商、境外配送中心等，最终指向消费者。在供应链各成员单位间流动的原材料、在制品库存和产成品等构成了跨境电商供应链的货物流。狭义的跨境电商物流，是指将在跨境电商平台上成交的商品从卖家所在国送达到与其不在同一关境的消费者手中的方法和过程。广义的跨境电商物流，是指所有通过跨境电商平台成交的批发和零售的商品从卖家所在国送达到与其不在同一关境的消费者手中的方法和过程。

跨境电商物流包含国内配送、通关检验、跨境运输、海内外仓储管理、国外本地配送、退换货等多元化的服务。跨境电商物流服务的业务流程如图 1－2 所示。跨境电商物流的成本直接关系跨境电商销售成本，跨境电商物流的送达范围广度决定了跨境电商的销售地域，跨境电商物流的通畅度和时效体现了跨境贸易的便利度和消费者的体验感。跨境电商物流以其在物流速度、物流服务质量和物流成本等方面的显著优势，昭示了国际物流行业未来的发展方向。

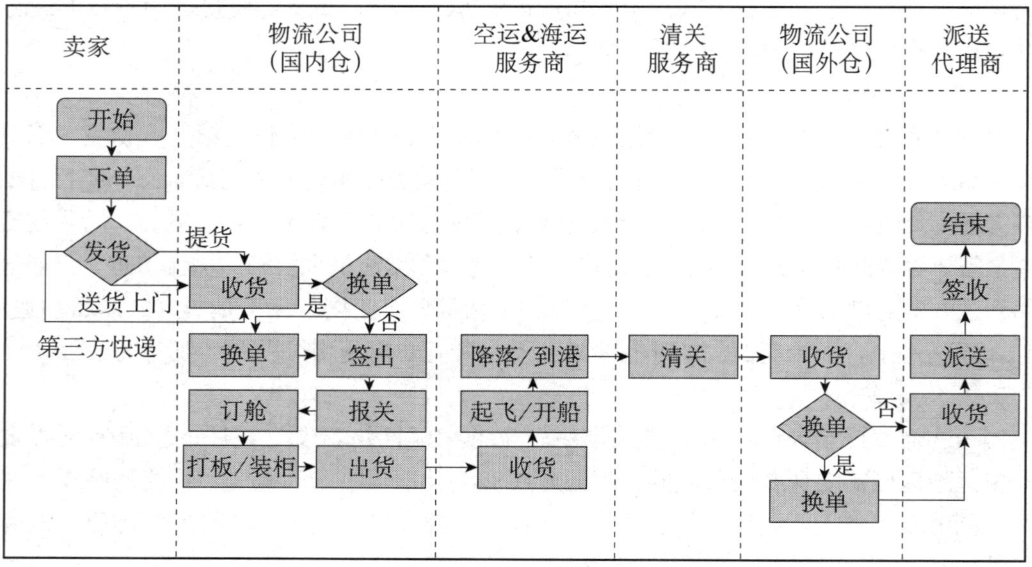

图 1－2 跨境电商物流服务的业务流程

三、跨境电商物流的业务和参与主体

（一）跨境电商物流的业务

跨境电商物流涉及的业务范围较为广泛，涵盖仓储、包装、装卸搬运、流通加工等国际物流业务环节，涉及订单管理系统（Order Management System，OMS）、运输管理系统（Transportation Management System，TMS）、仓库管理系统（Warehouse Management System，WMS）等系统，远比国内物流复杂，主要包括以下几个方面。

1. 仓储

仓储是指利用仓库对货物，如原材料、零部件、在制品、制成品等有形商品进行储存和报关，并同时向管理人员提供有关仓储货物的状态、条件和处理情况的物流活动。仓储是跨境电商物流系统的重要组成部分。仓库作为物流节点，将各运输线路连接起来，确保物流系统的形成。仓储承担改变货物时间状态的作用，仓库成为连接生产、供应、销售的中转站。货物整理、包装和分拣等可在仓储环节进行，以缩短后续环节的工作时间。合理的仓储可避免货物囤积占用资金、降低仓储费用、加快货物流通速度和资金周转。

近年来，跨境电商出口通过海外仓备货直发模式配送货物（海外仓储）、进口商通过保税仓备货模式配送货物（保税仓储）的方式得到快速发展。海外仓储，是指跨境电商平台、物流商独立或共同为卖家在销售目标地提供的货品仓储、分拣、包装、派送的一站式控制与管理服务。卖家将货物储存到当地仓库，当客户有需求时，他们第一时间做出快速响应，及时进行货物分拣、包装和递送。整个流程包括头程运输、仓储管理和本地配送三个部分。保税仓储，是指由海关批准设立的供进出口货物储存而不受关税法和进口管制条例管理的仓库。储存在保税仓的进口货物经批准可在仓库内进行改装、分级、抽样、混合和再加工等操作，货物如果再出口就免缴关税，如果进入国内市场就需要缴纳关税。保税仓具有两个优势：一是作为跨境进口货物供应链的一个重要节点，发挥仓储配送的作用；二是具有保税功能。

2. 包装

包装是指在流通过程中，为保护商品、方便储运、促进销售，按包装要求、规定和一定的技术方法，采用相应的容器、材料等进行包裹、盛装等操作活动的总称。包装包括包装物和包装操作活动。包装可分为商业包装和运输包装。保护性包装在跨境电商物流中所起的作用比国内电商物流更大，主要是由于货物在途时间长、搬运次数多、会经历更多的天气变化等。通常，跨境运输的商品包装会大幅度增加物流成本，主要是特殊的包装要求等原因造成的。

3. 装卸搬运

装卸是指货物在指定地点以人力或机械装入或卸下运输设备的活动；搬运是指在同一场所内将货物进行水平移动的物流作业。装卸是改变货物的储存、支撑状态的活动，搬运是改变货物的空间位置的活动。在实际操作中，装卸和搬运密不可分、相伴发生。在物流活动中，人们常把装卸和搬运视作一种活动。

装卸搬运是物流活动中一项常见的作业活动，是直接影响物流质量、物流效率和物流安全的重要活动。装卸搬运系统在各国都不相同，一些发达国家的装卸搬运系统的机械化、自动化、智能化的程度很高，很多发展中国家的装卸搬运系统仍然是依靠人工操作的。人工操作的装卸搬运系统效率很低，损耗加大，并且可能无法处理某些货物。

4. 流通加工

流通加工是指工作人员在物流过程中按照客户要求对货物进行包装、分割、计量、分拣、刷标志、拴标签、组装等简单加工作业活动。物流活动中的加工既是生产加工在流通领域的延伸，也是物流企业为更好地服务客户所拓展的增值服务功能。

常见的流通加工功能：弥补生产领域加工不足、提高原材料利用率和加工效率、保护货物物流过程、减少损失、方便物流操作、促进销售或生产流通一体化等。

5. 通关

海关清关，是指进出境运输工具负责人、货物收发货人及其代理人向海关申请办理货物的进出境手续，海关对其提交的单证和进出口货物依法进行审核、查验、征收税费、批准进口或出口的全过程。海关通关管理涉及面广、政策性强、时效性要求高，不仅影响跨境电商货物的物流速度，还涉及出口退税、结汇及贸易安全问题。跨境电商清关包括跨境电商出口清关、进口清关；清关模式可分为 B2C 快件清关模式、B2B2C 集货清关模式和 B2B 备货清关模式。

6. 运输

跨境电商物流中的运输，是指货物通过运力系统在不同国家或地区之间实现空间位置的移动。其中运力系统是指由运输设施、线路、设备、工具和人力组成的具有从事运输活动能力的系统。跨境运输按照不同依据进行分类。

(1) 按照货物运输设备划分，跨境运输分为国际航空运输、国际水路运输、国际铁路运输、国际公路运输、国际管道运输等。

1) 国际航空运输，是指使用飞机或其他飞行器跨关境运送货物的一种运输方式。

2) 国际水路运输，是指以船舶为运输工具，在江、河、湖、海等水域跨关境运送货物的一种运输方式，主要指远洋运输等。

3) 国际铁路运输，是指使用铁路设施、设备跨关境运送货物的一种运输方式。

4) 国际公路运输，是指使用公路设施、设备跨关境运送货物的一种运输方式，运载工具一般是卡车。

5) 国际管道运输，是指使用管道设施、设备来完成货物跨关境运输的一种运输方式。

(2) 按照货物运输范围划分，跨境运输分为干线运输、支线运输、二次运输和场内运输。

1) 干线运输，是指利用铁路、公路等干线和国际水路、航空的固定航线，进行长距离、大批量的跨境运输。干线运输具有运输距离长、数量多、速度快和成本低等特点。

2) 支线运输，是指在与干线运输相接的分支线上进行的运输。由于支线的建设水平低于干线，因此支线运输的速度一般较慢。

3) 二次运输，是指通过干线、支线将货物运输到站后，站点与仓库或指定接货地点之间进行的运输。二次运输一般距离较短，是干线与支线运输的一种补充方式。

4) 场内运输，是指在企业范围内，直接为生产过程提供服务的运输。场内运输一般在车间之间、车间与仓库之间、堆场之间进行。

(3) 按照货物运输的作用划分，跨境运输分为集货运输和配送运输。

1) 集货运输，是指将分散的货物通过集拼进行汇集的集中运输方式。不同托运人的货物通过短距离、小批量集中后，再利用国际运输工具进行大批量跨境运输。

2) 配送运输，也称“最后一公里”运输，是指将已按照目的国境外客户要求配好的货物进行分送的运输形式。配送运输属于跨境运输中的末端运输，一般由当地快递公司进行配送。

(4) 按照运输中途是否换载，跨境运输分为直达运输和中转运输。

1) 直达运输，是指货物由发运地到接收地，中途不需要换装和在储存场所停置的运输方式。

2）中转运输，是指货物由生产地运达至最终目的地，中途经过一次以上落地并换装的运输方式。

（5）按照运输协作程度划分，跨境运输分为一般运输和多式联合运输。

1）一般运输，是指孤立地采取不同运输方式或同一种运输方式，而没有形成有机协作关系的运输，如单一的国际海上货物运输或国际航空货物运输等。

2）多式联合运输（多式联运），是指按照多式联运合同，以至少两种不同运输方式，由多式联运经营人将货物从一国境内的接管地点连续运至另一国境内指定交付地点的货物运输。多式联合运输实行一次托运、一单到底、一次收费、统一理赔和全程负责的制度，它是一种以方便托运人和货主为目的的先进的货物运输组织形式。海铁联运、陆桥运输、海空联运、铁卡联运等都是多式联合运输。

7. 物流配送

物流配送，是指在一定区域范围内，工作人员根据客户要求，对货物进行挑选、加工、包装、分割、分拣、组配等作业，并将货物按时送达指定地点的物流活动。

跨境电商物流配送，是指跨境电商物流企业利用互联网技术，根据目的国客户的订货要求，按照约定的时间、地点，将已配好的货物送到客户手中的物流活动。跨境电商物流配送是提高企业物流效率、提高客户满意度和体验感、降低物流成本的重要环节。

在跨境电商物流中，多元化的运输方式，配以搬运、海外仓、配送等活动，可以最大限度地满足客户的需求，推动跨境电商可持续发展和跨境物流行业高效率运行。

8. 退换货服务

退换货服务，是指建立网络、接收客户退回的次品和多余商品，在商品出问题时提供退货、换货的服务支持的活动。

（二）跨境电商物流的参与主体

跨境电商物流的参与主体包括托运人、国际货运代理公司、承运人代理公司、承运人、报关行、仓库、收货人等。

1. 托运人

托运人是指将货物托付承运人，向承运人支付相应报酬的一方当事人。在跨境电商物流业务中，托运人即跨境电商卖家或代理人。

2. 国际货运代理公司

国际货运代理公司需要为托运人提供安排运输线路、选择合适的承运人、接受委托、订舱、包装、储存、签发单证、代理报检、代理报关、安排国内运输、提货等服务；为收货人提供海关代理报关、清关业务；审核申报货物确切的金额、数量、品名；为承运人商谈公平合理的运价，进行交货。如今，国际货运代理公司的服务范围不断扩大，它们为客户所提供的服务也从传统的基础性服务，扩展至全方位的系统性服务，包括货物的全程运输和配送服务。

3. 承运人代理公司

承运人代理公司主要替承运人（如船东、航空公司、陆运公司）在港口安排接泊/装卸作业、授受订舱、代签提单、代收运费等，是依据法律规定设立的运输辅助性企业。

4. 承运人

承运人是实施运输的主体，在跨境电商物流中主要是指国际快递公司、航空公司、班轮公司、铁路货运公司和公路货运公司等。

5. 报关行

各国海关基本上都要求对进出口货物进行申报。在跨境电商 B2B 模式下，有些货主有自己的保管人员，许多货运代理公司也有报关资格，不需要单独的报关行介入。报关行或货运代理都需要货主提供必要的报关单据，在海关代理申报，同时提供商检等服务。产生关税单后，货主缴纳关税，有时还包括由海关代收的其他费用。货主可自行提、送货或由物流公司代为提、送货。

6. 仓库

跨境电商进口和出口中，涉及较多仓储业务的有保税仓库和海外仓库。按照仓库在跨境电商物流中的用途划分，物流仓库分为口岸仓库、中转仓库、加工仓库和储存仓库。口岸仓库大都设在商品集中的发运出口货物的沿海港口城市，主要储存出口代运商品和进口待分拨商品。中转仓库主要是按照商品的合理流向，收储、转运经过口岸出口的商品，大都设在商品生产集中的地区、出运港口附近、商品集中分运的交通枢纽地带。加工仓库是将出口商品的储存和加工结合在一起，兼营对某些商品的挑选、整理、分级、包装、改装等简单的加工业务，以适应国际市场的需要。储存仓库主要用于储存出口商品、进口待分拨和满足出口业务需要的储备商品。

7. 收货人

收货人，指买家或货主，是托运人在货运单上指定的在货物到达地提取或收取货物的单位或个人。在跨境电商的海派、空派业务中，收货人可以是托运人在目的国的物流合作商、跨境电商平台或实际买家。

四、跨境电商物流发展的现状、存在的问题与趋势

（一）跨境电商物流发展的现状

1. 跨境电商物流行业市场规模不断扩大

随着跨境电商和对外贸易的发展，近几年我国跨境电商行业发展迅猛。据海关总署初步统计，2024 年我国跨境电商进出口额为 2.63 万亿元，同比增长 10.8%。

2. 跨境电商物流模式多样

不同跨境电商物流模式对跨境电商卖家带来的影响是不同的。我国跨境电商企业根据运输时长、商品大小、费用高低、安全性等需求选择不同的物流方式。目前跨境电商物流主要分为直邮和海外仓储两种模式。直邮主要分为邮政小包、国际快递、国内快递和专线物流。在海外仓储模式中，保税备货模式对跨境进口较为有利，但也存在一些不足之处；海外仓备货模式能够降低大量商品跨境运输成本，且适用的品类多，但数量相对不足；第

三方物流模式比较适合中小型跨境电商企业，因此可以重点发展。

3. 邮政小包模式比较优势明显

多年来，邮政直邮包裹一直是跨境出口的重要方式，这得益于其具有全球覆盖网络、较高通关效率、较强通关能力、较强价格优势。以价格为例，相较于其他物流形式，邮政小包没有远程费用和燃油附加费。在跨境电商物流模式中，邮政小包物流模式较为流行，在物流清关效率、网络覆盖程度和与主要品类特性的匹配程度等方面都有较为明显的优势。

4. 服务功能不断完善

跨境电商物流服务不仅涵盖通关、仓储物流、国际运输业务、快递业务、邮政业务等传统国际物流服务，而且包含跨境电商卖家一站式解决属地备案、口岸登记、商品备案、实名认证、“三单对碰”等相关合规要求的增值服务，还为保税备货和 B2C 直邮的跨境电商卖家提供发布海淘商品、实名认证等服务。此外，跨境电商物流服务还涉及 OMS、TMS、WMS 等系统，可以提升各方关系的融洽性。

(二) 跨境电商物流发展存在的问题

1. 查验严格

跨境电商物流要通过两个以上关境，这导致跨境电商物流的空间跨度大，货物从一地运输到境外客户手中，由于不同国家贸易政策、海关政策有差异，部分国家对进口包裹审查严格、查验率低、清关手续复杂，容易出现问题，轻则要求补充资料，重则出现扣货与没收货物的情况，从而影响时效，带来损失，因此跨境电商卖家需要重视目的国的监管制度和贸易壁垒，选择专业的清关公司。

2. 成本居高

由于跨境电商物流的中间环节长，操作流程相对比较复杂，跨境电商卖家需要在海关、物流及仓储方面投入大量成本，因此存在较多的不可控因素，导致跨境电商物流的成本居高不下，且潜在风险和成本较大。

3. 配送慢

由于发货地点在境外，路途遥远，跨境电商卖家为降低成本集中发货，加上海关清查时效不定等，因此相较于国内物流，跨境电商物流配送时间长。此外，天气、旺季等原因也会导致包裹配送延误。配送时间长会降低客户的购物体验，增加运输过程中包裹破损的不确定性。跨境电商卖家提前备货到海外仓是解决途径之一。

4. 易破损和丢包

物流企业揽收后需要经过多次转运才能将货物送达至客户手中，在贴单、分拣等环节操作不当易造成丢包、送错货的概率增高。物流企业暴力分拣导致包裹破损也成为投诉的主要原因。因此，跨境电商卖家选择专业的物流企业与物流渠道非常重要。

5. 退换货难

跨境商品因受距离、海关、时间等因素影响，不支持无理由退换。针对退换货难的问题，跨境电商卖家可以选择合适的海外仓以提供退换货服务，包括售后维修、货物退回国内等，从而提升客户的购物体验、降低物流成本。

（三）跨境电商物流发展的趋势

跨境电商物流在物流速度、物流服务质量和物流成本等方面具有显著优势，其主要发展方向呈现行业规范化、服务标准化、物流过程数字化、仓储智能化、流程可视化、交付可追踪化等特征。跨境电商物流昭示着国际物流行业未来的发展方向。

1. 向行业规范化、服务标准化方向发展

跨境电商物流随着各国监管制度的完善而不断创新，是对传统国际物流的一种整合、升级、改造。中国海关为适应跨境电商碎片化订单的高速增长而进行监管创新，针对跨境B2C订单推出三单对碰。三单对碰作为通关监管依据，能够提高通关效率，成为各国海关监管的模板。自我国正式实施《中华人民共和国电子商务法》，市场环境在法律约束下进一步规范，跨境电商物流随着政策法规的落实和行业标准的完善，向更加本土化、规范化、合规化、标准化的方向发展。

2. 服务功能集成化程度不断提高

跨境电商物流需求量不断增长，客户的服务需求多样化、质量需求提高和技术水平的逐步提升，将促使行业运营水平进一步提升。跨境电商物流服务将朝着更加专业化、定制化、多功能和集成化的高水平方向发展。

3. 向物流过程数字化、仓储智能化方向发展

跨境电商物流管理要求以客户需求驱动，技术赋能物流数字化转型，在数据驱动下优化仓储点及物流线路布局，提高效率。目前，我国境内物流技术已经可以实现一定程度的物流过程数字化、仓储智能化、业务数据化。未来，大数据、云计算、区块链等新兴技术也将在跨境电商物流行业深入应用。跨境电商物流行业逐步向数字化、智能化方向迈进。

工作任务 2　跨境电商物流专员岗位分析与学习任务

职业能力 1－2－1　岗位分析与学习任务描述

【学习目标】

知识目标

1. 了解跨境电商物流典型岗位的工作要求。
2. 了解跨境电商物流典型岗位的能力要求。

能力目标

1. 解读跨境电商物流典型岗位的主要工作任务。
2. 明确表述跨境电商物流典型岗位的能力要求。
3. 根据调研提出跨境电商物流专员在学习领域的任务要求。

素质目标

1. 认识跨境电商物流典型岗位的能力与责任要求。
2. 具备跨境电商物流专员学习、做事、做人的素养。
3. 感受开放包容的丝路精神。

【基本知识】

一、跨境电商物流典型岗位职业分析

跨境电商物流典型岗位表

由跨境电子商务综合试验区（简称跨境电商综合试验区）和相关省份跨境电商协会物流专委会专家，跨境电商、跨境电商物流、国际货运物流、海外仓、保税仓和报关行等企业专家以及教育专家、课程开发专家、专任教师等，组成跨境电商物流典型岗位研发项目组，根据跨境电商物流行业的发展现状和趋势，通过对不同类型、不同规模跨境电商企业、相关跨境电商物流类岗位群进行采访、梳理、分析和总结，得到跨境电

商物流典型岗位表，详见二维码。

二、跨境电商物流典型岗位工作分析

跨境电商物流专员岗位典型工作任务表

通过对跨境电商及物流企业的典型岗位，包括跨境电商物流渠道运营、销售、客服、订舱、发货、关务、仓储等岗位的员工、管理人员等进行访谈、观察；运用 BAG 工作分析法，即专家工人访谈法，把工作任务放在跨境电商物流企业整体的运营过程和学习者全面发展的大环境中进行职业分析、职责分析；对基于工作过程的工作任务进行描述，确认典型工作任务及其特征，得到跨境电商物流专员岗位典型工作任务表，详见二维码。

三、跨境电商物流典型岗位能力分析

在对跨境电商物流专员岗位典型工作任务进行分析的基础上，运用 LDSP 能力分析法，将职业关键能力分类为学习能力、做事能力、社会能力、个性能力，对跨境电商物流典型岗位进行职业关键能力分类、分析。

（1）学习能力（L：Learning Ability）。学习能力项下分为思维能力、方法能力、信息能力 3 项子能力。

（2）做事能力（D：Ability to Do Things）。做事能力项下分为处理事务能力、解决问题能力、产品创新能力、项目管理能力 4 项子能力。

（3）社会能力（S：Social Ability）。社会能力项下分为思想素质、社交能力、文化素养、国际化素养 4 项子能力。

（4）个性能力（P：Personality Ability）。个性能力项下分为人格与健康 2 项子能力。

运用 LDSP 能力分析法，结合任职要求，对跨境电商物流专员岗位的职业关键能力进行系统梳理、归类、组合，表述为一般化的职业要求，得到跨境电商物流专员能力分析表，详见二维码。

四、跨境电商物流专员学习任务描述

将跨境电商物流专员岗位典型工作任务匹配关键子任务，进行学习领域的任务转换，将学习内容对接工作任务与能力，得到跨境电商物流专员的学习任务表，详见二维码。

跨境电商物流专员能力分析表

跨境电商物流专员的学习任务表

知识巩固

一、选择题

1. 和传统国际贸易相比，跨境电商的特征包括（　　）。[多选题]

A. 多边化　　B. 小批量　　C. 高频次　　D. 数字化

2. 跨境电商物流发展的趋势包括（　　）。[多选题]

A. 产业生态更为完善　　B. 服务品类和市场主体更加多元化

C. 服务功能向集成化发展　　D. 物流过程数字化、仓储智能化

3. 做跨境电商的原因包括（　　）。[多选题]

A. 缩短对外贸易的中间环节　　B. 为小微企业提供新的机会

C. 有利于外贸企业转型升级　　D. 有利于中国制造品牌出海

4. 跨境电商物流典型岗位包括（　　）。[多选题]

A. 渠道运营专员　　B. 销售专员

C. 关务专员　　D. 物流专员

5. 跨境电商物流专员的工作内容包括（　　）。[多选题]

A. 跨境电商物流方式的选择　　B. 跨境电商清关

C. 跨境电商包装　　D. 跨境电商物流纠纷处理

二、判断题

1. 跨境电商物流专员能根据客户需求，运用本领域的基本知识、技术、平台工具等，有效处理符合企业需求的跨境电商物流方案设计。（　　）

2. 跨境电商物流专员的对外协作工作包括与IT部门开展协作。（　　）

3. 跨境电商物流目前的痛点是海关查验太多。（　　）

4. 邮政包裹是跨境电商物流的主要模式之一。（　　）

5. 通常跨境电商卖家不愿意用物流成本高的物流方式，如海外仓。（　　）

拓展练习

1. 跨境电商企业进行供应链管理的必要性是什么？

2. 跨境电商供应链主要包括哪些环节？

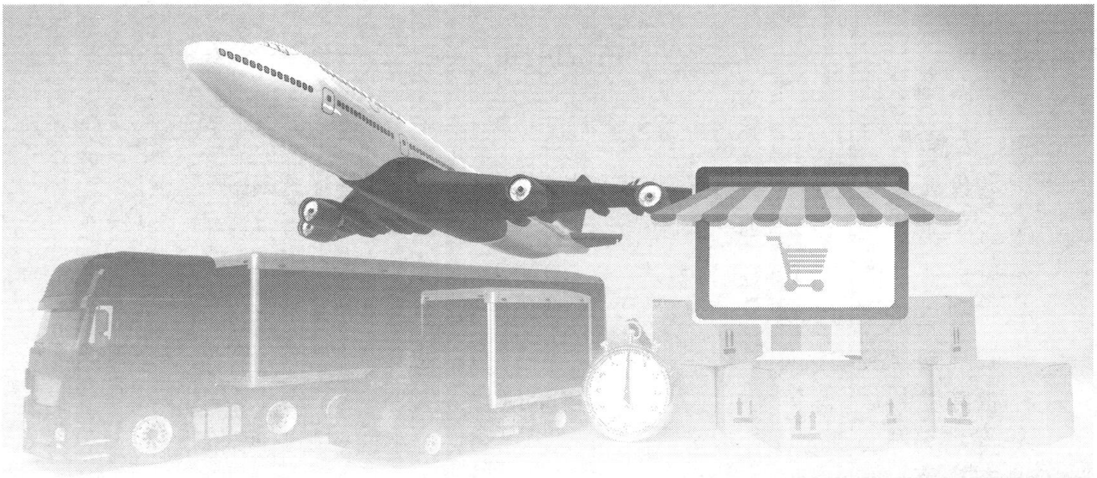

学习任务 2

跨境电商出口物流 B2C 配送方式

内容结构

- 跨境电商出口物流B2C配送方式
  - 国际邮政包裹操作
    - 中国邮政物流产品
    - 中国邮政物流费用计算
    - 中国邮政物流操作
  - 国际商业快递操作
    - 商业快递产品
    - 国际商业快递费用计算
    - 国际商业快递操作
  - 跨境电商专线物流业务操作
    - 跨境电商专线物流产品
    - 跨境电商专线物流费用计算
    - 跨境电商专线物流操作

工作任务 1　国际邮政包裹操作

职业能力 2-1-1　熟练选择中国邮政物流产品

【学习目标】

知识目标

1. 掌握邮政物流的含义、万国邮联的相关知识。

2. 了解国际平常小包、国际挂号小包、国际跟踪小包、e 邮宝、E 速宝专递、e 特快、国际及港澳台 EMS。

3. 说明国际平常小包、国际挂号小包、国际跟踪小包、e 邮宝、E 速宝专递、e 特快、国际及港澳台 EMS 的特点及适用范围。

能力目标

1. 判断不同场合适用的邮政物流类型和规格。

2. 归纳邮政物流产品的选择流程。

3. 掌握不同类型邮政物流的运费计算方法。

素质目标

1. 践行社会主义核心价值观，培养维护国家主权的意识，提升爱岗敬业、吃苦耐劳的品质。

2. 感受开放包容的丝路精神。

3. 认识“五通”与人类命运共同体的重要性。

【基本知识】

一、邮政物流的含义

邮政，是由国家管理或直接经营寄递各类邮件（信件或物品）的事业，具有通政、通商、通民的特点。邮政物流作为邮政体系下开展的一种物流形式，利用万国邮政联盟的全球邮政网络提供物流运输服务。

邮权，是指主权国家独立自主地办理本国邮政的权利，是国家的主权之一，不受任何外来势力的干扰和侵犯，是国家在邮政通信领域行使主权的具体体现。任何其他国家都不能在中国的全部领域内，包括领土、领空、领水及其领域的延伸部分行使邮权。外国人不得在中国境内经营邮政专营业务。具体体现如下：（1）只有国家才有权发行本国邮票。（2）只有国家才有权派代表参加国际邮政会议。（3）只有国家才有权在本国领土上设立邮局。

根据邮权归属，国际邮政包括中国邮政和外国邮政，邮政包裹分国内邮政包裹和国际邮政包裹。国际邮政包裹在配送过程中会使用邮政的运营系统。与其他的跨境物流方式相比，国际邮政包裹配送在货物类型、体积、重量、通关等方面均有不同的要求。

基于万国邮联网络下邮路清关模式的中国邮政物流产品的覆盖面广，具备价格优势和清关优势，但时限不稳定，旺季期间容易发生时效加长的问题，影响客户体验；出关不会产生关税或清关费用，但在目的地国家进口时有可能产生进口关税，具体根据每个国家关税法的规定而不同。

二、万国邮政联盟

万国邮政联盟（Universal Postal Union，UPU），简称万国邮联或邮联，是商定国际邮政事务的政府间国际组织（见图 2-1）。万国邮联成立于 1874 年。目前万国邮联有 192 个成员国，是世界上第二古老的国际组织，旨在确保邮件可以在地球上传递。万国邮联通用语言为法语。

图 2-1　万国邮联标志

万国邮联的经费，包括各机构的活动经费和国际局官员的报酬，由成员国以缴纳会费的方式分摊。

万国邮联通过终端费改革方案

根据万国邮联对邮政运营商的研究，邮政金融服务包括基本的支付、转账、储蓄等金融服务，有利于全球经济和社会发展，对提高人民生活水平起着重要的作用。邮政网络确保全世界的公民获得高效、可靠、安全和廉价的电子支付服务。万国邮联的宗旨是促进国际邮政业务的合作与发展，并在力所能及的范围内提供邮政技术援助。该组织制定了邮政支付服务协议及相关法规，并搭建了法律框架。通过邮政技术中心与国际金融系统的协同运作，万国邮联为各国邮政运营商提供技术支持和跨境支付基础设施，使其能够高效开展国际汇款服务。

万国邮联的一项重要工作是商定终端费。终端费是指在国际邮政业务中，原寄国邮政向寄达国邮政支付的为补偿寄达国处理所接收函件的费用，适用于信件和 2kg 以下的小包。现在，万国邮联每 4 年开一次大会，以投票的方式商定终端费。例如，某人从 A 国用邮政寄文件给在 B 国的朋友，他向 A 国邮政付钱，A 国邮政完成本国的运送，再由 B 国邮政完成文件在 B 国境内的妥投，A 国邮政向 B 国邮政支付终端费。终端费采取对冲结算的方式。在计算费率时，万国邮联将全世界的国家分成 4 类，第一类包括发达国家，第二类和第三类包括发展中国家，第四类包括最不发达国家。发达国家对发展中国家的邮政小包实行邮费打折政策，发展中国家投向发达国家的信件包裹可以享受大量补贴。换言之，发达国家向发展中国家的收费较低，发展中国家向发达国家的收费较高。我国于 1914 年加入万国邮联。

三、中国邮政物流产品

（一）国际平常小包

国际平常小包是中国邮政基于万国邮联网络，针对 2kg 以下小件物品推出的经济类直发寄递业务，通达全球 200 多个国家和地区。中国邮政可通过线上与线下两种渠道发货，为客户提供经济实惠、清关便捷的轻小件寄递服务。

1. 尺寸限重

国际平常小包限重：2kg。

尺寸规格要求：长、宽、厚合计 900mm，最长一边不得超过 600mm，公差不超过 2mm。圆卷状的，直径的两倍和长度合计 1 040mm，长度不得超过 900mm，公差不超过 2mm。至少有一面的长度不小于 140mm，宽度不小于 90mm，公差不超过 2mm。圆卷状的，直径的两倍和长度合计 170mm，长度不得少于 100mm。

2. 特点

平台认可：国际平常小包业务是最早在主流电商平台上线的物流解决方案之一，可通过线上与线下两种渠道发货。交寄便利：全国大部分地区可交寄国际平常小包，线上渠道提供上门揽收、客户自送等多种交寄方式。性价比高：国际平常小包为经济型产品，性价比高。其中某些路向还会提供 1～2 个境外段关键节点反馈信息。渠道多样：部分路向提供空运、陆运多种运输方式。

3. 计费标准

使用报价工具查询具体产品价格，查询结果仅供参考，以实际收寄计费为准：https://my.ems.com.cn/pcp-web/f/pcp/indexController/toquoteindex。

国际平常小包无首重、续重，统一按克计算运费，不计体积重量。

（二）国际挂号小包

国际挂号小包即中国邮政航空小包，又称中国邮政小包，是中国邮政基于万国邮联网络，针对 2kg 以下小件物品推出的标准类直发寄递业务，通达全球多个国家和地区。国际挂号小包可通过线上与线下两种渠道进行发货，为客户提供全程可控、清关便利的轻小件寄递服务。国际挂号小包的尺寸限重与国际平常小包一致，需收取挂号费，但配送范围小于国际平常小包。

1. 尺寸限重

国际挂号小包限重：2kg。

尺寸规格要求：长、宽、厚合计 900mm，最长一边不得超过 600mm，公差不超过 2mm。圆卷状的，直径的两倍和长度合计 1 040mm，长度不得超过 900mm，公差不超过 2mm。至少有一面的长度不小于 140mm，宽度不小于 90mm，公差不超过 2mm。圆卷状的，直径的两倍和长度合计 170mm，长度不得少于 100mm。

2. 特点

国际挂号小包计费标准

平台认可：国际挂号小包业务是最早在主流电商平台上线的物流解决方案之一，可通过线上与线下两种渠道发货。交寄便利：全国大部分地区均可交寄国际挂号小包，线上渠道提供上门揽收、客户自送等多种交寄方式。国际赔付保障：丢损赔付，安心交寄（不同渠道赔付标准详情请咨询本地客户经理）。全程可控：主要路向提供全程跟踪信息，并提供异常情况查询、收件人签收等增值服务。

3. 计费标准

使用报价工具查询具体产品价格，查询结果仅供参考，以实际收寄计费为准：https://my.ems.com.cn/pcp-web/f/pcp/indexController/toquoteindex。

（三）国际跟踪小包

国际跟踪小包是中国邮政与重点国家（地区）邮政针对轻小件物品寄递需要合作开办的标准类直发寄递业务；可通过线上与线下两种渠道发货，为客户提供全程跟踪、价格优惠的轻小件物品寄递服务。国际跟踪小包与国际平常小包、国际挂号小包的特点基本一致，主要的区别在于国际跟踪小包仅针对特定的国家（地区）服务。

1. 尺寸限重

国际跟踪小包限重：2kg。

尺寸规格要求：长、宽、厚合计 900mm，最长一边不得超过 600mm，公差不超过 2mm。圆卷状的，直径的两倍和长度合计 1 040mm，长度不得超过 900mm，公差不超过 2mm。至少有一面的长度不小于 140mm，宽度不小于 90mm，公差不超过 2mm。圆卷状的，直径的两倍和长度合计 170mm，长度不得少于 100mm。

2. 特点

平台认可：国际跟踪小包业务得到平台广泛认可和推荐，可通过线上与线下两种渠道发货。交寄便利：全国大部分地区可交寄国际跟踪小包，线上渠道提供上门揽收、客户自送等多种交寄方式。全程跟踪：提供全程跟踪信息、运行质量稳定，且价格实惠。渠道多样：部分路向提供空运、陆运多种运输。

3. 计费标准

使用报价工具查询具体产品价格，查询结果仅供参考，以实际收寄计费为准：https://my.ems.com.cn/pcp-web/f/pcp/indexController/toquoteindex。

（四）e 邮宝

e 邮宝是为满足跨境轻小件物品寄递需要而开办的标准类直发寄递业务。该业务依托邮政网络资源优势，在国内段使用 EMS 网络进行发运，出口至境外后，境外邮政合作伙伴优先处理，旨在为客户提供价格优惠、时效稳定的跨境轻小件寄递服务。e 邮宝有固定的航线、固定的班次、固定的时间发往固定的国家和地区；目前不提供延误、丢失、破损、查验等附加服务；通达多个国家和地区。

1. 尺寸限重

e 邮宝限重：2kg（以色列为 5kg，俄罗斯为 3kg）。

尺寸规格要求：单件最大尺寸：长、宽、厚合计不超过 90cm，最长一边不超过 60cm。圆卷状的，直径的两倍和长度合计不超过 104cm，长度不得超过 90cm。单件最小尺寸：长度不小于 14cm，宽度不小于 11cm。圆卷状的，直径的两倍和长度合计不小于 17cm，长度不小于 11cm。

2. 特点

在线打单：在线订单管理，方便快捷。时效稳定：重点路向全程平均时效 7～15 个工作日，服务可靠。全程跟踪：提供主要跟踪节点扫描信息和妥投信息，安全放心。平台认可：主流电商平台认可和推荐物流渠道之一，品牌保障。

3. 计费标准

使用报价工具查询具体产品价格，查询结果仅供参考，以实际收寄计费为准：https://my.ems.com.cn/pcp-web/f/pcp/indexController/toquoteindex。

e 邮宝计费标准

（五）E 速宝专递

E 速宝专递是中国邮政总部通过整合境内外渠道优质资源，专门针对不同国家和地区的特点而设计的跨境电商商业渠道物流解决方案。该业务采用商业清关模式，末端选择标准类投递网络，提供妥投信息，可以寄递带电产品，最高限重 30kg。E 速宝专递寄达路向如表 2－1 所示。

表 2－1 E 速宝专递寄达路向

序号	寄达路向
1	德国
2	美国
3	法国
4	西班牙
5	意大利
6	泰国
7	英国
8	新加坡
9	马来西亚
10	印度

1. 尺寸限重

起重 50g，限重 30kg，计泡（计泡系数为 8 000）。

尺寸规格要求：最长边小于等于 60cm；长×宽×高小于等于 60cm×40cm×40cm。

2. 特点

E 速宝专递按克计费，价格具有竞争力；商业清关，时效稳定；适用产品范围广泛，可寄递带电产品；支持各大电商平台和 ERP；提供赔偿及退件服务。

3. 计费标准

使用报价工具查询具体产品价格，查询结果仅供参考，以实际收寄计费为准：https://my.ems.com.cn/pcp-web/f/pcp/indexController/toquoteindex。

（六）e 特快

e 特快是中国邮政为适应跨境电商高价值货物寄递市场需要而设计的快速直发寄递业务，是现有 EMS 优势业务的优化和升级，先期开办十多个路向，后逐步扩大。e 特快在内部处理、转运清关、落地配送、跟踪查询、尺寸规格标准等各方面均有更高要求，能有效提高邮件的稳定性和时效性，提高跨境电商卖家发货效率，提升客户体验，增加好评、提升流量。

1. 尺寸限重

e 特快的首重为 50g，多数国家和地区的限重为 30kg，少数国家和地区的限重略有不同。

e 特快最大尺寸限制分为 5 个标准：

标准 1：任何一边的尺寸都不超过 1.5m，长度和长度以外的最大横周合计不超过 3.0m。

标准 2：任何一边的尺寸都不超过 1.05m，长度和长度以外的最大横周合计不超过 2.0m。

标准 3：任何一边的尺寸都不超过 1.05m，长度和长度以外的最大横周合计不超过 2.5m。

标准 4：任何一边的尺寸都不超过 1.05m，长度和长度以外的最大横周合计不超过 3.0m。

标准 5：任何一边的尺寸都不超过 1.52m，长度和长度以外的最大横周合计不超过 2.74m。

2. 特点

性价比高：50g 起续重计费，降低寄递成本。在线打单：使用大客户发件系统在线下单，高效方便。全程跟踪：邮件信息全程跟踪，随时了解邮件状态。平台认可：主流电商平台认可，物流提质加分。

e 特快计费标准

3. 计费标准

e 特快采取首重 50g、续重 50g 的计费方式。邮件体积重量大于实际重量的，按体积重量计费。

（七）国际及港澳台特快专递

国际及港澳台特快专递（简称国际及港澳台 EMS）是中国与其他国家（地区）、中国内地与中国港澳地区、中国大陆与中国台湾地区间寄递特快专递邮件的业务，可为客户快速传递各类文件资料和物品，同时提供多种形式的邮件跟踪查询服务。该业务与各国（地区）邮政、海关、航空等部门紧密合作，打通绿色便利邮寄通道，在海关、航空等部门均享有优先处理权，为客户提供传递境内、境外紧急信函、文件资料、金融票据、商品货样等各类文件资料和物品的高质量服务。此外，该业务还包含代客包装、代客报关等一系列综合延伸服务。

1. 尺寸限重

多数国家和地区限重要求在 30kg 以内，少数国家和地区的限重有所不同。

国际及港澳台针对不同资费区的国家和地区，国际及港澳台 EMS 制定了不同的尺寸标准。

标准 1：任何一边的尺寸都不超过 1.5m，长度和长度以外的最大横周合计不超过 3.0m。

标准 2：任何一边的尺寸都不超过 1.05m，长度和长度以外的最大横周合计不超过 2.0m。

标准 3：任何一边的尺寸都不超过 1.05m，长度和长度以外的最大横周合计不超过 2.5m。

标准 4：任何一边的尺寸都不超过 1.05m，长度和长度以外的最大横周合计不超过 3.0m。

标准 5：任何一边的尺寸都不超过 1.52m，长度和长度以外的最大横周合计不超过 2.74m。

2. 特点

覆盖面广：揽收网点覆盖范围广，目的地投递网络覆盖能力强。收费简单：无燃油附加费、偏远附加费、个人地址投递费。全程跟踪：邮件信息全程跟踪，随时了解邮件状态。清关便捷：享受邮件便捷进出口清关服务。

3. 计费标准

使用报价工具查询具体产品价格，查询结果仅供参考，以实际收寄计费为准：https://my.ems.com.cn/pcp-web/f/pcp/indexController/toquoteindex。

邮件体积重量大于实际重量的，按体积重量计收资费。体积重量计算办法：邮件任一单边长度超过 60cm 时开始计泡，长（cm）×宽（cm）×高（cm）/6 000。

国际及港澳台 EMS 计费标准

能力提升

归纳适合物流配送订单的国际邮政包裹产品

中国邮政物流产品的特点各不相同，不同的邮政物流产品限重有所区别，有些产品适用计泡（按照产品体积计费），有些产品不适用。寄送产品的重量、体积以及时间要求均关系中国邮政物流产品的选择。

从寄送物品的限重方面看，多数小包产品限重均为2kg以内，如国际平常小包、国际挂号小包、e邮宝等。另外，一些邮政产品适合较重的物品，可以计泡，如E速宝专递、e特快、国际及港澳台EMS。跨境电商平台的物流产品通常也会涵盖邮政大包、小包专线。

从寄送物品的尺寸方面看，多数中国邮政物流产品在尺寸上的要求是一致的，单件最大尺寸长、宽、厚合计不超过90cm，最长一边不超过60cm。对于可以寄送大件物品的邮政包裹产品而言，不同资费区域对应不同的尺寸标准限制，如E速宝专递、e特快、国际及港澳台EMS；同时这些大件物品不一定会按照重量计费，业务员会对比物品的实际重量和体积重量，决定最终的计费重量。

从寄送物品的配送要求方面看，中国邮政物流产品总体的配送时效较其他类型的跨境物流产品而言慢。e特快的时效相对比较快；e邮宝的时效优于国际挂号小包。

从寄送物品的配送区域方面来看，中国邮政物流产品的几类小包产品配送范围大，其他产品配送范围相对较小，但基本可以覆盖跨境电商的主要市场国家，在一些新兴市场可能未做到全覆盖。

首先，客户需要选择合适的中国邮政物流产品，根据物品的重量、体积、配送地区和配送时间进行筛选，综合考虑经济成本和时间成本。其次，客户或业务员需要测算中国邮政物流产品的费用。最后，完成物品寄递。

计算中国邮政物流产品的费用

杭州一家跨境电商公司有1套女士睡衣需要运至美国洛杉矶，物品的重量为0.6kg，体积为35cm×30cm×15cm。目前该公司已全权委托某国际邮政代理公司处理所有国际邮政包裹配送业务，本订单要求20个工作日内完成妥投。现国际邮政代理公司资深专员小陈带着新员工小王共同完成此订单。

一、方案1——使用国际平常小包寄递包裹

- 步骤1：判断物品是否符合国际平常小包寄递要求

根据国际平常小包的尺寸、限重要求，该物品的重量为0.6kg，可以使用国际平常小包进行寄递。

- 步骤2：查询物流公司的国际平常小包计费标准。

物流公司提供了国际平常小包计费标准，如表 2-2 所示。

表 2-2 国际平常小包计费标准

<table>
<tr><td rowspan="3">配送范围/目的地国家/地区</td><td>包裹重量为
0～30g</td><td colspan="2">包裹重量为
31～80g</td><td colspan="2">包裹重量为
80g 以上</td></tr>
<tr><td>首重价格
（首重 30g）</td><td>首重价格
（首重 30g）</td><td>高出 30g 的配送服务费
（根据包裹重量按克计费）
RMB/kg</td><td>首重价格
（首重 30g）</td><td>高出 30g 的配送服务费
（根据包裹重量按克计费）
RMB/kg</td></tr>
<tr><td>元（RMB）</td><td>元（RMB）</td><td>元（RMB）</td><td>元（RMB）</td><td>元（RMB）</td></tr>
<tr><td>美国</td><td>22.36</td><td>22.36</td><td>91.46</td><td>22.36</td><td>91.46</td></tr>
</table>

● 步骤 3：计算运费。

资费＝标准资费×实际重量×折扣

本订单无折扣，则运费为：

国际平常小包资费＝22.36＋(0.6－0.03)×91.46＝74.49（元）

二、方案 2——使用国际挂号小包寄递包裹

● 步骤 1：判断物品是否符合国际挂号小包寄递要求。

根据国际挂号小包的尺寸限重要求，该物品的重量为 0.6kg，可以使用国际挂号小包进行寄递。

● 步骤 2：查询物流公司的国际挂号小包计费标准。

物流公司给予的折扣为七二折，具体的计费标准如表 2-3 所示。

表 2-3 国际挂号小包计费标准

计费区	国家/地区	计费标准（元/kg）	挂号费（元/件）
5	美国	90.50	8

● 步骤 3：计算运费。

资费＝标准资费×实际重量×折扣＋挂号费

国际挂号小包资费＝90.5×0.6×0.72＋8＝47.10（元）

三、方案 3——使用 e 邮宝寄递包裹

● 步骤 1：判断物品是否符合 e 邮宝寄递要求。

与国际挂号小包运费计算方式相似，在包裹尺寸符合要求的情况下，e 邮宝的运费按照重量进行计算，2kg 为限重，以克为单位计费。物品的重量为 0.6kg，故符合 e 邮宝寄递要求。

● 步骤 2：查询物流公司的 e 邮宝计费标准。

根据表 2-4 可知，美国的计费标准为 65 元/kg，起重为 50g，每件包裹的处理费为 15 元。

表 2-4　e 邮宝计费标准

序号	国家/地区	计费标准		重（g）	限重（g）	备注
		处理费（元/件）	运费（元/kg）			
1	美国	15	65	50	2 000	—
		15	64	50	2 000	速卖通（仅限线上发货总对总结算，不含线下结算；业务开办城市：北京、上海、广州、深圳、杭州）

● 步骤 3：计算运费

资费＝总重量×标准资费＋处理费

e 邮宝资费的首重因目的国/地区的不同有所不同。e 邮宝规定了某国家或地区的首重，不满起重的包裹就按照首重计算费用。e 邮宝需要收取处理费。资费价格涉及小数点后 3 位的，计算结果四舍五入，保留两位小数，精确到分。

e 邮宝资费＝65×0.6＋15＝54（元）

四、方案 4——使用 E 速宝专递寄递包裹

● 步骤 1：判断物品是否符合 E 速宝专递寄递要求。

判断物品路向是否在 E 速宝专递配送范围内：已知物品从杭州寄到美国，E 速宝专递的路向仅为美国，故符合路向要求。E 速宝专递重量限重在 30kg 以内，尺寸符合要求，故物品可以使用 E 速宝专递寄递。

● 步骤 2：查询物流公司的 E 速宝专递计费标准。

本物流订单是从杭州寄往美国，根据表 2-5 可知美国路向的资费为起重 100 元/500g，续重为 35 元/500g。

表 2-5　E 速宝专递计费标准

路向	美国
资费	起重 100 元/500g；续重 35 元/500g

● 步骤 3：计算运费。

资费＝首重运费＋续重运费

E 速宝专递资费＝100＋35×1＝135（元）

五、方案 5——使用 e 特快寄递包裹

● 步骤 1：判断物品是否符合 e 特快寄递要求。

e 特快包括 5 类尺寸标准，本物品的尺寸符合 e 特快的尺寸要求，故可以使用 e 特快寄递。

● 步骤 2：查询物流公司的 e 特快计费标准。

根据表 2-6 可知，美国路向的资费为首重 108 元，起重 50g，续重以 50g 为单位计算。

表 2-6　e 特快计费标准

序号	路向	首重（元/50g）	续重（元/50g）	最高限重（kg）
1	美国	108	3.5	31.5

● 步骤 3：计算运费。

资费=首重运费+续重运费

e 特快实行计泡收费。

e 特快资费=108+[3.5×(600−50)÷50]=146.5（元）

六、方案 6——使用国际及港澳台 EMS 寄递包裹

● 步骤 1：判断物品是否符合国际及港澳台 EMS 寄递要求。

使用国际及港澳台 EMS 寄递需考虑物品的体积和重量，测算是否需要计泡；但国际及港澳台 EMS 对物品的重量和体积并没有限制，故本物品适合用国际及港澳台 EMS 寄递。

● 步骤 2：查询物流公司的国际及港澳台 EMS 计费标准，如表 2-7 所示。

表 2-7　国际及港澳台 EMS 计费标准

国家/地区	起重 500g 及以内		续重 500g 或其零数（元）
	文件（元）	物品（元）	
美国	180	240	75

● 步骤 3：计算运费。

资费=首重运费+[续重重量（kg)×2−1]×续重运费

国际及港澳台 EMS 对包裹长、宽、高三边中任一单边达到 60cm 以上的，需计算体积重量。重量不满 500g 需按 500g 计算。

国际及港澳台 EMS 资费=240+[1×2−1]×75=315（元）

职业能力 2-1-2　正确开展中国邮政物流产品业务

【学习目标】

知识目标

1. 掌握中国邮政物流产品的单据填写要求。
2. 熟悉中国邮政物流产品业务流转环节的功能。

能力目标

1. 能填写中国邮政物流产品各项单据。
2. 能完成中国邮政物流产品的操作。

素质目标

1. 践行社会主义核心价值观，具有团结、严谨的品质。
2. 感受互利共赢的丝路精神。

【基本知识】

一、国际邮件互换局

中国境内的国际邮件互换局是由中国邮政管理部门与海关总署共同批复建设的，与国外邮政机构有直接封发交换邮件总包关系的邮局，是国与国之间建立通邮关系的具体实施单位，负责向指定的国外邮件互换局封发国际邮件总包和接收、开拆处理外国发来邮件总包以及散寄过境的国际邮件业务。

国际邮件互换局有海关进驻，功能上类似邮政的“口岸”。在国际邮件互换局，邮政和海关的工作人员实行 24 小时工作制。通常出口货物在晚上进行作业，进口货物在白天进行作业。

二、邮政物流单据

中国邮政统一规范国际小包面单格式，旧标签及纸粘贴条码暂停使用。实行面单一体化后，邮局不再提供实体条码和报关单，只提供条码段给客户。

面单一体化是指收件信息、货物明细、服务渠道信息、扫描条码在一个标签或面单上。换言之，一体化面单包含货物的寄送信息和报关信息，如图 2－2 所示。客户必须进入系统，录入收件信息、货物信息后，获取匹配单号，打印面单。

面单一体化可保障货物在运输过程中条码信息不易损坏；保障货物不会因无法扫描、条码脱落等耽误时间，或导致货物丢失；客户只要有电脑就能录单，就能追踪单号；流程更标准、规范；客户以及代理服务商的操作更便捷，提高了操作效率及货物中转时效。

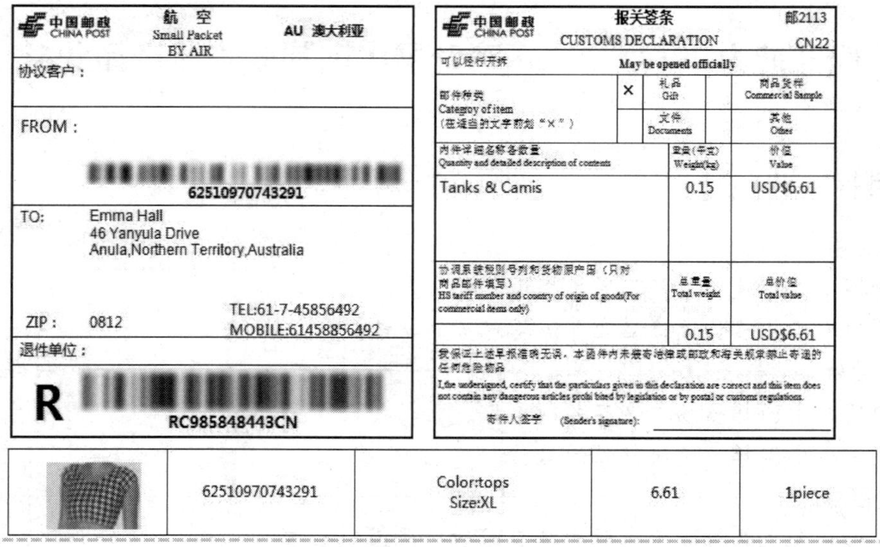

图 2－2 中国邮政一体化面单（打印版）

三、一体化面单的填写

（1）寄件人名址栏：英文填写寄件人所在的国家、城市、详细地址、寄件单位或寄件人姓名、邮政编码、用户代码（协议客户代码）等。

（2）寄件人有效电话号码。

（3）内件分类：注明邮件的内件种类（文件资料或物品）。

（4）内件名称申报栏：用英文或寄达国通晓文字详细填写内件品名、具体数量、重量、申报价值（美元）、原产地。

（5）交寄人签名：由交寄人确认所填写内容，并在确认接受详情单背面的“用户须知”后签名。

（6）收件人名址栏：填写收件人所在国家、城市、详细地址、收件单位或收件人姓名、邮政编码等。

（7）填写收件人有效电话号码。

四、邮政包裹操作的注意事项

（一）包裹无法寄出的原因

在我国，邮政包裹的寄运需要遵守中国邮政对于禁运物品的要求。

1. 枪支（含仿制品、主要零部件）弹药

（1）枪支（含仿制品、主要零部件）：如手枪、步枪、冲锋枪、防暴枪、气枪、猎枪、运动枪、麻醉注射枪、钢珠枪、催泪枪等。

（2）弹药（含仿制品）：如子弹、炸弹、手榴弹、火箭弹、照明弹、燃烧弹、烟幕（雾）弹、信号弹、催泪弹、毒气弹、地雷、手雷、炮弹、火药等。

2. 管制器具

（1）管制刀具：如匕首、三棱刮刀、带有自锁装置的弹簧刀（跳刀），其他相类似的单刃、双刃、三棱尖刀等。

（2）其他：如弩、催泪器、催泪枪、电击器等。

3. 爆炸物品

（1）爆破器材：如炸药、雷管、导火索、导爆索、爆破剂等。

（2）烟花爆竹：如烟花、鞭炮、摔炮、拉炮、砸炮、彩药弹等烟花爆竹及黑火药、烟火药、发令纸、引火线等。

（3）其他：如推进剂、发射药、硝化棉、电点火头等。

4. 压缩和液化气体及其容器

（1）易燃气体：如氢气、甲烷、乙烷、丁烷、天然气、液化石油气、乙烯、丙烯、乙炔、打火机等。

（2）有毒气体：如一氧化碳、一氧化氮、氯气等。

（3）易爆或者窒息、助燃气体：如压缩氧气、氮气、氦气、氖气、气雾剂等。

5. 易燃液体

如汽油、柴油、煤油、桐油、丙酮、乙醚、油漆、生漆、苯、酒精、松香油等。

6. 易燃固体、自燃物质、遇水易燃物质

（1）易燃固体：如红磷、硫磺、铝粉、闪光粉、固体酒精、火柴、活性炭等。

（2）自燃物质：如黄磷、白磷、硝化纤维（含胶片）、钛粉等。

（3）遇水易燃物质：如金属钠、钾、锂、锌粉、镁粉、碳化钙（电石）、氰化钠、氰化钾等。

7. 氧化剂和过氧化物

如高锰酸盐、高氯酸盐、氧化氢、过氧化钠、过氧化钾、过氧化铅、氯酸盐、溴酸盐、硝酸盐、双氧水等。

8. 毒性物质

如砷、砒霜、汞化物、铊化物、氰化物、硒粉、苯酚、汞、剧毒农药等。

9. 生化制品，传染性、感染性物质

如病菌、炭疽、寄生虫、排泄物、医疗废弃物、尸骨、动物器官、肢体、未经硝制的兽皮、未经药制的兽骨等。

10. 放射性物质

如铀、钴、镭、钚等。

11. 腐蚀性物质

如硫酸、硝酸、盐酸、蓄电池、氢氧化钠、氢氧化钾等。

12. 毒品及吸毒工具、非正当用途麻醉药品和精神药品、非正当用途的易制毒化学品

（1）毒品、麻醉药品和精神药品：如鸦片（包括罂粟壳、花、苞、叶）、吗啡、海洛因、可卡因、大麻、甲基苯丙胺（冰毒）、氯胺酮、甲卡西酮、苯丙胺、安钠咖等。

（2）易制毒化学品：如胡椒醛、黄樟素、黄樟油、麻黄素、伪麻黄素、羟亚胺、邻酮、苯乙酸、溴代苯丙酮、醋酸酐、甲苯、丙酮等。

（3）吸毒工具：如冰壶等。

13. 非法出版物、印刷品、音像制品等宣传品

如含有反动、煽动民族仇恨、破坏国家统一、破坏社会稳定、宣扬邪教/宗教极端思想、淫秽等内容的图书、刊物、图片、照片、音像制品等。

14. 间谍专用器材

如暗藏式窃听器材、窃照器材、突发式收发报机、一次性密码本、密写工具、用于获取情报的电子监听和截收器材等。

15. 非法伪造物品

如伪造或者变造的货币、证件、公章等。

16. 侵犯知识产权和假冒伪劣物品

（1）侵犯知识产权：如侵犯专利权、商标权、著作权的图书、音像制品等。

(2) 假冒伪劣：如假冒伪劣的食品、药品、儿童用品、电子产品、化妆品、纺织品等。

17. 濒危野生动物及其制品

如象牙、虎骨、犀牛角及其制品等。

18. 禁止进出境物品

如有碍人畜健康的、来自疫区的以及其他能传播疾病的食品、药品或者其他物品；内容涉及国家秘密的文件、资料及其他物品。

19. 其他物品

《危险化学品目录》《民用爆炸物品品名表》《易制爆危险化学品名录》《易制毒化学品的分类和品种目录》《中华人民共和国禁止进出境物品表》载明的物品和《人间传染的病原微生物名录》载明的第一、二类病原微生物等，以及法律、行政法规、国务院和国务院有关部门规定禁止寄递的其他物品。

(二) 处理未妥投件

若出现包裹丢失的情况，个别中国邮政物流产品可以提供赔偿服务。如果因收件人无法签收、包裹无法进入目的地海关或在规定的期限内收件人未提供处理意见而导致包裹退回寄件人处，即从目的国退回国内，则退回不产生费用。若包裹丢失，具体根据申报价值来赔偿，有最高赔偿金额规定，并退还邮费，但挂号费不予退还。

能力提升

邮政包裹出口业务流程

杭州一家跨境电商公司有1套女士睡衣需要运至美国洛杉矶，物品的重量为0.6kg，体积为35cm×30cm×15cm。该公司目前已选择使用中国邮政国际挂号小包进行寄递。邮政包裹出口业务具体流程如下。

1. 系统对接，生成订单

中国邮政物流产品支持使用嵌入式物流管理系统，在线对接 ERP 系统，因此客户可以在线完成发货。当邮政揽收人员在系统中点击发货，生成物流面单后，即可生成订单。

2. 打包包裹，粘贴面单

邮政揽收人员根据货物属性和包装要求完成货物的打包，并将电子面单打印后粘贴在包裹上。

3. 货物揽收或交接

跨境邮政业务提供揽收服务或交接服务。跨境电商卖家既可将货物送至收寄点，也可联系邮政揽收人员进行揽收。邮政揽收人员到指定收寄点逐一检查邮件外包装是否完好，并有权要求寄件人打开小包验视内件。如果小包包装完好、单式填写完整准确、内件符合寄递要求，就可以进行后续操作。

4. 收寄点操作

收寄点收寄以及通过系统向寄件人反馈订单的收寄信息。

5. 分拣建包

分拣机根据不同产品的分拣规则自动分拣并建包，打印并绑定大包袋牌，大包袋牌上应包含批次号、内含小包数量、大包重量等信息。

6. 退回件处理

(1) 对于境外退件（包括但不限于无法投递或收件人拒收邮件），由中国邮政退回给寄件人，并回传退回节点、退回的国内快递单号、退回快递金额，退回原因为海外退件。

(2) 境内退件（仅限口岸安检不通过的），中国邮政按发运线路退回至对应首公里仓库，回传退回节点，退回原因为违禁品，首公里收到包裹后退回给寄件人。

(3) 境内退件（口岸安检不通过以外的其他原因），由中国邮政退回给寄件人，并回传退回的国内快递单号、退回快递金额、退回节点以及原因。

7. 国际邮件处理中心（含出口清关）

不同类型产品的包裹形成总包后，在国际邮件互换局通过X光机查验并进行扫码，随后开始清关与申报操作。根据收件地址在中国邮政系统中上传的收件地址、产品体积、产品重量、品名等信息，做好出口邮件清关手续，并根据邮路舱位，按照干线运输（含空运、海运、公路和铁路运输等各种运输方式）要求包装，把小包通过干线运输送至目的国，以及通过中国邮政系统向寄件人反馈订单的出港、到港、异常小包处理信息。

8. 邮件报关

邮件至邮办海关查验和清关，查验不通过的，反馈配送异常状态。

9. 干线邮路运输到目的国

干线运输后，收寄点处理完成的邮件进行场站安检、配载，并回传邮件已出港信息。安检不通过的邮件原路退回。当受到恶劣天气、航空管制、民航部门加强安检等不可抗力因素影响导致干线配载取消、延误、安检时间延长等时，中国邮政安排合适备选航班资源和调整后续操作安排，保证邮件尽快到达目的国。

10. 目的国配送（含进口清关）

邮件到达目的国后做好进口清关手续，并根据寄件人在中国邮政系统中上传的订单信息将邮件配送至订单信息中记录的收件地址及收件人处，通过中国邮政系统向跨境电商卖家反馈境外邮政跟踪信息，异常信息处理及配送状态等。

11. 目的国邮件妥投

目的国邮政将小包送达正确的地址或地址所在邮局，如果目的国邮政提供跟踪信息，就会回传“邮件已妥投”信息；如果目的国邮政不提供跟踪信息，中国邮政客服可以在寄件人提出查询需求后协助查询。

12. 物流信息跟踪

邮件有唯一的跟踪号码，中国邮政承诺记录邮件在境内/境外段的跟踪信息并通过系统接口回传至中国邮政系统，供寄件人查询。

工作任务 2　国际商业快递操作

职业能力 2-2-1　熟练选择国际商业快递产品

【学习目标】

知识目标

1. 掌握国际商业快递的含义与特点。
2. 明确国际三大商业快递、国内商业快递的优势。

能力目标

1. 能判断不同场合应该使用的商业快递类型。
2. 归纳商业快递产品的选择流程。
3. 掌握不同类型商业快递的运费计算方法。

素质目标

1. 践行社会主义核心价值观，提升民族自豪感。
2. 感受开放包容的丝路精神。
3. 认识“五通”与人类命运共同体的重要性。

【基本知识】

一、国际商业快递的含义

商业快递是指在两个及以上地点间进行的快递、物流业务。按照配送区域的不同，商业快递可以分为国际商业快递和国内商业快递。在跨境电商物流领域所涉及的商业快递多指国际商业快递。国际商业快递是指在两个或两个以上国家（地区）之间进行的快递、物流业务。国内商业快递是指在国内进行的快递、物流业务。

目前，在跨境电商市场上使用较多的商业快递产品包括国际商业快递（DHL、UPS 和 FedEx）的产品和国内商业快递（顺丰速运、申通快递、圆通速递、中通快递、百世物流）的产品。

商业渠道货物寄递时效不稳定，但特殊货物的寄递在时效和大货物流解决方案方面表现优秀。现有商业渠道线路不多，产品较少，资费较高，难以完全填补中国邮政物流产品的市场空白。

二、国际商业快递的特点

（一）复杂性

国际商业快递在跨境电商物流全操作过程中经手环节多，经手机构繁杂，商业环境和法规政策经常变化。

国际商业快递包括境内揽货配送至海关报关、国际物流运输、目的国入境清关当地配送三个环节。

国际商业快递经营的影响因素多于国内商业快递。在整个过程中，国际商业快递包裹既需要满足我国关于货物出口的法律、政策规定，也需要符合目的国关于货物进口的相关要求。金融货币制度的不同，政治、经济、自然条件等方面的变化，均会对国际商业快递产生影响。

国际商业快递中需要沟通交流的环节多于国内商业快递。国际商业快递涉及面广、情况复杂多变，相关工作人员需要与不同国家和地区的货主、交通运输机构、商检机构、保险公司、银行或其他金融机构、海关、港口以及各种中间商打交道。

（二）时效性

国际商业快递的产品与中国邮政物流产品、专线产品最大的区别在于其强调服务效率。通常来说，国际商业快递可以在 1～5 天内完成妥投。这样的时效性是传统的物流方式、中国邮政物流产品无法达到的。

（三）安全性

国际商业快递是由商业快递公司运用自身的网点、运输网络独立完成的，全程只由一家机构经手。与其他的跨境电商物流方式相比，这样的方式经手人员少，服务标准统一，信息沟通及时，对高价值、易破损货物的保护更妥当，在运输过程中的安全性更有保障。

（四）“门到门”服务更方便

国际商业快递不仅涉及空运这一种运输形式，而且需要通过其他运输方式完成前端和终端的揽收、投递工作。汇总不同商业快递公司的附加服务可知，国际商业快递可以将物流服务由机场延伸至客户的仓库、办公室，并提供一般快件代为清关服务，可实现“门到门”服务。

（五）信息化程度高

所有的商业快递公司均在自己的官方网站上提供了网上查询服务，依靠 EDI（电子数据交换）系统和货物在自身物流网络内流动的便捷性为客户提供跟踪查询服务。

（六）广泛性

国际商业快递公司通常会在全球进行物流网络布局，妥投范围非常广，仅次于中国邮政物流产品。

（七）资费高

国际商业快递的计费标准远高于其他类型的跨境电商物流产品。

三、商业快递产品

（一）国际商业快递——DHL

DHL 是德国速递和物流集团 Deutsche Post DHL（DPDHL）旗下的公司，于 1969 年创建。DHL 主要包括以下几个业务部门：邮政包裹业务、快递业务、货运业务和供应链业务。

中外运敦豪国际航空快件有限公司成立于 1986 年，由中国外运股份有限公司与世界著名跨国快递集团 DHL 合资创办，是 DHL 全球服务网络的重要组成部分，在中国各省区市设立了分公司、速递中心，服务网络覆盖全国多个城市，主要经营国际、国内快递（不含私人信函）业务。

2018 年，顺丰速运发布公告，宣布与 DPDHL 达成战略合作，将整合 DPDHL 在中国内地、中国香港和中国澳门地区的供应链业务。

DHL 的产品丰富，包括国际快递派送、进出口货运、跨境电商小包等产品。国际快递派送业务包括 DHL Express 朝九特派、DHL Express 十点半特派、DHL Express 正午特派和 DHL Express 易速箱等。（1）DHL Express 朝九特派：标准转运时间的工作日上午九点前派送的门到门快递服务（仅适用于进口服务）。它能满足紧急国际快件派送需求；提供超时退款服务并即时发送派送通知；在特定的取件地与主要商业中心间提供服务。（2）DHL Express 十点半特派：标准转运时间的工作日上午十点半前派送的门到门快递服务。它能满足紧急国际发件需求；提供超时退款服务并即时发送派送通知；在特定的取件地与主要商业中心间提供服务。（3）DHL Express 正午特派：标准转运时间的工作日中午十二点前派送的门到门快递服务。它能满足紧急国际发件需求；提供超时退款服务并即时发送派送通知；目的地覆盖世界主要商业中心。（4）DHL Express 易速箱：在下一个工作日结束前完成派送的服务，在 DHL 服务点付费；寄送至全球多个国家和地区；货物状态可全程跟踪查询。

1. 计费标准

在中国，DHL 的计费由中外运敦豪定期制定并发布。由于不同的跨境电商平台或者国际货运代理公司可能会获得不同的折扣，因此公布的价格有所不同。与中国邮政类似，DHL 在进行资费设计的时候将目的地国家和地区分区，不同的区域对应不同的价格；将快递分为包裹和文件，并且对包裹和文件的重量做了等级划分。除此之外，产品重量超过限制、特殊地区配送等还会收取燃油附加费等。

中外运敦豪环球快递出口价目表

2. 规格限制

第一，DHL 快递费用受货物所占机舱空间影响，而不是由实际重量决定。第二，DHL 国际快递服务对货物单件单边长度有要求或对单件重量有要求，若超过则需要加收超长或超重附加费。第三，DHL 只接受用 DHL 包裹袋或纸箱包装货物，不接受裸包、圆柱体或不规则货物；第四，纸箱包装货物必须是四方体的中性箱（箱子表面无任何 Logo 或文字的箱子即为中性箱），且需要有充足的填充物，外箱足够坚韧能保护货物不受损。

3. 物流时效

正常情况下 2～4 个工作日，货通全球。

4. 产品优缺点

DHL 是一家非常成熟的商业快递公司，其配送网络遍布世界各地；拥有完善的配送信息系统，可通过查询网站及时查到货物的状态；附加服务丰富，可提供包括代理报关、包装等服务；清关能力强。目前，DHL 是运用于跨境电商物流行业最多的商业快递之一，大多数国际快递货物都通过 DHL 转运。

与其他的跨境电商物流方式相比，DHL 的费用较为昂贵；对所托运的货物限制比较多，拒收许多特殊产品。

（二）国际商业快递——UPS

UPS 最初作为一家信使公司于 1907 年在美国成立，是世界上著名的包裹递送公司、专业运输和物流服务领域的全球企业。UPS 亚太区总部成立于 1988 年。

UPS 提供的服务广泛，包括为 OEM、经销商和售后市场供应商提供端到端的物流解决方案；为对时间和温度敏感的货物提供解决方案和综合的全球物流支持；为高科技企业设计分拨、回邮、售后和技术解决方案，助力高科技企业获取成功；为工业产品提供多种解决方案和工具，加速订单履行、提高效率和提升客服水平；为零售和消费品提供专业的支持和技术，提供良好的线上和线下体验。

UPS 国际快递服务包括：UPS 全球特快加急服务、UPS 全球特快服务、UPS 全球特快货运日中送达服务、UPS 全球特快货运、UPS 全球速快服务、UPS 全球快捷服务等。

1. 计费标准

UPS 快递费用包括基本收费以及附加费用。不同地区、不同货物、不同服务的计费标准相差比较大。除了基本收费，还可能产生燃油附加费、地址更改费、声明价值费等。通常来说，UPS 官方提供的运价表与国际货运代理公司的运价表有所不同，一些国际货运代理公司会获得 UPS 给予的

UPS 运价表

折扣。

2. 规格限制

单个包裹的重量最多可达 70kg；包裹的周长之和最多可达 400cm；包裹的长度最大为 274cm。

3. 物流时效

（1）UPS 全球特快加急服务保证在早晨送达货物：早晨 8:00 或 8:30 前送达美国主要城市；早晨 8:30 前送达加拿大；早晨 9:00 前送达亚洲主要城市、美国其他城市（除主要城市外的城市）和欧洲的主要商业中心；对于进口货物，保证在早晨 9:00 或 11:00 前将货物送达指定地区。

（2）UPS 全球特快服务保证在指定时间送达货物：早晨 10:30、中午 12:00、下午 2:00或下午 3:00 前送达美国、欧洲和亚太三个地区的大部分区域，美洲特定区域以及加拿大主要城市；中午 12:00 或下午 2:00 前送达客户所在国家的大部分地区。

（3）UPS 全球特快货运日中送达服务保证货物中午 12:00 或下午 2:00 前送达，转运时间一般为 1～3 个工作日，视具体目的地而定。

（4）UPS 全球特快货运保证货物在工作日结束前送达，享有门到门的准时送达保证；转运时间一般为 1～3 个工作日，视具体目的地而定。

（5）UPS 全球速快服务保证货物在工作日结束前送达，服务覆盖范围遍及全球 200 多个国家和地区。

（6）UPS 全球快捷服务在亚洲境内递送或从亚太地区送至欧洲、南北美洲的主要商业中心，最快仅需 3 个工作日。

4. 产品优缺点

UPS 优势地区主要在北美，尤其是美国，速度快，价格相对较低；可送达全球多个国家和地区；物流信息的更新速度快；遇到问题能够及时解决；有海关清关服务，清关速度快；提供在线发货、在中国多个主要城市提供上门取货服务。

UPS 运费较高，要计算包装后的体积重量；限制比较严格，按单件计算重量。

（三）国际商业快递——FedEx

FedEx（联邦快递）是全球最具规模的快递运输公司之一，致力于提供快捷可靠的速递服务，通达全球多个国家及地区。联邦快递运用覆盖全球的航空和陆运网络，确保分秒必争的快件可于指定日期和时间前送达，并且设有准时送达保证。

1984 年，FedEx 收购 Gelco 快递公司。同年，FedEx 开始在中国和日本开展快递业务。2010 年 1 月 4 日起，UPS 首条波音 777 货运航线开通，并将中国上海与位于美国田纳西州孟菲斯市的联邦快递超级转运中心连接起来。

FedEx 的产品非常丰富，包括国际特早快递服务、国际优先快递服务、国际经济快递服务等。其中，国际优先快递服务还可细分为重货服务和分送快递服务；国际经济快递服务还提供针对重货的细分选项，即国际经济重货服务。

FedEx 计费标准

1. 计费标准

FedEx 的计费标准由官方定期更新，一些国际货运代理公司会获得一定的优惠折扣。通常来说，FedEx 提供的运价表将广东省和福建省的资费单列，并且按国际优先快递服务和国际优先快递重货服务测算资费。

2. 规格限制

国际优先快递服务的包裹长度上限为 274mm；长度和周长总和不超过 330mm；重量不超过 68kg。国际经济快递服务包裹的长度上限为 274mm；长度和周长总和不超过 330mm；重量不超过 68kg。

3. 物流时效

国际优先快递服务的时效通常在 1～2 个工作日送达全球各地。国际经济快递服务的时效为亚洲 2～5 个工作日。

4. 产品优缺点

使用 FedEx 发件到中南美洲和欧洲的价格较有竞争力，发往其他地区的运费较高。物流信息更新速度快，网络覆盖全，查询响应快。

FedEx 折扣比同类快递公司高 15%左右；体积重量超过实际重量按体积重量计算，限制较多。

（四）国内商业快递——顺丰速运

顺丰速运（简称顺丰）成立于 1993 年，是中国领先的快递物流综合服务商。顺丰拥有通达国内外的庞大物流网络，是一家具有“天网＋地网＋信息网”、可覆盖国内外的快递物流综合服务商。顺丰针对食品、医药、汽配、电子等不同类型客户开发出一站式供应链解决方案，并提供支付、融资、理财、保价等综合性金融服务。

顺丰的国际运输业务包括：国际标快、国际特惠、国际小包、国际电商专递等。

（1）国际标快：为满足客户紧急物品寄递需求，各环节均以最快速度进行发运、中转和派送的高品质门到门国际快件服务。

（2）国际特惠：为满足客户非紧急物品寄递需求而推出的经济型国际快件服务。

（3）国际小包：为跨境电商 B2C 卖家发送 2kg 以下货物而推出的一款高品质小包类服务。

（4）国际电商专递：为跨境电商 B2C 卖家量身定制的高效物流服务，充分满足他们对大包裹、中高价值段货物寄递的需求。国际电商专递分为国际电商专递—快速、国际电商专递—CD、国际电商专递—标准、国际电商专递—优先 CD。国际电商专递—快速是针对为客户寄递较高价值商品应配套更加优质高效物流服务的需求而量身定制的跨境物流专线产品。国际电商专递—CD 是专为跨境电商卖家销售不带电较低价值商品应配套更加优质高效物流服务的需求而量身定制的跨境物流专线产品。国际电商专递—标准是专为跨境电商卖家销售较高价值商品应配套更加优质高效物流服务的需求而量身定制的跨境物流专线产品。国际电商专递—优先 CD 是专为跨境电商卖家销售较高价值不带电商品应配套更加优质高效物流服务的需求而量身定制的跨境物流专线产品。

1. 计费标准

不同顺丰产品的收费标准不同。

2. 规格限制

国际标快和国际特惠产品多数情况下单件限重 70kg，但也有不少国家有特殊重量限制。此外，货物有最大体积限制，目的国不同，体积限制有所区别。从计费方式上看，以国际标快（出口）为例，若单票货物计费重量<20kg，则首重 0.5kg，续重 0.5kg，不足 0.5kg 按 0.5kg 计算；若单票货物计费重量≥20kg，则最低计费重量 1kg，不足 1kg 按 1kg 计算。其中计费重量取体积重量与实际重量两者之间的较大值，体积重量＝长(cm)×宽(cm)×高(cm)÷5 000。

国际小包最大限重为 2kg，货物长＋宽＋高≤90cm，最大边长不能超过 60cm；最小尺寸为 15cm×10cm；包裹最大计费重量≤2kg。国际小包不接受外包装是圆柱形或者管子形状的货物。当体积重量大于实际重量时，按轻泡计费＝长度(cm)×宽度(cm)×高度(cm)÷7 000。但美国路向有所不同，按轻泡计费＝长度(cm)×宽度(cm)×高度(cm)÷8 000。

国际电商专递—快速限重 30kg，长≤121cm，宽≤76cm，(宽＋高)×2＋长≤266cm，不接受圆柱体、球体和异形件。国际电商专递—CD 在多数路向上单票限重 30kg，单件尺寸限制随目的国不同而不同。国际电商专递—标准在多数路向上单票限重 30kg，单件尺寸限制随目的国不同而不同。国际电商专递—优先 CD 仅服务美国路向，限重 30kg，最小尺寸 15cm×10cm×1cm，最大尺寸 57cm×55cm×35cm，任一边长超过单边尺寸限制均视为超尺寸货物，不接受超尺寸货物；不接受圆柱体、球体和异形件。

3. 物流时效

使用国际标快配送至美国需要 3～4 个工作日，至加拿大需要 5～7 个工作日。使用国际特惠配送至美国需要 4～6 个工作日，至加拿大需要 5～7 个工作日，至英国需要 5～8 个工作日。

4. 产品优缺点

相较三大国际商业快递，顺丰价格比较便宜，速度比较快，是性价比较高的一种快递。

顺丰只能通达部分国家，业务还在发展中。

(五) 其他国内商业快递

国内其他商业快递企业，如申通快递、圆通速递、中通快递、百世物流等均根据自身发展需要拓展了跨境电商业务和海外仓业务。

申通国际成立于 2013 年，致力于为全球跨境电商提供专业的跨境物流供应链服务。申通国际业务体系以海外区域转运中心为纽带，以国际干线为链接，发展申通国际业务全球加盟网络体系。申通快递积极建设全球海外仓服务体系，为全球跨境电商提供头程运输、清关、仓储管理、库存管控、订单处理、物流配送和信息反馈等一条龙供应链服务。目前，其国际业务已经拓展至美国、俄罗斯等国家。2019 年，申通快递与菜鸟签订业务合作协议，双方围绕信息系统进一步深化和对接，在全链路数字化升级、国内国际供应链业务、末端网络优化等方面开展业务合作。目前，申通国际已与 TEMU 达成合作关系，成为 TEMU 的合作对接仓。

圆通国际本着"世界因我们触手可得"的发展愿景，牵头启动全球包裹联盟、战略投资义新欧班列等。随着全球贸易走出去、跨境电商走出去、华人华企走出去，圆通国际致力于成为全球领先的国际快递及综合物流服务商。目前，圆通国际在不同国家和地区设立了多个分公司及办事处，拥有全球加盟及代理商数百家，业务覆盖范围广，构建起一张覆盖全球的快递物流供应链服务网络。圆通国际与哈萨克斯坦国家邮政（Kazpost）签约，推出了中哈跨境快递物流业务，为客户提供覆盖哈萨克斯坦全境的端到端物流服务。目前圆通国际已在日本、韩国、澳大利亚、哈萨克斯坦等重点市场升级分拣及仓储能力，包裹清关完成后可以直接分拣进行末端派送。

2014 年，中通国际成立。中通快递通过整合海外仓、海外专线、跨境电商供应链，推动产品国际化、服务全球化，并可提供定制化的一站式物流供应链服务。现阶段，中通国际提供的跨境出口产品包括澳大利亚专线、柬埔寨专线等。中通国际也面向新加坡、马来西亚等国家提供跨境物流服务。

2015 年，百世物流收购 360 Hitao，拓展跨境物流业务，创立百世国际。近年来，百世物流持续搭建 B2B2C 和跨境业务网络，为客户提供全面、高效、便捷的国际物流及供应链服务。其国际物流产品包括跨境物流服务、东南亚本土物流服务和海外仓配。百世物流的跨境物流服务业务覆盖美国、德国等国家。

四、商业快递运费计算的规则

（一）实际重量

实际重量是指货物+包装的实际总重量。凡重量大而体积相对小的货物用实际重量作为计费重量。实际重量包括实际毛重和实际净重。

（二）体积重量

体积重量是指将货物体积折算成重量的重量，也称材积。使用体积重量是因运输工具承载能力（即能装载物品的体积）有限。

商业快递包裹在计算运费时需要考虑计泡问题，计算标准由商业快递公司自行设定。UPS、DHL、FedEx 的体积重量计算方式相同。规则物品：长(cm)×宽(cm)×高(cm)÷5 000=体积重量（kg）。不规则物品：最长(cm)×最宽(cm)×最高(cm)÷5 000=体积重量（kg）。

（三）计费重量

在物流中，一般情况下，计费重量是指将集散运费的货物的实际重量与体积重量相比较，取其中较大的为计费重量。

（四）计费结构

运费包含物流运费、包装费、燃油附加费、其他附加费等。

包装费是指一些贵重物品、易碎物品等需要特殊处理和包装而产生的费用。若只是简单包装加固，通常不需要额外收费。

燃油附加费，即商业快递公司收取的反映燃料价格变化的附加费。该费用以每运费吨多少金额或以运费的百分比表示。所有的燃油附加费都可以通过官网查询。前述国际商业快递公司都会定期更新燃油附加费。通常来说，燃油附加费会同运费一起打折。

其他附加费。DHL 有偏远地区配送附加费、偏远地区取件附加费、非标准货物附加费等；UPS 有更改地址附加费、偏远地区附加费、超出偏远地区范围附加费等；FedEx 有声明价值附加费、特殊处理费、星期六取件附加费等。

DHL 服务及附加费列表示例：

1. 偏远地区附加费

2. 危险品处理费

3. 额外操作附加费

（1）超重货件附加费：每个单件包裹或托盘货物，实际重量或体积重量超过 70kg 所收取的费用。

（2）超长货件附加费：每个单件包裹或托盘货物，单件任意一边的长度超过 120cm 所收取的费用。

（3）无法堆叠托盘附加费：根据托运人的要求，或托盘的形状、内容物、包装材料导致无法堆叠的每个单件托盘货物产生的费用。30kg 以下的货物不适用。

4. 数据更正附加费

（1）更正地址附加费：由于货运单上所填写的收件人地址信息不完整、过期或错误导致 DHL 无法完成派送，DHL 获取到正确地址以完成派送时收取的费用。

（2）数据录入附加费：使用非电子、纸质手写货运单收取的费用。电子货运单无此费用。

5. 安全服务费

（1）高风险地区附加费：使用 DHL 发送或接收来自深受战争、内乱、恐怖主义困扰的高风险国家/地区的快件时所征收的费用。

（2）限运目的地附加费：使用 DHL 发送或接收来自联合国安理会确定的贸易限运国家/地区的快件时所征收的费用。

6. 临时附加费

（1）紧急情形附加费：一项临时性附加费，用于补偿因 DHL 应对无法控制的紧急情形而导致的运营成本增加。紧急情形附加费的调整反映了不断变化的市场环境和航空运力。

(2) 需求附加费：高需求期由 DHL 自行决定，包括发件高峰期或高运营成本期。需求附加费累计计算。

(五) 计费规则

前述国际商业快递的计费单位均为千克，分文件和非文件包裹两类设定计费标准。通常来说，国际商业快递对非文件包裹的计费标准设置分成两个部分，以一个重量作为界限 (A)。当货物重量≤A 时，则按照首重 0.5kg、续重 0.5kg 计算运费，货物重量不足 0.5kg 时按 0.5kg 计费，当货物重量超过 0.5kg 但不足 1kg 时按 1kg 计费。当货物重量>A 时，则按照每千克的运费标准计算运费。

能力提升

归纳适合物流配送订单的商业快递产品

国际商业快递产品非常丰富，既有国内商业快递产品，也有国际商业快递产品。它们各自具备不同的特点和优势。通常来说，寄递货物的重量、体积以及时间要求均会影响对商业快递产品的选择。

从寄递货物的限重方面看，国际商业快递的重量限制比较宽松。总结国际商业快递产品和国内商业快递产品的限重情况，货物通常被分为文件和包裹，文件和包裹的重量一般是以 2.5kg 或 5kg 为界限，但具体的重量要求需要查看公司官方网站的要求。

从寄递货物的尺寸方面看，商业快递对货物长、宽、高尺寸的限制通常为长+宽+高≤330cm，如若超过此标准，可以加收附加费。因此，使用国际商业快递产品可以寄递的货物重量和尺寸均比较宽松。同时，这些大件货物不一定会按照重量计费，业务员会对比货物的实际重量和体积重量，从而决定货物的计费重量。

从寄递货物的配送区域来看，国际商业快递产品的配送区域优于国内商业快递产品，可以提供更加完善、快速的服务，但价格也相对更高一些。

计算商业快递产品的费用

杭州一家跨境电商公司有 1 套女士睡衣需要从中国运至美国洛杉矶，货物重量为 3.4kg，体积为 60cm×110cm×40cm。该公司目前已全权委托某国际货运代理公司处理所有快递包裹配送业务，本订单要求 10 个工作日内完成妥投。现国际货运代理公司资深专员小洪带着新员工小王共同完成此订单。

根据商业快递运费计算的规则，商业快递运费包括物流费、包装费和其他附加费。物流费与投递货物的毛重、体积、三边长度有关，包装费与投递货物的性质、运输要求有关，其他附加费与当月的燃油费用、货物运输时效、配送地区及其政治和经济情况有关。

一、方案 1——使用 DHL 寄送

● 步骤 1：判断物品是否符合 DHL 寄送要求。

DHL 官方提供的规定重量的文件、包裹以及超出规定重量的文件和包裹定价不同。小文件的首重为 0.5kg，续重为 0.5kg，最大重量为 2kg；小包裹的首重为 0.5kg，续重为 0.5kg，最大重量为 2kg；超过 2kg 的文件或者包裹首重为 2.5kg，续重为 0.5kg。包裹重量超过 30kg 后，不需考虑首重、续重，使用总重量计算运费。包裹重量超过 70kg，需要收取超重附加费；单边超过 120cm，需要收取超长附加费。

● 步骤 2：查询 DHL 计费标准。

已知美国位于 DHL 计费标准的 6 区，当月燃油附加费为 15.5%，本订单的具体计费标准如表 2-8 所示。

表 2-8 DHL 计费标准

重量	价格
3.5kg	1 123 元
31～70kg	211 元/kg

● 步骤 3：计算运费。

体积重量＝60×110×40÷5 000＝52.8（kg）

比较实际重量与体积重量，取较大者，故选择体积重量。

货物重量 52.8kg，根据 DHL 续重不满 0.5kg 按 0.5kg 计算资费的规定，故计费重量为 53kg。

DHL 资费＝53×211×(1＋15.5%)＝12 916.365（元）

二、方案 2——使用 UPS 寄送

● 步骤 1：判断物品是否符合 UPS 寄送要求。

UPS 官方提供的文件封、文件、非文件包裹定价不同。文件封和文件的首重为 0.5kg，续重为 0.5kg，最大重量为 5kg；非文件包裹的首重为 0.5kg，续重为 0.5kg，最大重量为 20kg。货物重量超过 20kg 后不需考虑首重、续重，使用总重量计算运费。

● 步骤 2：查询 UPS 计费标准。

已知美国位于 6 区。本订单的具体资费如表 2-9 所示。

表 2-9 UPS 计费标准

文件封和文件		非文件包裹	
重量	价格	重量	价格
3.5kg	1 050 元	3.5kg	1 088 元
		45～70 kg	225 元/kg

● 步骤3：计算运费。

本订单的体积重量为52.8kg，毛重为3.4kg，故计费重量为53kg。

UPS资费=53×225=11 925（元）

三、方案3——使用FedEx寄送

● 步骤1：判断物品是否符合FedEx寄送要求。

FedEx官方提供的快递封、快递袋、国际优先快递服务和国际经济快递服务定价不同。快递封只接受0.5kg以内的重量；快递袋的首重为0.5kg，续重为0.5kg，最大重量为2.5kg；国际优先快递服务和国际经济快递服务的首重为0.5kg，续重为0.5kg，最大重量为20.5kg。货物重量超过20.5kg后不需考虑首重、续重，使用总重量计算运费。

● 步骤2：查询FedEx计费标准。

已知美国位于1区，燃油附加费为6.5%。本订单的具体计费标准如表2-10所示。

表2-10 FedEx计费标准

国际优先快递服务		国际经济快递服务	
重量	价格	重量	价格
3.5kg	1 125元	3.5kg	854元
45～68kg	225元/kg	45～68kg	167元/kg

● 步骤3：计算运费。

若采用国际优先快递服务，本订单的计费重量为53kg。

FedEx资费=53×225×(1+6.5%)=12 700.125（元）

若采用国际经济快递服务，本订单的计费重量为53kg。

FedEx资费=53×167×(1+6.5%)=9 426.315（元）

计算其他国际商业快递资费

杭州一家跨境电商公司有1套女士睡衣需要从中国运至美国洛杉矶，货物重量为4.1kg，体积为30cm×55cm×20cm，本订单要求10个工作日内完成妥投。该公司委托一家国际货运代理公司进行报价，燃油附加费为6.5%，资费表如表2-11所示。

表2-11 某国际商业快递资费表

文件		包裹	
首重0.5kg	续重0.5kg	首重0.5kg	续重0.5kg
211元	76元	232元	76元

● 步骤1：辨别计费重量。

体积重量=30×55×20÷5 000=6.6（kg）

体积重量>实际重量，故计费重量取体积重量，即7kg。

● 步骤 2：计算运费。

资费＝运费＋燃油附加费

＝[首重费用＋(重量(kg)×2－1)×续重费用]×(1＋燃油附加费)

＝[232＋(7×2－1)×76]×(1＋6.5%)＝1 299.3（元）

若该公司又追加一批女士睡衣寄送到美国洛杉矶，已知货物重量为 21.1kg，体积为 60cm×55cm×40cm，燃油附加费为 6.5%，资费如表 2－12 所示。

表 2－12　重量资费表

重量	价格
21～44kg	214 元/kg
45～70kg	212 元/kg

● 步骤 1：辨别计费重量。

体积重量＝60×55×40÷5 000＝26.4（kg）

体积重量＞实际重量，故计费重量取体积重量，即 26.5kg。

● 步骤 2：计算运费。

资费＝运费＋燃油附加费

＝(计费重量×每千克运费)×(1＋燃油附加费率)

＝(26.5×214)×(1＋6.5%)＝6 039.615（元）

职业能力 2－2－2　正确开展国际商业快递产品业务

【学习目标】

知识目标

1. 掌握商业快递包装要求。
2. 掌握商业快递业务出口流程。
3. 熟悉禁寄物品处理办法。

能力目标

1. 能包装商业快递包裹。
2. 能完成商业快递业务出口操作。
3. 能处理禁寄物品。

素质目标

1. 培养爱岗敬业、诚实守信、精益求精的工匠精神。
2. 维护国家主权、维护国家安全。
3. 树立国家标准意识和安全意识。

【基本知识】

一、商业快递出口的准备工作

商业快递出口需要准备的资料包括发票、货运单、销售合同、原产地证复印件、装箱单等；具体包括货物品名、件数、重量、箱规尺寸、出货时间，目的港，收货人名称、地址、电话，发货人名称、电话、地址。

二、国际商业快递包装要求

（1）钢琴、陶瓷、工艺品等重量大或价值高的货物要用木箱包装。

（2）有些国家对未经过加工的原木或原木包装有严格的规定，必须在原出口国进行熏蒸操作，并出示承认的熏蒸证，进口国方可接受货物进口；否则，将受到惩罚或将货物退回原出口国。

（3）有些国家对松树类的木质包装要求较严，货物进口时必须有原出口国检疫机构出示的无虫害证明。

（4）加工后的木制家具不需要进行熏蒸操作。

（5）日常生活中的常用类物品，如书籍、工具等可用结实的纸箱自行包装，并做好防潮处理。

（6）易碎类的物品最好用东西填充，避免损坏。

（7）条件允许，可以在纸箱内铺垫一层防水用品。

（8）在同一包装箱内，轻、重物品要合理搭配放置，以便搬运。

（9）箱内要塞满填充物，可用气泡膜、充气袋、珍珠棉等材料填充，以防物品在搬运过程中挪动。

（10）服务组织若发现禁止进出境的物品，应移交海关处理。

三、禁寄物品处理办法

（1）商业快递公司发现各种武器、弹药等物品，应立即通知公安部门处理，疏散人员，维护现场，同时通报国家安全机关。

（2）商业快递公司发现各类放射性物品、生化制品、麻醉药物、传染性物品和烈性毒药，应立即通知防化及公安部门按应急预案处理，同时通报国家安全机关。

（3）商业快递公司发现各类易燃易爆等危险品，收寄环节发现的，不予收寄；经转环节发现的，应停止转发；投递环节发现的，不予投递。危险品要隔开存放。商业快递公司发现易发生危害的危险品，应通知公安部门，同时通报国家安全机关，按规定采取措施进行销毁。需要消除污染的危险品，商业快递公司应报请卫生防疫部门处理。其他危险品，商业快递公司可通知寄件人限期领回。对内件中其他危险品，商业快递公司应当整理重封，随附证明发寄或通知收件人到投递环节领取。

（4）商业快递公司发现各种危害国家安全和社会政治稳定以及淫秽的出版物、宣传品、印刷品，应及时通知公安、国家安全和新闻出版部门处理。

（5）商业快递公司发现妨碍公共卫生的物品和容易腐烂的物品，应视情况通知寄件人限期领回，无法通知寄件人领回的可就地销毁。

（6）商业快递公司在收寄环节发现包装不妥，可能危害人身安全、污染或损毁其他寄递物品和设备的，应通知寄件人限期领回；经转或投递中发现的，应根据具体情况妥善处理。

（7）商业快递公司发现禁止进出境的物品，应移交海关处理。

能力提升

商业快递包裹出口业务操作

杭州一家跨境电商公司有 1 套女士睡衣需要从中国运至美国洛杉矶，货物重量为 3.4kg，体积为 60cm×110cm×40cm。该公司目前已全权委托某国际货运代理公司处理所有快递包裹配送业务，本订单要求 10 个工作日内完成妥投。现国际货运代理公司资深专员小洪带着新员工小王共同完成此订单。

商业快递采用普通快件出口，报关流程较一般贸易货物简单许多，清关速度快。商业快递公司的报关部门或其他报关代理公司对接 EDI 系统，完成申报工作。

1. 揽件

寄件人与商业快递公司联系确定寄件或揽收时间后，客服人员通过客服系统接收客户订单，并且将下单数据传给调派系统，指示业务员上门揽货，或提示寄件人根据指定地址寄递货物。业务员获得货物后需要检查单据，确认货物的包装、标签，称重，测量货物尺寸，完成货物的初次信息录入。

2. 入库

所有货物到达操作中心后都会进行复称重和分拣工作。货物首先需要通过 X 光机，完成安全检验相关工作。随后，货物的分拣根据航线来进行区分。分拣后完成货物的装袋工作，等待装车。

3. 国际航空运输

货物装车后运往始发地机场，在机坪打完盘柜后，等待海关放行，同时将盘柜上的包裹装机。

4. 报检报关

业务员申报，完成报检操作；根据货物的发票、装箱单、货运单等文件完成报关单的填写工作，等待海关审核无误后，根据相关规定完成进出口货物缴税工作，获取相关单证。

5. 目的地分拨、入库

将货物运输到目的地机场后，需要在机场指定监管中心完成分拨、入库等操作。与此同时，目的国的报关部门负责货物的清关，海关放行后才能由商业快递公司取货。

6. 分拣、配送

海关放行后，商业快递公司的业务员或者合作物流商的业务员将按照货物的目的地对货物进行分拣，然后利用物流渠道完成当地的配送工作。

工作任务 3　跨境电商专线物流业务操作

职业能力 2－3－1　熟练选择跨境电商专线物流产品

【学习目标】

知识目标

1. 了解跨境电商专线物流产品知识。
2. 区分不同产品的目标客户群体。
3. 解读不同产品的客户案例。

能力目标

面对不同的客户需求设计不同的、合适的、有价值的物流产品。

素质目标

1. 提升爱岗敬业、吃苦耐劳的品质。
2. 感受开放包容的丝路精神。
3. 认识“五通”与人类命运共同体的重要性。

【基本知识】

一、跨境电商专线物流的含义

跨境专线物流是指针对特定国家或地区推出的跨境电商专用物流线路。其特点在于：物流终点固定、运输工具固定、运输线路固定、运输时间基本固定。“四固定”特点使得跨境电商专线物流将擅长线路做大做强，整合资源，打通上下游渠道，迅速发展，成为跨境电商物流重要的模式之一。

目前市场上经营的跨境电商专线物流产品均是物流公司自行开发的产品，在固定时间和航线使用飞机将跨境电商货物运送至指定国家或地区。专线物流是一种在价格上比国际商业快递低，时效上又优于多数邮政物流的方式。

二、跨境电商专线物流产品

跨境电商专线物流主要包括空运、海运、铁路、公路散货专线，结合头程传统运输方式加尾程快递或卡车派送，形成门到门、全链路的服务。

目前，市场中主要有四类跨境专线物流产品，其优势在于：一是物流要素重组，客户享受一站式服务；二是搭配多种组合，满足客户需求。

（一）空运散货专线物流产品

1. 空派空卡散货专线物流产品介绍

空派空卡散货专线物流产品，其头程用空运集货，尾程采用快递或卡车派送的方式。空派空卡头程的运输主体是各大航空公司。国际货运代理公司在国内集货，通过与航空公司合作，将货物运送到目的地国家，再进行清关、机场提货、送货进海外仓等一系列拆柜分货等仓内操作。它是介于国际快递与海派之间的产品。

2. 产品的目标客户群体

空派空卡散货专线物流产品时效快、成本高，面向如下客户群体：第一类是有紧急备货需求的客户，其高效性可以满足此类客户的需求；第二类是高货值的客户，此类客户可接受较高的物流成本；第三类是货量小的客户（单次出货量在 200kg 以下），由于国际快递的物流成本过高且海派的时效太慢，因此此类客户会选择空派空卡散货专线物流产品。

（二）海运散货专线物流产品

1. 海运散货专线物流产品介绍

国际货运代理公司取得船公司的某条优势线路代理，打造门到门、全链路的物流运输，即形成了海运散货专线物流产品。该产品头程用海运拼柜，运输主体是各家船公司，尾程用快递或卡车派送的方式，将海洋与陆地连接，形成全链路物流活动，促进国际物流业务发展。市场上的海运散货专线物流产品基本覆盖全球。

目前，市场上已形成两类产品——海派和海卡。海派即海运＋快递，通常分为海派快船和海派慢船，区别在于配置的船公司不同。海卡即海运＋卡车，通常分为海卡快船和海卡慢船，区别在于配置的船公司不同。

海派产品的特点：尾程是快递，无须预约进仓，无签收单，可在官网查看物流进度。海卡产品的特点：适用于大件货，尾程时将货物打托再由卡车派送，对单箱货物的尺寸、重量要求不高；可以按千克或立方数收费；国际货运代理公司可根据自身优势打造不同的海运散货专线物流产品；需预约再进仓。进仓后，卡车公司会收到签收单（POD），证明货物已进仓。

2. 产品的目标客户群体

(1) 海派产品的目标客户群体。

第一类是小货量客户，即单次备货量在 500kg 以下，对时效有一定要求，可接受略高物流成本的客户。第二类是收货地址是私人地址的客户。海派产品由于可送的范围比海卡产品广，因此深受此类客户的喜爱。第三类是倾向双清包税的客户。国际货运代理公司将海派产品打造成双清包税产品，价格包含海运费、清关费、关税以及尾程快递配送等费用，满足客户全链路服务需求。

(2) 海卡产品的目标客户群体。

第一类是货量较大，但少于一个高柜的客户。对时效要求高的客户可选择海卡快船，物流成本也较高；对时效要求不高的客户可选择海卡慢船，物流成本相对较低。第二类是非标准尺寸的单箱货物的客户。海派尾程快递对单箱货物有特殊重量、尺寸要求，超长或超重的货物要选择海卡产品。第三类是在海外仓做临时仓储的客户。在旺季备货或限制建仓的情况下，如果客户对时效要求不高，就会选择海卡，将货物以最低的成本运输至海外仓做临时仓储，大量备货。

(三) 铁路散货专线物流产品

1. 欧洲铁路散货专线物流产品介绍

中欧班列是指按照固定车次、线路等条件开行，往来于中国与欧洲及“一带一路”共建国家的集装箱国际铁路联运班列。中欧班列在中欧大陆间来往，带动“一带一路”共建国家的贸易新增长。国际货运代理公司推出跨境电商物流的中欧班列新模式，打造欧洲铁路散货专线物流产品——中欧铁派。

中欧铁派，其头程用中欧班列运输，尾程用快递派送，时效和成本介于海运和空运之间。中欧铁派满足客户将货物发往欧洲的需求，是介于海运和空运之间合适的选择。

2. 产品的目标客户群体

中欧铁派是符合客户需求多样化的补充型专线物流产品，是客户旺季备货的方案之一。

(四) 公路散货专线物流产品

1. 欧洲卡车散货包税渠道产品介绍

中欧卡车，号称卡车航班，是中国与欧洲各国的物流运输新模式。

中欧卡车的第一大特点是 TIR 系统的使用。一辆使用 TIR 证的卡车，货物在起运地施加关封，全程过境不开箱只查 TIR 证便可放行，简化过境程序、节约通关时间、降低物流成本，得到多重保障，极大地方便了货物运输。第二大特点是全程可进行物流追踪。卡车装有 GPS 定位系统，全程实时追踪货物，满足客户了解货物物流信息的需求。第三大

什么是 TIR 运输

特点是以卡车高性价比的价格实现空运般的时效。中欧卡车的价格是空运的 1/3，时效在 16～18 天。

2. 产品的目标客户群体

将运输方式按照价格从高到低、时效从快到慢的顺序排序：空运＞公路＞铁路＞海运。中欧卡车满足了客户既要享受快速时效，又要享受高性价比的需要；比海运、铁路更快，比空运更便宜；满足了客户旺季备货需求；是可以快速补货的全新跨境电商专线物流产品。

能力提升

如何选择合适的物流产品 1

艾慕公司专做服装产品，该公司推出了一款爆款裙，该产品在海外仓的现货不多，很快出现断货现象。艾慕公司现需要选择合适的物流产品。

艾慕公司之前习惯使用快递小包，现出现爆款产品，快递小包成本太高，此时应优先考虑空派空卡散货专线物流产品，它既可以满足客户大量补货的需求，又可以满足客户快速补货的时效要求，相较于快递小包，大大降低了物流成本。

如何选择合适的物流产品 2

又邦家具制品有限公司有一款产品是塑料衣柜，其包装尺寸超长，最长边近 1.2m，整体尺寸在 10m^3 左右，对时效性要求不高。之前公司都是使用美森海派产品运输该塑料衣柜。近期又邦家具制品有限公司准备安排一批货物运输到美国，但美森海派无法承运，现需选择合适的物流产品。

货物具有特殊性，单箱尺寸超长，不适合走海派，建议走海卡慢船，时效在 35 天左右。尾程由国际货运代理公司将货物打托后，由卡车派送。海卡慢船的物流成本更低。

另一个时效更高的方案是美森海卡，头程和美森海派一样是由美森快船负责海上运输，尾程由卡车派送。相比于海卡慢船，速度更快，但价格更高。

职业能力 2－3－2　熟练掌握跨境专线物流业务流程

【学习目标】

知识目标

熟悉散货专线出口业务流程。

能力目标

能根据散货专线出口业务流程进行操作。

素质目标

1. 涵养敬业专业、细致精致的工匠精神。
2. 感受开放包容的丝路精神。
3. 认识“五通”与人类命运共同体的重要性。

【基本知识】

散货专线出口业务流程如图 2－3 所示。

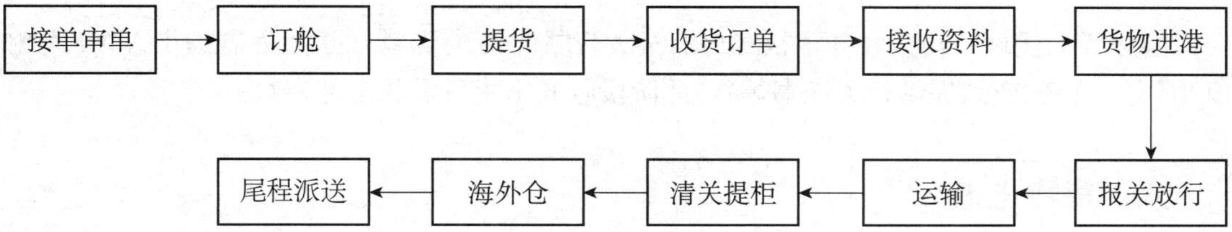

图 2－3　散货专线出口业务流程

一、接单审单

第一步，接单报价。国际货运代理公司接单前询问货物品名、件数、毛重、体积、海外仓、物流方式等相关信息，给出准确报价。合理的价位、准确的报价是国际货运代理公司获得客户的关键。客户倾向选择的物流方式不一定是最合理的，国际货运代理公司要询问客户的需求，了解货物的特点，为客户设计更优质的物流解决方案。

第二步，审单。国际货运代理公司要审核货物品名、尺寸、海外仓等重要信息，避免接收不可承运的货物。

二、订舱

接单成功后即可进行订舱操作。小立方数的货物按拼箱订舱，整柜货物则直接整柜订舱。

三、提货

提货分为客户自送和提货。自送是指客户安排车辆将货物送进国内集货仓。提货是指国际货运代理公司安排国内物流车上门提货并将货物送进国内集货仓，或国际货运代理公司将柜子送至客户工厂，直接将货物装柜。

四、收货打单

货物进国内集货仓后进行卸货、清点数量、填签收单、办理入库等工作。进仓后，国际货运代理公司对货物进行测量，与客户确认数据后，将数据录入系统。

尾程派送分为快递派送和卡车派送，快递派送需要国际货运代理公司在国内集货仓打好快递面单，并粘贴在每箱货物外包装上；卡车派送则无须打单。

五、接收资料

国际货运代理公司接收并审核客户的报关资料和清关资料（欧洲另需提供 VAT 号和 EORI 号，特殊产品提供相关证书等），此阶段收齐出货所需的全部资料。

六、货物进港

海运专线物流，拖车载着集装箱进入码头，根据要求将集装箱拖到指定位置摆放，货物进港。

空运、铁路运输、公路运输类似，均须将货物运输到指定地点。

七、报关放行

出口货物均须向海关提供报关资料，包括报关单、合同、装箱单、发票，并向报关行发起电子委托。海关查验无误后，会在报关单上加盖印章，将货物放行。

八、运输

海运头程为轮船海上运输，空运头程为飞机航空运输，铁路头程为火车铁路运输，公路头程为卡车公路运输。

九、清关提柜

到目的国后，海外国际货运代理公司安排清关，客户需要提前将清关所需资料提交给海外国际货运代理公司，由海外国际货运代理公司提供清关服务，缴纳税金。

清关结束后，海关放行，海外国际货运代理公司安排提柜，将货物送进海外国际货运代理公司的海外仓后，进行海外仓的操作。

十、海外仓

货物进海外仓以后，需要拆柜、分拣，尾程卡车运输还需要打托。海外仓还有其他服务，如贴标等。

十一、尾程派送

尾程派送分为快递派送和卡车派送两种。

(1) 尾程通过快递派送。海外仓工作人员在拆柜、分拣后，将货物交给快递公司，快递公司工作人员会扫描每箱货物的面单，更新物流信息，直至送货完成。

(2) 尾程通过卡车派送。海外仓工作人员拆柜、分拣后，再将货物打托，交给卡车公司，由卡车公司进行目的地海外仓进仓预约，进仓后拿到 POD，即送货完成。

能力提升

散货专线出口业务流程

呈思电子商务有限公司在亚马逊上经营一家店铺，主要销售男装。现公司针对出口至英国的订单梳理业务流程，总结跨境专线物流出口注意事项。

按照英国进口规范，货物的申报要符合实际情况，明确列出每项货物的类别及具体数量，并附带详细的装箱清单。清单上展示每箱内含货物品名、数量及图片。在品名描述时，应避免使用可能触发审查的敏感词汇。样品要明确标注具体类型，如服装样品，以免清关受阻。严禁夹带任何国际违禁或航空禁运物品。发票所示商品价值应符合市场常规，以防低估高价值商品引来海关质疑；若海关质疑，客户可能需要提供商品的真实在线销售链接，或购货支付凭据、银行转账记录以作佐证。

鉴于欧洲各国对进口增值税（VAT）监管严格，各类专线物流服务对于 VAT 的处理政策各有差异。一些物流服务商可代为处理 VAT 清关事宜，而另一些则要求客户必须使用自身注册的 VAT 进行清关。使用 VAT 渠道发货时，VAT 号及 EORI 号均有效且可用，否则货物将在目的国遭遇清关障碍。

职业能力 2-3-3　计算跨境专线物流运费

【学习目标】

知识目标

熟悉跨境专线物流产品运费计算技巧。

能力目标

1. 灵活选择不同跨境专线物流产品。
2. 能正确计算不同跨境专线物流产品的运费。

素质目标

1. 涵养敬业专业、细致精致的工匠精神。
2. 感受开放包容的丝路精神。
3. 认识“五通”与人类命运共同体的重要性。

【基本知识】

一、散货专线物流运费的计费规则

（一）空运散货专线物流产品

空派产品按照重量（kg）计费，通常做双清包税产品，费用以全包价形式收取，但是单独报关需要另收费。

（二）海运散货专线物流产品

海卡快船产品按照重量（kg）计费，通常做双清包税产品，费用以全包价形式收取，但是单独报关需要另收费。

海卡慢船产品按照体积（m^3）计费，费用包含海运费、报关费和关税。

海派产品按照重量（kg）计费，通常做双清包税产品，费用以全包价形式收取，但是单独报关需要另收费。

（三）欧洲铁路散货专线物流产品

铁派产品按照重量（kg）计费，通常做双清包税产品，费用以全包价形式收取，但是单独报关需要另收费。

（四）公路散货专线物流产品

卡派产品按照重量（kg）计费，通常做双清包税产品，费用以全包价形式收取，但是单独报关需要另收费。

二、散货专线物流运费的附加费

散货专线物流产品的附加费类型多样，产品类型不同，所收的附加费也不同。

能力提升

计算美国普船海卡产品运费

杭州一家企业要寄送一批猫爬架去亚马逊仓 ONT8，件数为 700 件，毛重为4 550kg，体积为 19.3m^3，以海卡慢船方式派送。小王作为物流专员负责处理这笔物流订单，核算费用。

1. 查询价格规则

海卡慢船资费如表 2-13 所示。

表 2-13　海卡慢船资费表

亚马逊仓	体积（m^3）	价格
FTW1	0～5	800 元/m^3＋报关费 100 元＋关税实报实销
	6～10	750 元/m^3＋报关费 100 元＋关税实报实销
	＞10	700 元/m^3＋报关费 100 元＋关税实报实销
ONT8	0～5	900 元/m^3＋报关费 100 元＋关税实报实销
	6～10	860 元/m^3＋报关费 100 元＋关税实报实销
	＞10	830 元/m^3＋报关费 100 元＋关税实报实销

2. 确定运费价格组成

亚马逊 ONT8 为美国亚马逊仓，以体积（m^3）作为计费重量。

运费＝海运费＋报关费＋关税

3. 查询运费价格规则

已知货物体积为 19.3m^3，故资费标准为 830 元/m^3，即

运费＝830 元/m^3＋报关费 100 元＋关税实报实销

4. 计算总运费

总运费＝19.3×830＋报关费 100 元＋关税实报实销

＝16 019 元＋报关费 100 元＋关税实报实销

关税一般是目的国货币，要将其换算成美元。关税在到港清关时产生，货代公司将关税文件给客户，实报实销。

计算中欧卡车产品运费

杭州一家企业要寄送一批宠物喂食器到比利时亚马逊仓，已知件数为 15 件，毛重为 202kg，体积为 2.31m^3，箱规包括 60cm×56cm×54cm（9 箱×8kg）、120cm×30cm×30cm（4 箱×16kg）、50cm×60cm×40cm（2 箱×33kg）。小王负责这单物流业务，他需要核算费用。

1. 查询价格规则

中欧卡车散货运价如表 2－14 所示。

表 2－14 中欧卡车散货运价

<table>
<tr><td colspan="8">中欧卡车散货双清包税渠道</td></tr>
<tr><td colspan="8">生效日期：2024－11－11 后端 UPS 派送 体积除以 6 000（按 cm^3 计）</td></tr>
<tr><td>国家</td><td>21kg＋</td><td>100kg＋</td><td>200kg＋</td><td>500kg＋</td><td>1 000kg＋</td><td>提取时效</td><td>备注</td></tr>
<tr><td>德国</td><td>RMB23/kg</td><td>RMB21/kg</td><td>RMB20/kg</td><td>RMB20/kg</td><td>RMB20/kg</td><td rowspan="3">16～18 个自然日提取（时效可能会受影响）表价均以人民币为单位</td><td rowspan="3">产品附加费见附表</td></tr>
<tr><td>法国、意大利、波兰、捷克、荷兰、比利时</td><td>RMB26/kg</td><td>RMB24/kg</td><td>RMB23/kg</td><td>RMB23/kg</td><td>RMB23/kg</td></tr>
<tr><td>西班牙、丹麦、卢森堡、克罗地亚、斯洛伐克、斯洛文尼亚、芬兰、奥地利、瑞典、希腊、葡萄牙、保加利亚、爱沙尼亚、拉脱维亚、立陶宛、匈牙利</td><td>RMB27/kg</td><td>RMB25/kg</td><td>RMB24/kg</td><td>RMB24/kg</td><td>RMB24/kg</td></tr>
<tr><td colspan="8">以上价格包含国内陆运费、国际卡车运费、关税、清关费及后段 UPS 派送费，不包括查验费及仓租等费用。
英国包税渠道若因政策变化，导致货物需要二次清关的，客户自行处理二次清关事宜，处理费用自理。</td></tr>
<tr><td colspan="8">额外收费标准
1. 非亚马逊仓：非亚马逊地址加 RMB0.5/kg，最低 RMB50/票
2. 额外报关：一般贸易报关费：RMB500/票报关费，续页费 RMB100/页
3. 多品名：每票免费接收 5 个申报品名，从第 6 个品名开始，每一个品名加收 RMB30
4. 超轻费：单票不足 21kg，按 21kg 计费
5. 平均计费超轻费：单票平均计费重 15kg/箱，没有达到的，德国按 RMB3/kg 加收派送费，其他国家按 RMB6/kg 加收派送费。例如：法国，单票 10 箱，计费重 135kg，加收（10×15－135）×6＝90 元
6. 产品附加费：自查产品附加费，不确认的单票查询
7. 单票 1 箱货超重费：单票 1 箱计费重超过 30kg 的货物需加收派件附加费——RMB5/kg；或者实际重量（非体积重）＞30kg 的，加收 RMB160
8. 超长费或者超重费（超长费、超重费不叠加）：最长边＞100cm（2024 年 10 月 1 日—2024 年 12 月 31 日额外加收旺季附加费 RMB50/箱）</td></tr>
<tr><td colspan="8">以下情况的货物拒收
1. 单个包裹的体积周长大于 300cm
2. 不规则包装（非纸箱货物）
3. 拒接航空箱、木箱、金属箱、木架、金属架包装的货物
4. 最长边超过 200cm
5. 单箱计费重＞60kg</td></tr>
</table>

比利时亚马逊仓采取中欧卡车散货双清包税渠道，单独报关。

2. 确定运费价格组成

比利时亚马逊仓走中欧卡车散货双清包税渠道，以重量作为计费单位。

运费＝全包价＋单独报关费用

3. 查询运费价格规则

中欧卡车散货双清包税渠道实行体积重量和实际重量取大者为计费重量的方式。

体积重量＝体积（m^3）/0.006

本业务中，产品体积重量＝2.31/0.006＝385kg＞202kg，因此体积重量为本业务的计费重量。如表 2－14 所示，385kg 的货物，单价为 RMB23/kg。

运费＝385×23＝8 855（元）

4. 查看是否有特殊费用

如表 2－14 所示中欧卡车派送对货物尺寸有超长、超重的限制要求，故需要查看箱规是否超长超重。第一个箱规：60cm×56cm×54cm（9 箱×8kg），无超长费、超重费；第二个箱规 120cm×30cm×30cm（4 箱×16kg），最长边＞100cm，体积周长＜300cm，收超长费，4×160＝640 元；第三个箱规 50cm×60cm×40cm（2 箱×33kg）无超长，33kg＞30kg，收超重费，2×160＝320 元。故合计收取超长费、超重费 640＋320＝960 元。

5. 查看是否有平均计费超轻费

已知共有货物 15 箱，总重量为 202kg，故派送费为（15×15－202）×6＝138 元。

6. 计算报关费

单独报关，报关费为 RMB500/票。

7. 计算总运费

总运费＝运费＋特殊收费＋平均计费超轻费＋报关费

＝8 855＋960＋138＋500＝10 453（元）

计算空派专线运费

杭州雅猫电子商务有限公司在速卖通上经营一家店铺，主要销售男装。近期业务员小黄收到一个男士马甲的订单，需发货至俄罗斯圣彼得堡。随后小黄立即组货，包裹重量为 630g。他在速卖通平台上获取了俄速通的中俄专线报价，燃油附加费为 11.25%。空运专线运价表如表 2－15 所示。

表 2－15　空运专线运价表

国家	配送服务费元/kg×每 1g 计重，限重 2kg	挂号服务费元/包裹
俄罗斯	57.4	16.9

空派产品费用计算方法与航空快递计算方法相似，一般需要收取挂号服务费。有时还需考虑货物的实际重量和体积。

总运费＝(配送服务费＋燃油附加费)×折扣＋挂号服务费

不同物流企业和产品可能会在报价上有差异，有些物流商会采取一口价全包的报价方式，有些物流商不会考虑起重要求，有些物流商可能考虑加收燃油附加费，具体根据物流公司的规定和报价决定。

若小黄确认使用俄速通的中俄专线寄送货物，他需要支付的运费为：

总运费＝57.4×0.63＋57.4×0.63×11.25%＋16.9

＝57.13（元）

知识巩固

一、选择题

1. 中国境内的国际邮件互换局需要经过国家邮政管理部门与（　　）的批准开设。[单选题]

A. 中国邮政公司　　B. 地方海关

C. 邮管局　　D. 海关总署

2. 分拣建包过程中，在总包上需要添加的信息有（　　）。[多选题]

A. 批次号　　B. 内含小包数量

C. 大包重量　　D. 货物品名

3. 商业快递包裹在计算运费时需要考虑计泡问题，以下关于计费重量介绍正确的是（　　）。[多选题]

A. 计费重量取实际重量与体积重量中较大的一个

B. 商业快递计算体积重量的公式为：长(cm)×宽(cm)×高(cm)÷5 000(kg)

C. 商业快递计算体积重量的公式为：长(cm)×宽(cm)×高(cm)÷6 000(kg)

D. 计费重量就是实际毛重

4. 商业快递的清关方式为（　　）。[单选题]

A. 邮件清关　　B. 商业清关

C. 邮政清关　　D. 保税区清关

5. 海派快船的典型代表是（　　）。[单选题]

A. 美森海派　　B. 中欧铁派

C. 中欧卡车　　D. 普通船＋卡车

二、判断题

1. 境内退件（口岸安检不通过以外的其他原因），由中国邮政退回给跨境电商卖家，并回传退回的国内快递单号、退回快递金额、退回节点以及原因。（　　）

2. 钢琴、陶瓷、工艺品等重量大或价值高的货物要用木箱包装。（　　）

3. 跨境电商专线物流是指针对特定国家或地区推出的，拥有固定运输线路和运输工具的物流方式。（　　）

4. 单次出货量较小、对时效有一定要求且希望物流成本相对可控的客户，适合选择海派产品。（　　）

5. 所有货物在进入国内集货仓后，不论是采用卡车派送还是快递派送，都需要打印

并贴好快递面单。(　　)

拓展练习

1. 一单货物从杭州运送至洛杉矶，采取 e 邮宝进行寄送。作为邮政工作人员，请你简述操作流程。

2. 一单货物从杭州运送至洛杉矶，采取 UPS 进行寄送。作为物流工作人员，请你简述操作流程。

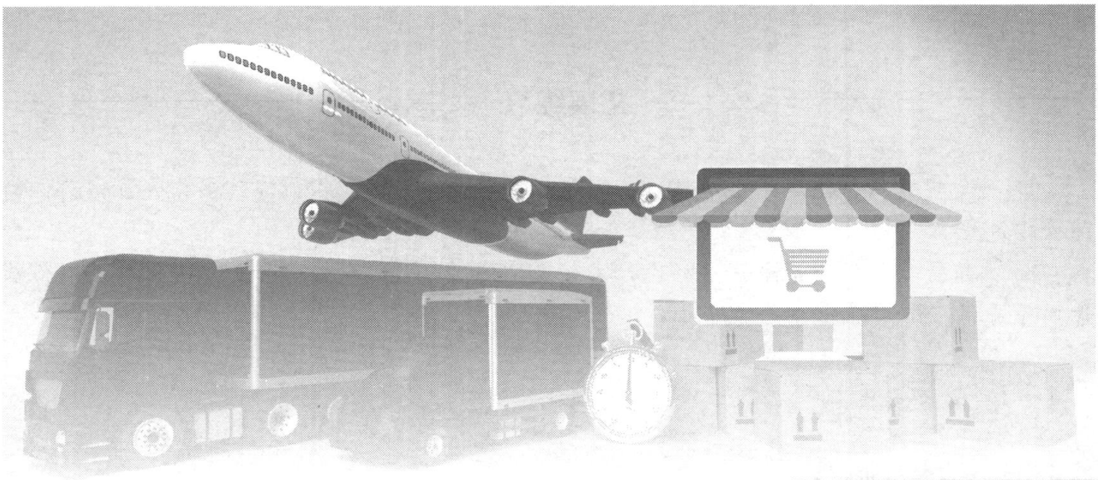

学习任务 3

跨境电商出口物流 B2B 配送方式

内容结构

- 跨境电商出口物流B2B配送模式
  - 海外仓备货直发
    - 海外仓运营模式
    - 海外仓运作流程
    - 海外仓相关费用
    - 海外仓仓储管理系统
  - 国际海运头程操作
    - 散货出口业务
    - 整柜出口业务
    - 头程费用核算
    - 出口物流单据制作
  - 国际空运头程操作
    - 空运头程操作
    - 头程费用核算
    - 空运单据审核
  - 中欧班列高铁物流操作
    - 中欧班列产品及出口流程
    - 出口发货费用核算
    - 出口物流单据

工作任务 1　海外仓备货直发

职业能力 3-1-1　熟悉海外仓备货直发模式特点

【学习目标】

知识目标

1. 掌握海外仓的含义。
2. 说明海外仓的运营模式。
3. 说明海外仓适用的产品范围。

能力目标

1. 说明海外仓运营模式的优点和缺点。
2. 说明海外仓的功能。

素质目标

1. 感受开放包容的丝路精神。
2. 认识“五通”与人类命运共同体的重要性。

【基本知识】

一、海外仓的含义

海外仓是跨境电商企业或物流企业开设的境外仓配一体化服务项目，服务内容包括国内集货、国际运输、目的国清关/仓储/配送、售后及个性化增值服务等，是整合物流渠道资源、专业运营团队和信息系统而推出的安全、稳定、高效的海外仓配产品。对出口跨境电商卖家来说，海外仓就是其在海外的仓库。跨境电商卖家将商品提前批量储存在海外当地仓库，当买家有需求时，第一时间做出快速响应，并及时进行商品的分拣、包装及递送。海外仓可实现跨境电商货物在该国本地销售、本地配送，是一种对跨境物流运输方案的优化与整合。

我国跨境电商的海外仓布局从海外跨境电商主流市场设立开始，逐步发展成熟和稳定起来，从而形成全球海外仓网络，这有助于我国跨境电商企业实现品牌出海，实现我国商品卖全球的目标。目前，欧洲海外仓主要有英国仓、德国仓、捷克仓、波兰仓等。另外，日本、墨西哥等亚马逊主流市场也都有海外仓。在新兴市场，如东南亚国家、非洲国家等，都有专业性的海外仓布局。在跨境电商主要国家，海外仓通常设置在几个区域或城市，如加拿大海外仓主要分布在多伦多、温哥华、渥太华等地。

二、海外仓建设的基本要求

海外仓的信息包括：（1）跨境电商企业下各国家/地区海外仓的详细地址；（2）跨境电商企业下各国家/地区海外仓的基本面积；（3）跨境电商企业下各国家/地区海外仓的人员数量和设备情况；（4）跨境电商企业下各国家/地区海外仓的尾程渠道交运能力。

海外仓企业需要确定目标客户区域。海外仓企业应该明确可以接收客户货物的区域范围——快递和空运可以上门揽货的区域，海运可以实现客户当地散货拼柜或者整柜直发的区域。如果需要客户将货物寄到国内头程仓，海外仓企业需要明确所有头程仓的位置。客户需要确定海外仓企业有无头程服务，是否支持头程运输到海外仓的服务；海外仓企业是否支持国内直发小包的服务。

海外仓的建设和经营应符合海外当地的安全、消防、环保、卫生等方面的法律、行政法规、强制性标准的规定以及政策方向；海外仓的所有服务项目都应该完整体现在报价表中，收费透明；应贯彻以客户为中心的服务理念；整合物流供应链资源，提升经济效益。

三、海外仓的运营模式

根据仓库经营主体性质来分类，海外仓运营模式分为跨境电商卖家自建的海外仓、电商平台运营商经营的海外仓、第三方物流服务商经营的海外仓，如图 3-1 所示。

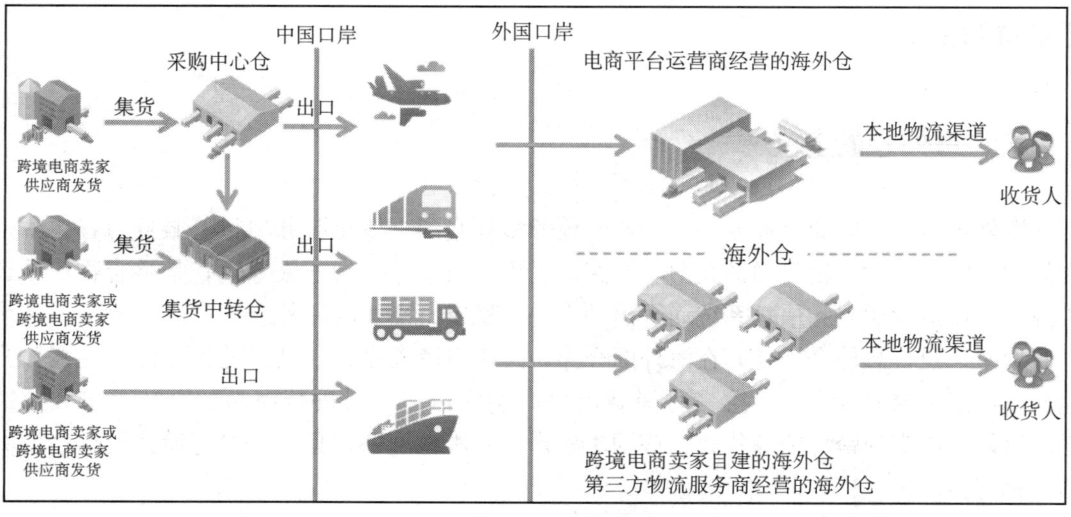

图 3-1　海外仓运营模式示意图

（一）跨境电商卖家自建的海外仓

跨境电商卖家自建的海外仓，是指跨境电商卖家自己建立并且运营的海外仓库，仅为本企业的商品提供仓储、配送等服务。这类海外仓的优点是整个跨境物流过程均由跨境电商卖家自己掌控和管理，较为灵活；缺点是建造资金压力、成本、风险等较大，跨境电商卖家需要自己解决场地、设备、员工、物流运输等问题，需要面对外国当地的清关规则、税收制度、劳工政策等壁垒，如果月销量及运送货量不大的话，在运输方面很难有价格优势。

（二）电商平台运营商经营的海外仓

电商平台运营商经营的海外仓，简称平台仓，是指平台企业为了提升自身物流服务质量，为跨境电商卖家提供的仓储、配送等服务。亚马逊推出海外仓服务，其 FBA 提供包括仓储、拣货、打包、派送、收款、客服与退货处理的一条龙物流服务。同时，亚马逊还为用户提供很多优惠政策，如帮助跨境电商卖家提高商品在亚马逊页面的排名等。FBA 的物流水平成为海外仓行业内的标杆，FBA 的日发货量、商品种类、消费者数量都远超过第三方海外仓。FBA 的缺点是价格不菲、退货麻烦，如果客服不到位就可能有售后问题，可能出现仓位不足、仓库限制库容等情况，这样跨境电商卖家不能大量补货，预约送货变得困难，导致整体派送时效大大延误，额外产生很多成本。

（三）第三方物流服务商经营的海外仓

第三方物流服务商经营的海外仓，简称第三方海外仓，是指由第三方企业（多数为货代、物流服务商）建立并运营的海外仓，可为多个跨境电商卖家提供清关、入库质检、接收订单、商品分拣、配送等服务，有的还可提供 FBA 退换货、转仓、重打或代贴标签、商品检测、代缴关税等服务。管理权由海外仓建设企业持有。跨境电商卖家之所以选择国内外有一定知名度的专营海外仓公司或平台，是因为这类海外仓公司都拥有比较强的资金实力和系统的技术能力，有相对完善的全球海外仓网络，仓库面积也比较大。

第三方海外仓主要有租用和合作建设两种方式。租用方式的费用较多，如租赁费用、物流费用、仓储费用；合作建设方式仅有物流费用。

第三方海外仓的优点：有助于提高单件商品利润率；可以提供包括物流配送、仓储管理和清关等环节在内的全产业链式服务，大大提高商品的竞争力；集中运输模式突破了商品重量、体积和价格的限制，有助于扩大销售品类，大幅降低单件商品的平均运费，减少跨境电商卖家的物流管理成本，提高单件商品的利润率；稳定的销量和更多、更好的反馈将提升跨境电商卖家的账号表现，使物流好评率提升；可以规避法律、行政法规、行业政策、税收以及海外人员管理等不确定性环节所带来的风险。其缺点就是服务不太灵活，受制于系统和规则，难以形成个性化的解决方案。

能力提升

归纳海外仓的优缺点

● 海外仓的优点：

1. 降低物流成本

头程运输可以通过海运集装箱运输，克服部分商品由于各种原因不能走空运的不足。同时，采用货物集发的方式备货，跨境电商卖家可以在淡季物流运费低的时候提前备货至海外仓，有效降低国际段运输物流成本。尾程从海外仓直接派送到买家手中，相当于境内快递，可以降低物流成本。

2. 有利于市场拓展

跨境电商卖家拥有海外仓库存，可以方便地更改商品所在地，轻松变成海外卖家。买家搜索商品时，商品位置在买家所在国会使其在搜索结果中排名靠前，从而增加曝光率和下单率，提升店铺的销量。海外仓商品品类扩大可促进销量增加，发货速度快、售后服务好，能得到买家认可，有利于跨境电商卖家开拓市场，实现有竞争力的本土化销售。

3. 提升客户满意度

提前备货到海外仓，从买家所在国发货，大大提升了商品的派送速度，提升了买家网购物流体验，降低了因物流产生的各种纠纷及退款。利用海外仓进行快速便利的退货、换货乃至维修等售后服务，有利于提升客户体验感和满意度，可以刺激客户重复购买。

4. 方便调节 FBA 库存

对于多平台的跨境电商卖家而言，海外仓是亚马逊 FBA 的缓冲仓库，方便灵活调节 FBA 库存，同时无须担心旺季爆仓。

5. 随时满足小批量的 B2B 订单

小批量的 B2B 订单是跨境贸易盲点，海外仓可以迅速覆盖这部分的需求。

● 海外仓的缺点：

1. 需要支付海外仓储费用

国家不同，海外仓储费用也不同。跨境电商卖家需要对比海外仓发货与其他发货方式的成本。

2. 海外仓储要求有一定的库存量

一些买家特别定制的商品，数量较少，就不适合选择海外仓储销售。

3. 货物滞销风险大

库存较大会占用现金，只有在选品合适、销售顺畅的条件下，海外仓综合成本才会低。如果选品出错、订单太少、市场频繁波动，就会出现滞销，导致平均仓租成本高，滞销商品难以处理。滞销库存怎样分类归纳、集中处理，再通过合适的渠道销售是一个大难题。

4. 运营风险较高

跨境电商出口利用海外仓实现本地化运营，要面对本土化挑战，如商品不符合进口国质量标准、侵权易被海关扣留；质量有问题会引起投诉，仓库可能遭到查封。跨境电商卖家选择海外仓服务商时要注重对方信誉，异地管理由于跨时区沟通不便，商品发到海外仓，易出现损坏、退货、换货、结算等异常情况，若对方跑路则杳无影踪。

选择适合海外仓的商品

海外仓选品，是指跨境电商卖家选择适合的商品在海外仓模式下进行销售。海外仓的选品策略有多种，有的跨境电商卖家选择尺寸和重量偏大的商品，有的跨境电商卖家选择利润率高的商品。但并不是所有的商品都适合海外仓模式。适合海外仓模式的商品有以下几种。

1. 尺寸、重量过大的商品

由于此类商品无法使用小包来进行寄递，单次运输的成本过高，因此跨境电商卖家可根据销售国当地消费习惯和需求选品。

2. 单价和毛利润高的商品

SKU 种类比较多、季节性商品、销售效果未知的商品并不适合海外仓模式。这是因为高质量的海外仓服务商可以降低丢件率、破损率，为销售高价值商品的跨境电商卖家降低风险。

3. 畅销商品

商品的销售热度较高，跨境电商卖家通过海外仓更快速地供货，可以提高销售额。爆款商品若使用批量出口会比单个包裹邮寄更加便宜。

4. 日常快消品

需求量较大的快消品可采用海外仓销售，以保证快速送达。

5. 带电、带磁的商品

因为带电、带磁的商品目前不适用于多数邮政和小包物流，所以跨境电商卖家可通过海外仓的形式来进行销售。利用一般贸易出口特殊商品，入库海外仓后利用当地物流派送可保证及时供货。

辨析海外仓的风险点

1. 合法合规问题

进入海外仓的商品必须是合法合规的，工作人员要在发货前进行确认，避免存在运输违禁品导致商品被扣押的情况。特别注意，普通商品和危险品对于仓库的储备要求和发货要求都不一样，每个仓库的条件也不同。

2. 滞销问题

因为发货至海外仓需要提前备货，所以跨境电商卖家要对库存进行预测，避免商品滞销和积压。

3. 仓库管理问题

跨境电商卖家使用海外仓之前要确认其是否购买了仓库财产保险，若发生盗窃、失火、地震、暴风等意外事件是否有赔偿；预先调查海外仓在安全管理方面的相关制度，其是否具备健全的操作能力，仓库人员情况、仓库防火等设施、设备情况等。

职业能力 3-1-2　熟悉海外仓直发运作流程

【学习目标】

知识目标

1. 熟悉海外仓备货直发模式的含义。
2. 熟悉海外仓的仓管系统作业流程。
3. 了解海外仓本地配送的主要方式。
4. 熟悉退货换标注意事项。
5. 掌握海外仓的风控管理重点。

能力目标

1. 能操作海外仓的仓管系统。
2. 能操作换标和退换货事宜。

素质目标

1. 培养严谨、敬业、客户至上的职业修养与服务意识。
2. 认识“五通”与人类命运共同体的重要性。

【基本知识】

海外仓备货直发模式，是指跨境电商交易平台、物流商独立或共同为跨境电商卖家在境外销售目的地提供货品仓储、分拣、包装、派送、售后等一站式控制与管理服务。

在整个海外仓备货直发业务流程中，海外仓物流商承担的主要功能如下：卖家根据预期备货；物流商通过海运、空运、公路运输等方式把大批量商品运送并储存到境外目标市场所在的海外仓；卖家通过仓储管理系统客户端在线管理库存商品，根据当地的销售订单下达配送指令；海外仓第一时间根据指令进行商品分拣、包装并配送到买家手中。

海外仓备货直发流程如图 3-2 所示。

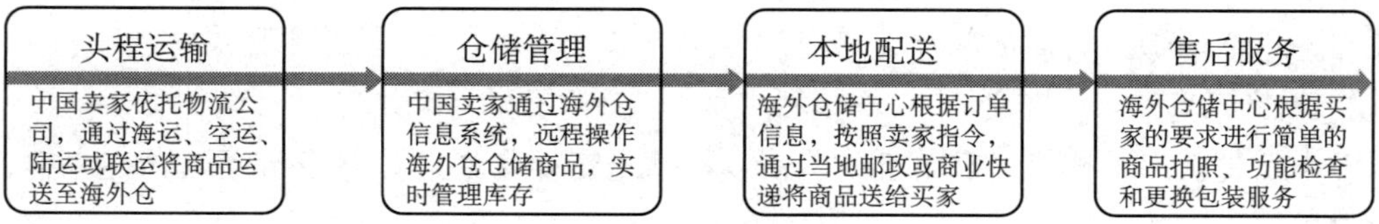

图 3-2　海外仓备货直发流程

海外仓备货直发业务主要包括头程运输、仓储管理、本地配送和售后服务四个部分。

一、头程运输

头程运输是指境内卖家自行或通过跨境电商物流企业采用海运、空运、公路运输、铁路运输或者联运将商品运送至海外仓库。卖家可以选择自己送货或委托代理商送货或由海外仓全程负责。很多海外仓缺乏足够的承运或清关能力，为避免产生风险或连带责任，海外仓鼓励卖家委托代理商送货。国际段物流方式一般采用海运拼箱或整柜运输；空运适合附加值高的商品或紧急补货；中欧班列的铁路运输也逐渐被卖家所接受。

二、仓储管理

海外仓的仓储管理是指订单生成后，境内卖家通过海外仓物流信息系统，通知海外仓发货，远程操作海外仓储商品，实时管理库存。将商品存进海外仓，最终是为了在销售商品后可及时从当地海外仓将商品送至买家手中。

三、本地配送

本地配送又称尾程配送，是指海外仓储中心根据订单信息，及时拣货、包装，并通过当地邮政或快递将商品出库配送给买家。由于本地配送带来了良好的买家体验，因此海外仓越来越受到卖家的青睐。

海外仓最大的优势之一就是可以本地发货，小到贴纸、手机壳，大到钢琴、家具，都可以用不同的本地派送方式发货。本地配送的优势是快速送货和退货，良好的消费体验会使销量迅速增长。从很多卖家反馈来看，欧洲人非常注重递送时效，大部分人希望商品1～2 天到货，超过 3 天就会考虑替代商品，所以本地派送所带来的销量增长是十分明显的。

目前欧美国家的商品有以下几种派送方式：

（1）邮政。英国皇家邮政、美国 USPS 具有代表性，方式有小信、大信、包裹；服务类型有签收和非签收服务，对于货值很低的商品使用非签收会大大降低成本，一般适用于小于 2kg 的商品。

（2）快递公司。欧美国家当地有很多专业的快递公司，如 UPS、DPD、DHL 等，可以运送重达 30kg 的商品，一般可以实现第二天送达。

（3）卡车公司（托盘配送）。大型的家具等是新的增长点。由于它们体积和重量大，无法使用小包发货，因此只能使用海外仓。超过 30kg 的商品，可以通过托盘配送。目前，在欧洲国家，托盘配送很普及，可以达到英国本土 1～2 天送达，欧洲其他国家 2～4 天送达。

四、售后服务

（一）退换货服务

在跨境电商销售过程中，较少出现退换货的情况。如果有退回来的商品，商家要注意，没有经过检查和更换包装、贴标的商品是不能再次销售的。海外仓有增值服务，可以进行简单的商品拍照、功能检查和更换包装等服务。

（二）退货换标服务

海外仓在协助买家接收退货并根据指令对商品进行重新包装的同时，按照相关条码标准打印相应商品标签，按照平台入仓要求，将标签粘贴于标准区域，再发货到 FBA 或指定地址。

退货换标一般经过 12 道工序，包括：（1）快递退货，到货，卸货；（2）逐件验收，入仓登记；（3）包裹上架；（4）反馈入库数据；（5）接到换标指令；（6）按指令下架包裹；（7）分拣；（8）新旧 SKU 对照覆盖；（9）按地址数打包；（10）退回打包数据；（11）获得 FBA 外箱标签；（12）返回跟踪号。

（三）处理坏货及滞销品服务

由于运送坏货及滞销品的运费高、手续繁，因此坏货及滞销品基本没必要运回国。如果滞销品还能清仓处理，卖家就要及时“割肉止损”。如果过季、过质保商品的残值无法抵消仓租，那么它们可能成为废品，只能予以销毁。在 FBA 中，有瑕疵的退货都会被归类到 Unfulfillable 库存中，无法再以 FBA 的方式销售。有些国家有比较严格的治污法律，销毁 3C 电子类商品时要付一笔环境保护费。针对于此，海外市场上出现了专门处理卖家退货“存货报废”及滞销品“死货”的服务商。因此，使用海外仓时，卖家要注意集中销售商品，促成商品热卖，及时倾销，加快流转。如今，FBA 对在库久的商品要加收超期仓租。

能力提升

海外仓仓储管理信息系统操作

甲跨境电商有限公司的小林主要负责海外仓商品的仓管系统管理工作。在业务员完成产品出口操作后，小林要在合作海外仓的仓管系统中录入商品信息。

操作步骤：卖家采购商品存进海外仓，是为了在销售商品后可以及时将商品从当地海外仓送至买家手中。在仓管系统操作中，卖家通常需要完成的内容是建立商品型号、填写商品入库单、完成订单商品出库。仓储管理系统的工作人员要负责在合作海外仓的仓管系统中录入商品信息。

1. 建立商品型号

在系统中输入商品的基础信息，如类型、名称、规格、重量等。

2. 填写商品入库单

为了精确管理每种商品的入库，海外仓会对每种商品进行精细化管理。卖家在系统中填写入库申请，以获取入库的二维码。以 FBA 为例，卖家在平台上填写 FBA 商品的信息后，系统会生成专属条形码供未来商品进入 FBA 时进行识别、管理。

3. 完成订单商品出库

海外仓的仓管系统通常可通过 API 或第三方 ERP 系统进行对接，卖家可以直接通过电商平台后台或者 ERP 系统发出订单商品的出货指示，由海外仓工作人员进行商品的出库操作，并且将订单的物流信息上传至仓管系统。

海外仓退货换标操作

A 跨境电商有限公司有一批宠物用品放置在美国西雅图的海外仓中，公司的一个订单在亚马逊平台上被要求退货，海外仓操作员小唐负责处理该售后问题。

退货的隐性成本太高，卖家要尽可能降低退货率。当遇到买家反馈商品有问题时，卖家客服应首先使用优惠券等安抚买家。由于 A 跨境电商有限公司在美国当地有海外仓，因此当出现买家申请退货、换货时，可以直接通过在美国的海外仓完成操作，降低因此产生的时间成本和物流成本。

退货换标操作步骤包括：（1）快递退货，到货，卸货；（2）逐件验收，入仓登记；（3）包裹上架；（4）反馈入库数据；（5）接到换标指令；（6）按指令下架包裹；（7）分拣；（8）新旧 SKU 对照覆盖；（9）按地址数打包；（10）退回打包数据；（11）获得 FBA 外箱标签；（12）返回跟踪号。

退货、换货注意事项：退货、换货需要逐件验收，比较耗费人力；重新整理、清洁、包装、贴标、检测维修、组装和识别难度较大，会降低处理效率；如果吊牌或标识丢失，就要从 SKU 图库查找或等待卖家反馈；如果被退回的商品已经残次，无法二次销售，就只能放到坏货区待销毁；如果还可以进行二次销售，就进行二次上架，并优先匹配销售订单发货。

库存周期，即单位库存售出所需时间，是衡量商品销售是否健康的一项重要指标。卖家要了解行业相关基准指标，定时盘点统计滞销率。盘点及盘库：通过清点、过秤、对账等，检查仓库实际存货的数量和质量，查明存货盈亏的原因，发现超期或损毁的存货。库存差异多由错漏“收、放、发”引起，海外仓要及时查账调平，避免因商品超期导致坏账，引起双方赔付争议。保持销售连续性、健康库存需要卖家及时补货：爆款商品销量大，就不能断货，必须设一个库存预警值；动态补货，基于销售情况做库存分析及补货周期分析，保证库存相对合理。没有永远的热销品，卖家应谨慎判断是否还要“恋战”。

职业能力 3-1-3　计算海外仓的主要业务费用

【学习目标】

知识目标

1. 熟悉海外仓的费用结构各部分的含义。
2. 熟悉海外仓的运费计算方法，包括头程运费、处理费、仓储费、销售国派送费、税金等。

能力目标

1. 能核算海外仓业务的主要费用。
2. 能办理 VAT 申报。

素质目标

1. 感受开放包容的丝路精神。
2. 培养细致、严谨的工匠精神。

【基本知识】

一、海外仓的费用结构

海外仓的费用结构是指把仓库设立在海外而产生的一系列费用，包括头程运费、处理费、仓储费、销售国派送费、税金等。

（一）头程运费

头程运费包括空运资费和海运资费。

（1）空运资费。通常来说，空运资费按重量进行计算，会有起重的要求，不满足起重要求的按照起重计算。报关费则根据件数计算。

空运资费＝运费＋清关费＋报关费＋其他资费

（2）海运资费。计算海运资费时需要考虑是整箱货出口还是拼箱货出口。通常情况下，物流企业会针对不同形式的出口方式给予不同的资费标准。整箱货出口是指由发货人负责装箱、计数、积载并加铅封的货运。拼箱货出口通常由承运人分别揽货并在集装箱货运站集中后，将两件或两件以上的商品合并装载在一个集装箱内，在目的地的集装箱货运站拆箱并分别交货。

（二）处理费

处理费是指买家下单后，第三方人员拣货、打包所产生的费用。处理费按照商品的重量、个数分别收取。例如，有的物流企业规定，5kg 以下的包裹处理费为 10 元/件，5～10kg的包裹处理费为 14 元/件。一个 3.2kg 的包裹和一个 5.1kg 的包裹需支付的处理费共计 24 元。

（三）仓储费

仓储费是指海外仓负责商品的储存、分类、包装与物流运输服务所收取的费用。

（四）销售国派送费

销售国派送费是指海外派送物流企业配送至买家所在地所产生的费用。

（五）税金

税金是指商品出口到某地，需要按照该地的进口政策而缴纳的一系列费用，如进口关税、增值税、商品与服务税等。

进口关税（Import Duty）是指一个国家海关对进口商品所征收的关税。进口关税是进口商品无法逃避的税种，它会增加进口商品的成本，提高商品在目的国市场的售价。

增值税（Value Added Tax，VAT）是指在进口国销售商品或提供服务，或将商品从境外进口到境内，进口商代进口国税务征收机构向买家收取的税金。是否缴纳增值税需要根据卖家注册地、各国的增值税起征点、是否有库存等条件而定。大多数欧洲国家/地区允许卖家在当地的税务机构网站上在线申请增值税税号，这部分费用最终将会加入售价中。在合法的情况下，任何商品要流入进口国市场，都免不了缴纳增值税。欧洲跨境电商主要国家 VAT 税率如表 3－1 所示。

表 3－1　欧洲跨境电商主要国家 VAT 税率

国家	税率
德国	19%
西班牙	21%
法国	20%
意大利	22%
英国	20%
比利时	21%
奥地利	20%
丹麦	25%
波兰	23%

欧盟内部成员国之间贸易所产生的增值税可以理解为“不重复征收”。如果卖家将商品储存在任何欧洲国家或地区，或卖家在欧洲国家或地区的销售超过了当地远程销售阈值，就可能需要在这一国家或地区申请增值税税号。远程销售阈值是欧盟内部成员国为其

他欧盟成员国跨国销售商品而设定的阈值。如果卖家在同一日历年的销售额超过了该阈值，就可能需要在销售国当地申请增值税税号。欧洲主要国家远程销售阈值如表 3－2 所示。

表 3－2 欧洲主要国家远程销售阈值表

国家	阈值
英国	70 000 英镑
德国	100 000 欧元
法国	35 000 欧元
意大利	35 000 欧元
西班牙	35 000 欧元

商品与服务税（Goods and Services Tax）是指对境内销售的大多数商品和服务征收的税款。目前，全球多个国家或地区征收商品与服务税。

各主要国家税金计算公式如下。

［英国］税金＝关税＋VAT

关税＝货值×关税税率

VAT＝(运费＋货值＋关税)×20％

［美国］税金＝关税＝货值×关税税率

［澳大利亚］税金＝关税＋GST

关税＝货值×关税税率

GST＝(运费＋货值＋关税)×10％

［俄罗斯］税金＝关税＋VAT

关税＝货值×关税税率

VAT＝(运费＋货值＋关税)×20％

二、海外仓运营实例

海外仓的人工成本有多高？

在美国，中等大小的海外仓大小约 15 万平方英尺（约合 13 935.46 平方米），每天发货约 8 000 件。通常，较大的海外仓都要配两个仓库：美东一个，美西一个，因为纽约和洛杉矶的需求是较大的，这两个仓库同时配货，基本可以覆盖全美，既省运费又省时间。若商品体积较大，则需要考虑两点发货。

从物流费用上看，因为美西的物流成本要低于美东，所以商家选择从洛杉矶仓库发货更多一些。虽然亚马逊的总部在西雅图，但仓库位置的设置主要还是看发货需求量，距离亚马逊总部近对发货没有实质促进作用，主要是因为西雅图的需求不如洛杉矶大。

一些美国海外仓宣传在全美都有仓库，在实际中这种宣传是存在歧义的，在全美都能找到仓库是可能的，但仓库遍布全美的海外仓较少，有时也没有必要。如果只是发货的话，仓库多没有什么意义，需求基本还是集中在纽约和洛杉矶。全美覆盖，海外仓运费节约得不多，但操作成本上涨明显。

三、海外仓目的地配送

海外仓本身只有储存、操作的功能，它的主要价值体现在对接的功能上，比如海外仓与卡车、快递进行对接。

卡车是仓储非常重要的一部分。在美国，大部分卡车都是跑专线的，因为美国对卡车公司限制比较多，港口提柜需要证件，出州也需要证件。各个州的法律不一样，对卡车的限制也不一样，规则非常多而且差距比较大。最优方案就是在一条线路运营成熟后加强这条线路，以降低风险和成本。通常情况下，卡车公司基本都不会承接生僻的线路。由于美国的连锁车队多数为本地企业经营，价格也相对较高，因此如果要实现全美各州通达，就需要寻找美国本土车队。

此外，衡量海外仓的一个重要标准就是送货时效。整车货物较散托货物需考虑的关于卡车公司的因素较少。若承接的是散托货物，找到合适的拼车较为重要。此处最关键的是需要与尽可能多的卡车公司取得合作，这样可以最快速度完成拼车。在收货速度普遍较慢的情况下，若配送花费时间长，则大大提升了断货风险。因此，送货一定要强调时效。

快递资源对物流时效也很重要。在美国，快递公司各个部门只拿各自的包裹。例如，FedEx 共有 3 条线路：Ground、Express、Freight。卡车司机每次取货，只拿取本线路货物。Ground 货物不需要扫描，货主将货物放入拖车里等待卡车司机取货即可。如果是比较熟悉线路的卡车司机，当他发现别的线路的包裹时也会一同配送；如果是不熟悉的司机，可能不会配送。Express 分好几条线路，Overnight 表示第二天到，2day 表示两天到，虽然都是快线，但需要预约配送。通常情况下，如果货物多，FedEx 所有线路每天至少都会来服务的海外仓一次，无须预约。Express 一天能发几千件，会有 20 多个 Express 的司机来扫描收货，因此仓库需要有固定人员负责和所有快递对接。保证发货就是仓库能力的另一个体现，有货发不走是现在仓库最大的问题。

能力提升

计算海外仓运费

A 跨境电商有限公司有一批宠物用品需要联系货代发往位于美国东部的海外仓，B 货代公司业务员小张负责本单业务的报价。已知该订单重量为 18kg，体积为 110cm × 60cm × 30cm。

海外仓的头程运输可以使用空运或者海运完成。在本单业务中，B 货代公司业务员小张需要向A跨境电商有限公司提供空运和海运的报价以及相关时效，供该公司选择。

若采用空运特快线运送，空运特快线运价如表3-3所示。

表3-3 空运特快线运价表

<table>
<tr><td colspan="4">特快线（4～6日提取）</td></tr>
<tr><td>海外仓所在州</td><td>21kg以内</td><td>21～71kg</td><td>72～101kg</td></tr>
<tr><td>美东</td><td>33元/kg</td><td>31元/kg</td><td>29元/kg</td></tr>
<tr><td colspan="4">报关件：客户单证+200元/票；单件低于12kg货物按照12kg计费</td></tr>
</table>

空运特快线的时间为4～6个工作日可到达位于美东的海外仓。单件货物有限重要求。每单需要收取报关费200元。需要考虑货物计泡问题，公式为：长×宽×高÷6 000（该标准根据物流企业的要求决定，一些公司的规定为：长×宽×高÷5 000）。21kg以内为33元/kg，21～71kg为31元/kg，72～101kg为29元/kg。

体积重量=110×60×30÷6 000=33（kg）

比较体积重量和实际重量，取大者，33kg>18kg。计费重量为33kg。

空运资费=33×31+200=1 223（元）

若使用海运送货物至海外仓，海运价格如表3-4所示。

表3-4 海运价格表

<table>
<tr><td colspan="2" rowspan="2">海外仓所在州</td><td rowspan="2">报关/清关方式</td><td colspan="4">美森专线</td></tr>
<tr><td>100kg+</td><td>200kg+</td><td>400kg+</td><td>1 000kg+</td></tr>
<tr><td rowspan="3">美国</td><td>美西（9～7开头的邮编）</td><td rowspan="3">双清包税；
可上门提货</td><td>8元</td><td>8元</td><td>8元</td><td>8元</td></tr>
<tr><td>美中（4～6开头的邮编）</td><td>9元</td><td>9元</td><td>9元</td><td>9元</td></tr>
<tr><td>美东（0～3开头邮编）</td><td>10元</td><td>10元</td><td>10元</td><td>10元</td></tr>
<tr><td colspan="7">单箱平均重量不足10kg按10kg计。截单：周五；截货：周一；开船：周三。货物的最低运送重量为100kg。</td></tr>
</table>

已知本订单的计费重量为33kg，故：

海运资费（采取双清包关税方式）=100×10=1 000（元）

计算海外仓增值税

A跨境电商有限公司业务员小钱负责商品定价业务。他需要了解一款运往德国海外仓的童鞋需要缴纳的税费情况。已知德国的VAT税率为19%，关税税率为2%，此次出口的童鞋共100双，每双成本价为15欧元，小钱此次采取海运的方式将货物送至德国，已知头程运费为125欧元。

操作步骤：

1. 德国进口税

进口税包含两个部分内容：进口关税和进口增值税。

2. 德国申报VAT规定

在德国，每月需要申报一次VAT，每年需要完成一次年度申报，卖家必须如实、按时进行申报。申报错误或者延误申报，会被罚款；非故意错误申报或遗漏申报的 VAT 税款，有追溯期；对企业存在故意隐瞒收入、虚报抵扣或伪造交易记录等欺诈行为，也有追溯期。德国的 VAT 包含进口 VAT 和销售 VAT。增值税大于销售增值税就可以得到退税，退税的费用可以留到下个月抵扣。

3. 进口关税和 VAT 的计算方式

进口关税＝货值×关税税率

进口 VAT＝(货值＋头程运费＋进口关税)×VAT 税率

销售 VAT＝销售价格÷1.19×0.19

实际缴纳税金＝销售 VAT－进口 VAT

4. 计算进口关税和进口 VAT

若小钱拟将该童鞋定价为 20 欧元，开售当月销售 50 双，则当月需支付的税金为：

进口关税＝100×15×2%＝30（欧元）

进口 VAT＝(100×15＋125＋30)×19%＝314.45（欧元）

销售 VAT＝20×50÷1.19×0.19＝159.66（欧元）

实际缴纳税金＝159.66－314.45＝－154.79（欧元）

因此，若开售当月销售 50 双童鞋，则 A 跨境电商有限公司不需要缴纳税金，且账户中余 154.79 欧元退税金额可在下一个月缴税时抵扣。

若小钱开售当月将全部童鞋销售出去，则当月需缴纳税金为：

进口关税＝100×15×2%＝30（欧元）

进口增值税＝(100×15＋125＋30)×19%＝314.45（欧元）

销售增值税＝20×100÷1.19×0.19＝319.33（欧元）

实际缴纳税金＝319.33－314.45＝4.88（欧元）

因此，若开售当月销售 100 双童鞋，则 A 跨境电商有限公司需要缴纳税金 4.88 欧元。

职业能力 3－1－4　操作海外仓仓储管理系统

【学习目标】

知识目标

1. 熟悉海外仓仓储管理系统模块。
2. 熟悉海外仓仓储管理协同的功能。

能力目标

能辨析海外仓仓储管理信息系统的功能。

素质目标

1. 感受互利共赢的丝路精神。
2. 培养严谨、敬业、客户至上的职业修养与服务意识。

【基本知识】

要想做好海外仓仓储管理业务，必须建立自动化立体仓库，研发智能化的仓储管理信息系统，提高效率。速卖通、京东、敦煌网等平台都在研发与建立仓储自动化系统，亚马逊早已布局完整、强大的仓储物流体系。从物流角度看，不少卖家的自营仓库是亏损的。开放服务型的第三方海外仓面临不断拓展市场、扩大业务范围、争取解决更多客户的难题。在跨境电商整个业务链条中，承接的服务越多，对系统能力的要求越高。本地化诉求所需要的服务，必须以降低海外仓成本为前提，这需要依赖强大的海外仓仓储管理信息系统。

一、海外仓仓储管理系统模块

（一）海外仓仓储管理信息系统

海外仓仓储管理信息系统是专门为海外仓的仓储与配送物流运营管理提供全面信息化解决方案的系统，可以帮助各种业务模式的海外仓经营者实现高效而精细化的物流运营管理，并实现与跨境电商平台、海外本地物流服务渠道之间信息的互联互通。

现代仓储技术，包括装卸、搬运、计量、输送等设备技术，条形码、传感、RFID等数据采集与识别技术，EDI、优化模拟等信息与仿真技术，自动分拣、辅助搬运、储存等自动化技术，以及笼统的物联网技术。

掌握海外仓业务需要了解海外仓仓储管理信息系统。物流管理偏重流程执行的过程管理，系统是物流业的中枢，即无系统不流程，与信息流不同步的物流是失控的物流。

1. 云仓储

云的概念源自云计算，云仓储提供集约化计算能力。首先，云仓是以多仓为据点的，通过信息和运输贯通物流网络；其次，网络内库存分布逻辑有分仓或平行仓，可以充分运用全社会资源，提供快捷、经济的仓配服务。智能分仓和智能调拨依据需求分布特征进行合理的库存决策。假如在欧美不同地理区域设有多个分仓，卖家在备货策略上就得考虑订单分布与物流时效等因素；不同仓的相同备货，必须靠系统来计算最优成本与时效，以决定订单履行方是哪一个。亚马逊全球云仓平台，在精准的供应链计划的驱动下，多库联动，采用就近备货和预测式调拨模式。在供应链领域，软件主要包括计划、执行和管理等几类，仓储系统WMS是典型的SCE执行系统。市面上成熟的WMS，其价值不是由购买的金额决定的，而是由其与流程的匹配程度决定的。面对规模性作业，WMS的性能和可靠性也很关键。

海外仓WMS要适应海外本土员工使用，获取上游电商平台、订单系统、外贸ERP的计划指令，控制并跟踪库内作业过程，与外部自动化及设备集成。卖家依据海外仓WMS提供的数据，建立计件、追溯和质量等方面的统计数据，通过系统规范流程，设立绩效指标，保证流程执行的规范性，实现精细化运营。

2. ERP 与 WMS

ERP 仓储模块面向财务核算，主要针对采购辅助以及库存成本的归集计算，强调结果管理，WMS 则专注于过程控制及结果输出。不像 CRM、HR 等管理系统，WMS 没有大量云化，高频交易且实时性要求高的系统放到云端可能影响内部作业的稳定性。在海外仓的开放服务模式下，SaaS 应用是海外仓系统与跨境电商订单衔接的必要工具。卖家虽以结果为导向，但需要通过数据间接监控，确保海外仓内部流程的可靠性。虽然 WMS 不需要完全定制化，但要具备可配置性以应对复杂业务场景。如今也有对 WMS 功能拆分后进行的云化，如标签打印、WCS、自动化及硬件集成等。

（二）仓储自动化

人工作业的效率有限，货物在拣选、清点、运输和装卸过程中易产生缺损等质量问题，智能化物流是未来发展趋势，高度自动化的无人仓成为可能。发达国家的劳动力成本高、效率低，仓储自动化将是海外仓规模化发展的必由之路。围绕 WMS 和 WCS 的仓储控制系统，由存储容器、搬运输送、拣选、条码检测、控制系统组成的高度自动化作业系统，由自动存取 AS/RS 系统、高密度立体存储技术、高速分拣系统以及 AGV 自动导引车等组成的成套系统，提高了仓储利用率、拣选准确率和效率，降低了货物破损率。传统的灯光拣选、RF 手持拣选、语音拣选等，都还是“人找货”模式，AGV 作业颠覆了传统跨境电商物流中心作业模式，通过作业计划调动 AGV 实现“货找人”。亚马逊的智能机器人 Kiva 技术，实现库区无人化，AGV 自动排序到作业岗位，作业效率、行动里程要比传统人工提高 2～4 倍。DHL 在其仓库推行 EffiBOT 自动手推车机器人。京东无人仓中的 AGV 搬运机器人、Shuttle 货架穿梭车、Delta 分拣机器人、六轴机器人等“黑科技”悉数亮相……

亚马逊仓储技术还有很多值得研究的地方，其大数据应用炉火纯青，在精准预测库存、拣货算法智能化、包装分拨、配货规划、运力调配及末端配送等方面，数据驱动贯穿始终；CubiScan 仪器会对新入库的中小体积货物进行测量，随机储存和混放，实现“见缝插针”式的最佳空间利用，保证每个员工的任务均衡；“八爪鱼”分拣工作台快速将包裹分拨。亚马逊输出物流服务，如为网易考拉海购的宁波保税仓提供仓储运营服务，为其搭建系统、设计全流程的运营体系。

（三）电商销售管理系统

电商销售管理系统即订单管理系统（OMS），具有全渠道订单对接管理、销售订单管理、套餐管理、拆单合单管理、分仓管理、物流渠道分配管理、退货管理、换货管理、售后跟单管理等功能。

（四）仓库管理系统

仓库管理系统（WMS），具有货位管理、出入库策略管理、库存归并策略管理、收货管理、上架管理、波次拣货管理、配单配货管理、打包管理、出库管理、盘点管理、库存调整管理、移库管理等功能。

（五）核算与结算管理系统

核算与结算管理系统（BMS），具有标准价格管理、合同管理、计费方案管理、应收应付账款管理、充值管理、对账单管理、总账管理等功能。

（六）客户关系管理系统

客户关系管理系统，具有客户档案管理、店铺管理、客户货品管理、收发货地址管理、客户服务管理等功能。

（七）统计分析系统

统计分析系统，具有业务数据、作业数据、财务数据等统计分析功能。

（八）应用系统集成平台

应用系统集成（API）平台，通过跨境电商平台、跨境电商 ERP 与物流渠道对接，实现商流、信息流、物流、资金流互联互通。

（九）物流作业辅助系统集成

物流作业辅助系统集成包括移动手持终端系统、电子标签拣货系统、移动拣货车系统、自动化拣货系统、电子标签打印系统等物流作业辅助系统。

二、海外仓仓储管理协同的功能

（1）可满足不同经营模式。海外仓仓储管理系统可满足跨境电商卖家、跨境电商平台运营商、物流商的海外仓仓储物流运营管理需要，支持多跨境电商平台、多跨境电商卖家、多店铺、多仓库管理。

（2）可同时支持 B2C 与 B2B 业务操作管理。海外仓仓储管理系统支持 B2C 精细化仓配物流运营管理，可通过流程和功能配置实现高效的仓储管理，满足 B2B 大进大出业务管理需要，实现 B2C 与 B2B 业务同系统管理。

（3）可支持全球多仓集中管控。海外仓仓储管理系统支持对分布在全球的海外仓进行集中资源计划、业务跟踪、作业监控、库存管理，同时支持分布在不同地域、不同时区的海外仓 7×24 小时独立作业。

（4）可实时掌握库存动态，及时响应补货需求。海外仓仓储管理系统可实时掌控库存状态和销售动态，通过设置安全库存（包括上限和下限），加快畅销品补货追单的反应速度，同时降低库存积压导致的库存成本。

（5）可支持流程化作业与自动纠错，实现仓库规范运营。海外仓仓储管理系统采用标准化流程设计，指导作业人员进行流程化操作。海外仓仓储管理系统在各流程节点进行自动纠错，对操作人员进行预警提示，实现仓库规范运营。

（6）可支持多样化策略配置，满足智能化作业需要。海外仓仓储管理系统支持多种智能化策略配置，在策略算法驱动下，对订单分仓、渠道分配、上架货位分配、拣货作业等进行智能化操作，极大地提高了仓库作业效率。

（7）可灵活定义计费方案，满足多样化的个性计费与核算需要。海外仓仓储管理系统可根据实际运营管理需要自定义计费方案，支持海外仓经营者根据客户不同需求进行个性化服务收费。

（8）可支持多语言，满足全球海外仓运营管理需求。海外仓仓储管理系统支持多语言，操作人员既可统一使用中文或英文操作，也可在特定海外仓使用专属语言操作。

能力提升

辨析海外仓仓储管理信息系统功能

小王刚开始学习公司海外仓仓储管理信息系统操作业务，他需要具体掌握系统整体功能及流程。

海外仓仓储管理信息系统由最重要的两个环节构成，即仓储与配送。仓储环节包括货物到库、清点、入库、上架、拣货等业务，配送环节包括物流服务商选择、线上发货、线下交货、配送人员对接、费用清算等业务。通常，海外仓仓储管理信息系统会与卖家的ERP系统等进行对接，实现卖家对海外仓库存、订单的实时掌握。

工作任务2 国际海运头程操作

职业能力3-2-1 熟悉海运头程散货出口业务流程

【学习目标】

知识目标

1. 熟悉海运头程的含义。
2. 熟悉集装箱的相关内容。
3. 熟悉海运头程散货出口业务流程。

能力目标

1. 掌握集装箱的交接方式。
2. 操作海运头程散货出口业务。

素质目标

1. 感受开放包容的丝路精神。
2. 认识“五通”与人类命运共同体的重要性。
3. 培养合作共赢、严谨、细致的工匠精神。

【基本知识】

一、海运头程业务的含义

国际海运是使用船舶，通过海上运输线路在不同国家和地区的港口之间运送货物的一种水路运输方式，也是国际货物运输中运用得最广泛的一种方式。海外仓海运头程运输，是指跨境电商卖家通过海运将货物运送至海外仓库，而海外仓头程运输方式主要通过海外仓海运、海外仓空运等方式进行。

海运头程散货业务一般分为海卡和海派，二者的区别在于末端的派送方式一个是卡车、另一个是快递派送，海派时效会快一些，费用也相对较高。和空运相比，海运费用更低，性价比更高。海运时间长，一般来说，从中国海运到美国仓库的时间需要25天以上，对运输时间没有太高要求、商品也不会因为受潮而损坏的卖家来说，海运头程是个合适的选择。

二、海运头程业务的主体

（一）货运代理

货运代理（即货代）是指接受货主的委托，代表货主办理有关货物报关、交接、仓储、调拨、检验、包装、转运、订舱等业务的人，主要有订舱揽货代理、集装箱代理、货物装卸代理、转运代理、货物报关代理、理货代理、储存代理等。

目前，国际上尚无一个被各国接受的、统一的关于“国际货运代理”的定义。货运代理既扮演“代理”角色，又在海运头程业务中扮演“主体”角色；在“主体”角色中，大部分情况下扮演“承运人”角色。

（二）班轮公司

班轮公司是指运用自己拥有或自己经营的船舶，提供国际港口之间班轮运输服务，并依据法律规定设立的船舶运输企业。每个班轮公司都有自有的船期表、运价本及运输单据。

（三）船舶代理人

船舶代理人是指接受船舶所有人、船舶经营人或者船舶承租人的委托，为船舶所有人、船舶经营人或者船舶承租人的船舶及其所载货物或集装箱提供办理船舶进出港口手续、安排港口作业、接受订舱、代签提单、代收运费等服务，并依据法律规定设立的船舶运输辅助性企业。

（四）无船承运人

无船承运人，也称无船公共承运人，是指以承运人身份接受托运人的货载，签发自己的提单或者其他运输单证，向托运人收取运费，通过班轮公司完成国际海上货物运输，承担承运人责任，并依据法律规定设立的提供国际海上货物运输服务的企业。

（五）托运人

托运人是指将货物托付承运人，向承运人支付相应报酬的当事人。在跨境电商海运头程业务中，托运人即跨境电商卖家。

（六）收货人

收货人也称货主，是托运人在货物运单上指定的在货物到达地提取货物的单位或个人。收货人在货物到达目的地后，凭到货通知单和货运单（或提单）在指定港、站办理相关手续，付清应付费用后，验收并提取货物。在跨境电商的海派业务中，收货人可以是托运人在目的国的物流合作商、跨境电商平台或买家。

三、集装箱概述

（一）集装箱的类型

按箱型，集装箱可分为普通箱（GP）、油罐箱（TK）、冷藏箱（RF）、平板箱（PF）、开顶箱（OT）、高箱（HC）、框架箱（FR）、挂衣箱（HT）等。国际运输中常用的集装箱规格为20英尺和40英尺两种。目前国际上均以20英尺柜作为衡量单位，以标箱TEU来表示。

（二）整箱货和拼箱货

集装箱运输的货物分为整箱货和拼箱货。整箱货（Full Container Load，FCL）是指由托运人负责装箱和计数，填写装箱单，并加封志的集装箱货物，通常只有一个发货人和一个收货人。承运人承担在箱体完好和封志完整的状况下接受并在相同的状况下交付整箱货的责任。拼箱货（Less than Full Container Load，LCL）是指由承运人的集装箱货运站负责装箱和计数，填写装箱单，并加封志的集装箱货物，通常每一票货物的数量较少，因此装载拼箱货的集装箱内的货物会涉及多个发货人和多个收货人。承运人负责在箱内每件货物外表状况明显良好的情况下接受并在相同的状况下交付拼箱货。

（三）集装箱的交接方式

集装箱的交接方式，如图3-3所示。货物的交接地点包含集装箱堆场（CY）、集装箱货运站（CFS）和双方约定的地点（DR）。海运集装箱货物交接的主要方式为：CY/CY和CFS/CFS。CY/CY是班轮公司通常采用的交接方式；CFS/CFS是集拼经营人通常采用的交接方式。

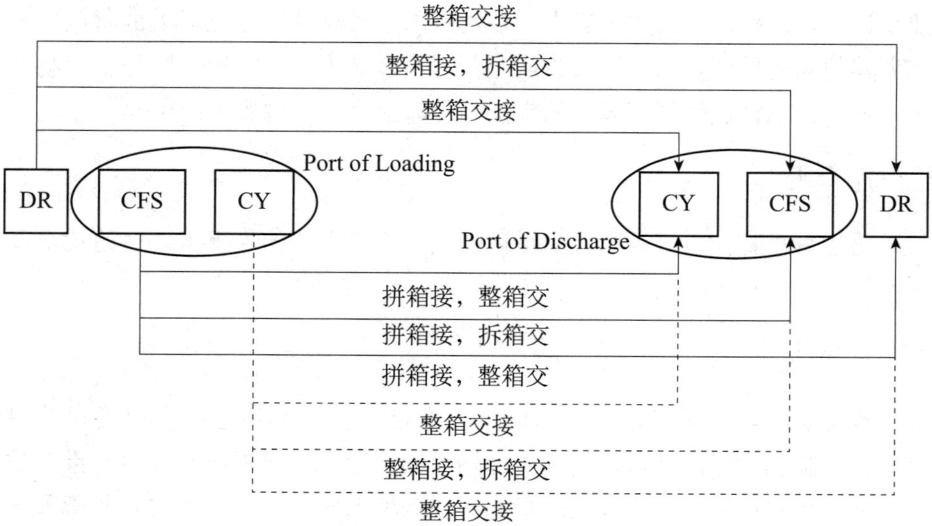

图3-3 集装箱的交接方式

CY/CY 表示集装箱的货物是整装整拆，承运人以整箱为单位负责交接，货物的装箱和拆箱均由托运人、收货人负责。

CFS/CFS 表示集装箱的货物是拼装拼拆，承运人在集装箱货运站完成对货物的拼箱、装箱并送至目的地货站，由承运人负责拆箱，拆箱后收货人凭单接货。

CY/CFS 表示集装箱的货物是整装拼拆，承运人接受整箱货物后负责运送至目的地货站，由承运人负责货物的拆箱，收货人凭单接货。

CFS/CY 表示集装箱的货物是拼装整拆，承运人负责帮助整合货物，将同一收货人的货物拼成整箱完成国际段配送，货物到达目的地后，由收货人以整箱接货。

（四）集装箱的装箱方式

集装箱货物的装箱方式可以分为门到门、内装箱和自拉自送三种方式。门到门是指货代提供货物运输的门到门服务，即货代从承运人处提取空箱，送至托运人所在地，将货物装箱、封存，再将重箱自托运人所在地运至港区集港，安排货物装船运输至目的地，由货代在进口地的代理或分支机构负责将货物送至进口商仓库或进口商指定的其他地方，实现货物运输的门到门。内装箱是指货代将空箱提回自己的货运站，向托运人发出“发货通知书”或“进仓通知书”，要求托运人在指定期限内将指定货物送至指定货运站，在货运站内完成货物装箱并封存，然后向托运人出具货物进仓接受单或入库单，再由货代将重箱送至港区。自拉自送是指货代完成订舱，并向承运人提出用箱申请后，由托运人自己派车队提取空箱，送至货物储存地，并在货物装箱后，由托运人将货物按港区要求集港。对跨境电商头程物流而言，货物集装箱的交接方式与门到门最为相似。

（五）集装箱的选择

集装箱的选择需要考虑所运输货物的种类、包装、性质和运输要求。由于单个集装箱的承载能力有限，因此在选择集装箱时需要考虑货物的积载因素，确定货物为重货或者泡货。

积载因素＝货物体积÷货物重量

积载因素小于 1 为重货，积载因素大于 1 为泡货。另外，集装箱的使用必须使用正牌箱，即符合 ISO 标准；箱子四柱、六面、八角完好无损，各焊接部位牢固，内部清洁、干燥、无味、无尘，不漏水、漏光，具有合格检验证书。

四、海运头程散货业务出口流程

海运头程散货业务出口流程一般包括以下步骤：跨境卖家备货，准备相关单证；确定发货时间；将货物运输到指定地点；验货，准备报关资料，订舱；放舱；安排拖车；安排报关；确认放行；预约仓库交货时间；货物抵达港口；清关；运至仓库。

海运头程包括两类业务形式，即散货到港和整柜到港。

能力提升

海运头程散货出口业务操作

海科公司接到运往美国FBA的货物订单，已知该订单为散货，海科公司的物流专员要根据货物性质开展出口业务操作。

海运散货业务一般适用于货主托运少量的货物。货物对时效要求不高时选择海运。海运散货主要以体积来计价。海运头程散货出口业务流程：订舱—提货（或工厂自送）—入仓—入仓体积确认—报关—提单信息确认—开船—提单—费用结算，如图3-4所示。

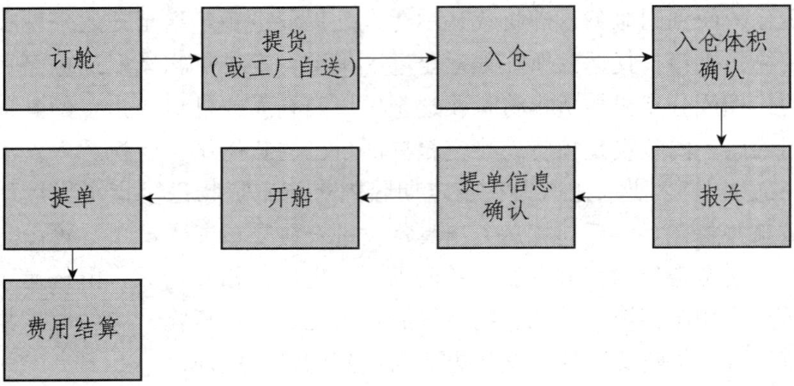

图3-4 海运头程散货出口业务流程

1. 订舱

在订舱时，托运人（即货主）需要告知货物的详细信息、托运人信息、收货人信息、件数、毛重、体积、包装、FBA仓库代码、货好时间（货物可装运时间称为货好时间）等，方便货代订舱运输。货代根据FBA仓库代码进行配船（散货都是拼箱出运）。

2. 提货

提货有两种形式：自送和货代上门提货，货主可根据实际情况进行选择。货主按照货代给的进仓单送货，因为送货有截货和截单的要求，所以货主必须按时送货，否则会有赶不上船的风险。货代上门提货，须根据托运人提供的地址及货好时间上门提货，这种方式比较方便货主出货。

3. 入仓

货代根据进仓编号及货主送货时间，及时跟进货物进仓时间。如果没有按照规定时间进仓，货主需要确认货物何时进仓、能否赶上预定的船期；货代在货物入场后要进行拍照，检查货物是否完好，是否存在破损、变形、油污等情况。如有破损等情况，货代需要跟货主确认出货时是否存在破损、变形、油污等情况。如有破损等情况，货代需要跟货主确认FBA标签是否符合规定。

4. 入仓体积确认

进仓后的体积要进行复量。如果复量的体积有误差，仓库要及时和货代进行确认。因为体积涉及后期费用结算，所以必须准确、清楚。如果货主对体积有异议，仓库需要进行反复测量，直到货主确认为止。

5. 报关

报关资料需要符合港口海关规定，货主最迟截关前一天要提供资料。

其他可能要求提供的报关资料包括商检通关单、许可证等。

一般货物送出后就会有报关资料数据。散货也有截报关资料的时间。货代需要对货主提供的报关数据进行核对，发票、装箱单、报关单三者要数据一致，港口信息要正确等；审核无误后发送给报关行。

提供报关资料后，货代还要跟踪报关是否顺利完成。如果碰到查验，货代需要进行货物的确认。海关人员会进行货物查验、核实。海关查验有可能会影响货物的正常出运，如果因为查验没有赶上预定的船期，可直接改配到下一个船期。

6. 提单信息确认

提单的内容主要包括：托运人、收货人、通知人，起运港显示方式、目的港显示方式，品名、件数和件数单位，毛重、体积，唛头。信息确认完毕后由货主发送给货代，货代进行截单。截单后如果有信息要更改，会产生一定的费用。

7. 开船

报关完成后，货代根据靠泊时间，查询每票单子的港区放行信息和上船信息。不同港区放行时间不同。如果没有港区的放行信息，货物就会赶不上预定的船期，所以查询港区放行信息尤为重要。

8. 提单

船开后，货主付款，货代收款后安排寄送正本提单或者电放提单。

9. 费用结算

海运头程散货出口业务，按货物的毛重或者体积计收运费，计收时取数量较大者。重货以千克为计量单位，轻货以立方厘米为计量单位。

职业能力 3-2-2　熟悉海运头程整柜出口业务流程

【学习目标】

知识目标

熟悉海运头程整柜出口业务流程。

能力目标

处理海运头程整柜出口业务。

素质目标

1. 感受开放包容的丝路精神。
2. 认识“五通”与人类命运共同体的重要性。
3. 培养合作共赢、严谨、细致的工匠精神。

【基本知识】

海运整柜是出货量比较大、比较集中时选择的一种出运方式。海运头程整柜出口业务操作流程和普通货物的操作流程相同。

能力提升

海运头程整柜出口业务操作

海科公司接到运往美国海外仓的订单，已知该订单为整柜货物，海科公司的物流专员要根据货物性质开展出口业务操作。海运头程整柜出口业务流程如图 3-5 所示。

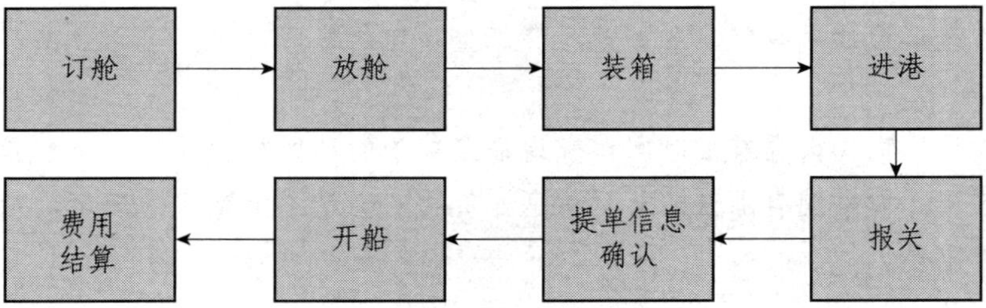

图 3-5 海运头程整柜出口业务流程

1. 订舱

订舱时，托运人（即货主）需要告知货物的详细信息，包括：托运人信息、收货人信息、件数、毛重、体积、包装、FBA 仓库代码、货好时间等，方便货代订舱运输。货代根据 FBA 仓库代码进行配船，托书发给货代之前，托运人要先打印出来和原始托书进行核对，需要特别核对的内容为箱型箱量、运费条款和目的港，不能有任何出入。

2. 放舱

货主根据船期，与货代或者船公司确认是否放舱。如果已放舱，货主需要问清楚截单的时间，后续要根据截单时间和开港、截港时间来安排装箱；如果没有放舱，货主应询问没有放舱的原因，进行后续的操作。

3. 装箱

货代根据码头船舶进港时间和货主确认装箱时间，需要确认装箱时间、地址、联系人、电话，并把信息在装箱单上正确录入，发送托书至相应的物流企业。

装箱方式一般有两种：货主自装和仓库内装。货主自装是指货主安排车队，把集装箱托运到工厂进行装货。仓库内装是指货代发送仓单给货主，让货主把货物送到物流企业指定仓库，等到货物进齐以后，让仓库提箱装柜，再发送进港。

4. 进港

货物进港后，要核对进港信息：提单号、箱号、封号、件数、毛重、体积、中转港代码等。

5. 报关

货主最迟在截关前一天要提供报关资料。一般货物送出后就会有数据。散货也有截报关资料时间。发票、装箱单、报关单三者要数据一致，港口信息要正确等，审核无误后发送给报关行。

不同货物需要的清关资料不同，不同港口清关要求也有不同，货主需要提前进行准备。一般来说，需要准备的清关资料包括提单、合同、装箱单、发票等。其他可能的资料有商检通关单、许可证等。

货主提供报关资料后，货代后续需要跟踪报关能否顺利完成。如果碰到查验，货代需要进行货物确认。海关人员会进行货物查验、核实。海关查验时有可能会影响货物的正常出运，如果因为查验没有赶上预定的船期，可直接改配到下一个船期。

6. 提单信息确认

提单的内容主要包括：托运人、收货人、通知人，起运港显示方式、目的港显示方式，品名，件数和件数单位，毛重，体积，唛头。信息确认完毕后由货主发送给货代，货代进行截单。截单后如果有信息要更改，会产生一定的费用。

7. 开船

报关完成后，货代根据靠泊时间，查询每票单子的港区放行信息和上船信息。不同港区放行时间不同。如果没有港区的放行信息，货物就会赶不上预定的船期，所以查询港区放行信息尤为重要。

8. 费用结算

海运头程整柜出口业务费用，按货柜的运费来结算，包括海运费和包干费。海运费每周都在变动，包干费是固定的，一般包含订舱费、THC、文件费等。

职业能力 3－2－3　核算海运头程费用

【学习目标】

知识目标

1. 熟悉海运头程费用的构成。
2. 掌握海运头程费用的计算规则。

能力目标

能计算海运头程费用。

素质目标

1. 感受开放包容的丝路精神。
2. 认识“五通”与人类命运共同体的重要性。
3. 培养严谨细致、实事求是、细致的工匠精神。

【基本知识】

一、海运头程费用

（一）班轮运价

班轮运价是指班轮从起运港到目的港，以每公吨、每立方米或每集装箱等为单位的标价。

运费=班轮运价×对应运量

船公司一般会定期发布班轮运价表，各货运代理人根据货量可以从船公司那里获得优惠的价格。船公司的班轮运价会随着物流成本、供求关系、汇率等发生变化。货运代理人可以多关注货运指数从而了解全球货运价格变化趋势，这些指数包括中国货代运价指数（CFFI）、波罗的海航运指数［波罗的海干散货运价指数（BDI）、波罗的海灵便型船运价指数（BSI）、波罗的海巴拿马型船运价指数（BPI）、波罗的海好望角型船运价指数（BCI）、波罗的海成品油运价指数（BDTI）］等。

（二）运费支付方式

在国际班轮运输中，运费通常有预付与到付两种形式。根据贸易术语的解释，如果托运人采用 CIF 或 CFR 价格条件签订出口合同，运费就采用预付的形式（Freight Prepaid），如果托运人采用 FOB 价格条件签订出口合同，运费就采用到付的形式（Freight Collect）。

（三）班轮运费结构和计算

班轮运费包括基本运费和附加运费两大部分。基本运费是对任何货物都要收取的；附加运费可根据服务内容选择是否收取，是不确定的，一般按照基本运费的一定百分比收取。

（四）附加费

在集装箱班轮运输实践中，附加费主要包括以下项目：

（1）BAF（Bunker Adjustment Factor）：燃油附加费。

（2）FAF（Fuel Adjustment Factor）：日本航线专用的燃油附加费。

（3）EBS（Emergency Bunker Surcharge）：紧急燃油附加费，多数远洋航线在旺季临时使用。

(4) CAF (Currency Adjustment Factor)：货币调节附加费。

(5) YAS (Yen Adjustment Surcharge)：日元调节附加费（日本航线专用）。

(6) THC (Terminal Handling Charge)：码头操作费。

(7) ORC (Origin Receiving Charge)：原产地收货费，又称华南码头费，只在华南地区出口欧美或在欧美中转的航线收取，是 THC 的变种。

(8) PSS (Peak Season Surcharge)：旺季附加费，多用于欧美航线。

(9) GRI (General Rate Increase)：综合费率上涨附加费，多用于远洋航线。

(10) RR (Rate Restoration)：费率恢复费，多用于东南亚航线。

因为以上这些都是旺季才有的附加费，所以都可以理解为旺季附加费的变形。

(11) PCS (Port Congestion Surcharge)：港口拥挤附加费，俗称码头拥挤费，凡是塞港的码头都有可能收取。一些国家的港口常年收取此费。

(12) DDC (Destination Delivery Charge)：目的地交货费，美加航线适用。

(13) DOC (Document Charge)：文件费。

(14) PTF (Panama Canal Transit Fee)：巴拿马运河附加费，经过巴拿马运河的航线适用。

(15) SCS (Suez Canal Surcharge)：苏伊士运河附加费，经过苏伊士运河的航线适用。

(16) OWS (Over Weight Surcharge)：超重附加费。

(17) LIS (Logistic Imbalance Surcharge)：物流不平衡附加费，是 CMA（法国达飞海运集团）于北非诸港收取的费用，相当于集装箱返空费。

(18) WRS (War Risk Surcharge)：战争险附加费，在战火纷飞的地区常年收取此费。

(19) CFS (Container Freight Station)：集装箱站，表示附加费时是拼箱费，主要用于散货。

(20) IPI (Interior Point Intermodal)：内陆转运费，美国常用。

(21) SPS (Shanghai Port Surcharge)：上海港口附加费（船挂上港九区、十区）。

(22) AMS (Automatic Manifest System)：自动舱单系统，表示附加费时是自动舱单系统录入费，美加航线常用。

(五) 其他费用

整个托运业务的完成，除了船公司，还会有船代、集卡车队、报关行、港口等合作伙伴的参与。根据合作对象的不同，其他费用主要分为以下几类：

1. 支付给船代、港口等的费用

支付给船代、港口等的费用，一般都有统一的收费标准，收费的主要项目是港务港建费、理货费、放箱定额费、还箱费、运费及桥境费、港口保安费、舱单传输费、电放费等。

不同的航线、船公司和港口还可能有一些特殊的费用。例如，小箱货重 15～22 吨，每箱加收 200 元。小箱货重超过 22 吨，每箱加收 500 元。

2. 支付给集卡车队的费用

这个费用一般是指集卡车队托运集装箱的费用，主要包括提空箱、装箱、送重箱、集港等费用，在业务中一般都是以包干的形式出现的。

3. 代理报关的费用

这个费用一般是指国际货运代理公司代托运人报关收取的费用，按照统一标准按每票业务收取。一般报关产生的费用都是由国际货运代理公司向托运人实报实销。

二、海运头程业务费用的核算

（一）海运头程散货出口业务费用核算

海运头程散货出口业务，按货物的毛重或者体积计收运费，计收时取其数量较大者。重货以千克为计量单位，轻货以立方厘米为计量单位。体积重量的换算标准为6 000cm^3＝1kg。

（二）海运头程整柜出口业务费用核算

海运头程整柜出口业务费用，按货柜的运费来核算，包括海运费和包干费。海运费基本上每周都在变动，包干费是固定的，一般包含订舱费、THC、文件费等。

能力提升

计算海运头程报价

杭州一家跨境电商企业要寄送货物去美国洛杉矶，请你根据运送要求向客户报价。

该企业以 CFR 价格条件将一批杯子出口至美国洛杉矶，共 423 个纸箱，体积是 30.253m^3，重量是 4 038kg。

根据换算，此票货物是轻货，按体积重量来计费。首先，查询这票货物到洛杉矶的海运费，以人民币作为计费单位，假设目前运费为 1 000 元/m^3，则：

总运费＝30.253×1 000＝30 253（元）

该企业以 CFR 价格条件将一批杯子出口至美国洛杉矶，1 250 个纸箱，体积是 126m^3，重量是 18 000kg，起运港为上海港。

此票货物为整柜货物，按柜计费。首先，根据货物的数据，判断需要 2 个 40HQ 来运输。其次，查询 40HQ 从上海港至洛杉矶的海运费，海运整柜的价格以美元作为计费单位，海运费每周一价，爆仓时一仓一价，假设目前的海运费价格为 USD6 300/柜，洛杉矶属于美国线，有 AMS USD30。再次，查看所属船公司的附加费：订舱费、THC、文件费、安保费、舱单费、电放费等。最后，具体费用如下：

海运费：USD6 300/柜

AMS：USD30

起运港费用：

订舱费：RMB350
THC：RMB1 300
文件费：RMB500
安保费：RMB20
舱单费：RMB100
电放费：RMB300
海运整柜费用还有一部分是装箱费用或者仓库内装费用，根据实际情况计算。

职业能力 3-2-4　制作海运头程出口物流单据

【学习目标】

知识目标

1. 熟悉海运单据的功能。
2. 熟悉单据的填写规范。

能力目标

能填写海运头程相关单据。

素质目标

1. 感受开放包容的丝路精神。
2. 认识“五通”与人类命运共同体的重要性。
3. 培养严谨细致、实事求是、细致的工匠精神。

【基本知识】

一、订舱委托书

订舱委托书（Booking Note/ Shipping Order），简称托书，是进/出口商为了完成订舱任务，通过船公司或国际货运代理公司预订舱位的申请书。订舱委托书没有统一的格式。从其内容上看，一般应该包括下列内容：客户单位、船期、订舱要求（如有需要）、起运港、目的港、运费类型、交付方式（默认 CY/CY，特殊情况需注明）、件数、毛重、体积、箱型、箱量等。

客户信息和订舱委托书的信息核对重点：

（1）预付货要特别注意是否注明了船公司。

（2）到付货要特别注意付款类型。

（3）客户委托编号。

（4）起运港。

托书

（5）中转港。
（6）目的港。
（7）运费类型。
（8）交付方式为 CY/CY、CY/DR，还是 CY/CFS 等。
（9）箱型、箱量。
（10）订舱要求。

二、装箱单

装箱单（Container Load Plan，CLP）是详细记载集装箱内货物的名称、数量等内容的单据，根据已装进集装箱内的货物制作。在实践中，装箱单是一张非常重要的单据，既是发货人、集装箱货运站与集装箱码头堆场之间货物交接单证，也是向船公司通知集装箱内所装货物的明细表。CLP 一式五联，其中码头、船代、承运人各一联，发货人、装箱人各一联。

在海运头程操作流程中，需要制作进港装箱单信息。有了进港装箱单信息，物流企业才能安排提箱、装箱、进港。装箱单记载事项要与场站收据、报关单等相一致。

装箱单

进港装箱单包含以下重点信息：起运港、目的港、中转港代码、提单号、船名、航次、箱型、箱量、装箱时间、装箱地址、装箱联系人、货重、装箱要求等。如果没有装箱数据信息，发货人可装箱后填写；如果有，可以提前打印出来粘贴在装箱单上。

装箱单格式不固定，以上信息填制完整即可。装箱单上的信息要准确，不能有错误。信息填制完毕后要进行核对，确保发送出去的信息是准确的。进港装箱单若带箱封号，说明货物已经完成装箱。

三、集装箱设备交接单

集装箱设备交接单，简称设备交接单，是出口、进口集装箱运输中都需要使用的单证，是用箱人、运箱人与管箱人或其代理人之间交接集装箱及设备的凭证。设备交接单有多种用途，在集装箱货物出口运输中，它主要是货主（或国际货运代理公司）提取空箱出场及运送重箱装船的交接凭证。

设备交接单的使用规则：一箱一单、装箱单相符、装箱单同行。用箱人、运箱人凭设备交接单进出港区、场站，到设备交接单指定的提箱地点提箱，并在规定的地点还箱。用箱人必须在规定的日期、地点将箱子和机械设备以交付时状态还给管箱人或其国际货运代理公司，对集装箱的超期使用或租用，用箱人应支付超期使用费；对使用或租用期间发生的任何箱子和机械设备的灭失和损坏，用箱人应承担赔偿责任，相应费用标准也应做出明确规定。

设备交接单一式六联，上面三联用于出场，印有“出场 OUT”字样，第一联盖有船公司或其代理人的图章，集装箱空箱堆场凭此发箱，第一、二联由堆场发箱后留存，第三联由用箱人（国际货运代理公司）留存；下面三联用于进场，印有“进场 IN”字样，该三联是在货物装箱后送到港口作业区堆场时作交接之用，第一、二联由运箱人交付港区道口，其中第二联留港区，第一联转给船公司据以掌握集装箱的去向，运箱人（国际货运代理公司）自留第三联作为存根。

四、提单

提单（Bill of Lading，B/L）在国际班轮运输中既是一份非常重要的业务单据，又是一份非常重要的法律文件。提单是交付货物的物权凭证，承运人或其代理人在目的港交付货物时，必须向收货人交货。提单是承运人接管货物的收据。承运人签发提单，就表明他已按提单上所列内容收到货物。提单是运输合同的证明。对托运人而言，提单是在履行运输合同过程中出现的单据，承运人或其代理人在托运人填制的托运单上盖章时，承、托之间的合同就已成立。

（一）提单的分类

提单可以被分为多种类型，如按签发提单时间分类、按提单收货人抬头分类、按对货物外表状况有无批注分类、按不同的运输过程分类、按提单签发人分类。

按签发提单时间分类，提单可分为预借提单、倒签提单、顺签提单。预借提单是指由于信用证规定的装运期或交单结汇期已到，而货物尚未装船或货物尚未装船完毕时，应托运人要求，由承运人或其代理人提前签发的已装船提单。预借提单是托运人为能及时结汇而从承运人处借用的已装船提单。倒签提单是指在货物装船完毕后，应托运人的要求，由承运人或其代理人签发的提单，但是该提单上记载的签发日期早于货物实际装船完毕的日期。采用此类方式，承运人需要承担由此产生的风险。顺签提单是指在货物装船完毕后，承运人或其代理人应托运人的要求而签发的提单，但是该提单上记载的签发日期晚于货物实际装船完毕的日期。

按提单收货人抬头分类，提单可分为记名提单、不记名提单、指示提单。记名提单是指在“收货人”一栏写明收货人的提单。不记名提单是指在“收货人”一栏不填写任何信息或填写“To The Bearer”或“To The Holder”（表明由收货人提货）的提单。指示提单是指在提单“收货人”一栏内只填写“凭指示”（To Order）或“凭某人指示”（To The Order Of ×××）字样的提单。指示提单经过记名背书或空白背书可转让。

按对货物外表状况有无批注分类，提单可分为清洁提单和不清洁提单。清洁提单是指没有任何货物破损、包装问题或其他影响结汇的提单。通常情况，交给银行办理结汇的提单均为清洁提单。不清洁提单是指提单上标有货物及包装状况不良或存在缺陷的情况，如有水渍、油渍、污损、锈蚀等批注的提单。

按不同的运输过程分类，提单可分为直达提单、转船提单、多式联运提单。直达提单是指由承运人签发的，货物从起运港装船后，中途不经过转船而直接运抵目的港的提单。转船提单是指不直接驶达货物的目的港的船舶，要在中途港换装其他船舶运抵目的港，由承运人为运输这种货物所签发的提单。多式联运提单是指货物以两种以上不同运输方式完成全程运输时所签发的提单。

按提单签发人分类，提单可分为船公司所签提单、无船承运人所签提单。船公司所签提单是指由船公司或其代理人所签发的提单。无船承运人所签提单是指无船承运人或其代理人所签发的提单。

除此之外，按签发时间、货物类型等各类特殊因素分类，提单又可分为预借提单、顺签提单、倒签提单、舱面货提单、并提单等。

(二) 提单的作用

提单具有物权凭证的作用。这一作用是用法律的形式予以确定的，提单的转移意味着提单上记载的货物转移给提单的合法受让人或持有人。提单的转移不需要经过承运人的同意。随着提单的转移，提单上记载的有关提单的权利和义务也随之变更。

提单是承运人接管货物的依据。对承运人而言，提单是接收货物的初步依据。对收货人而言，承运人须严格按照提单记载的货物描述（品名、数量、状况）交付货物。除特殊情况外，承运人不得以装运时的实际货物状况与提单记载不符为由，对抗收货人的权利主张。

提单是运输合同的证明。根据《中华人民共和国海商法》第七十八条第一款的规定：承运人同收货人、提单持有人之间的权利、义务关系，依据提单的规定确定。

在实际操作中，提单正式签发后进行修改需要支付一定的修改费用且程序较为复杂。在签发正本提单之前，相关人员必须要对提单的内容和签发形式进行确认，所以在实践中，就产生了提单确认书这一非标准格式的单据。

(三) 提单确认和催收的注意事项

承运人根据托运人的托书，打印固定格式的提单确认件，传真给托运人确认，件数、毛重、体积必须和报关资料一致。

承运人催促托运人回传，并根据托运人回传过来需要修改的地方，将船公司或其代理人传真过来的提单样本修改正确，并要求再次回传。

承运人将船公司或其代理人传真过来的修改好的提单确认件再次给托运人确认，直至托运人确认正确无误为止；或者由托运人提供正确的提单样本，承运人照此提单样本与船公司或其代理人进行确认，直至修改正确为止。

托运人临时提出特殊要求，承运人须尽早与船公司或订舱代理确认是否可行。

(四) 提单的签发

经过托运人、国际货运代理公司以及船代对提单中的托运人、收货人、通知人，以及货物的名称、包装、标志、数量、重量、体积、外表状况等内容进行确认，可由承运人、经承运人授权的代理人或载货船船长签署正式提单。其中承运人（ABC）本人签发提单显示：ABC AS CARRIER。代理人（XYZ）代签提单显示：XYZ AS AGENT FOR ABC AS CARRIER。载货船船长（OPQ）签发提单显示：CAPTAIN OPQ AS MASTER。

提单有正本提单和副本提单之分，通常所说的提单都是指正本提单，副本提单只用于日常业务，不具有法律效力。正本提单应标注“Original”字样，副本提单标注“Copy”字样。

为了防止提单遗失、被窃或在转递过程中发生意外事故造成灭失，各国海商法和航运习惯都允许为一票货物签发一套多份正本提单。签发正本提单的份数应分别记载于所签发的各份正本提单上。在提单上注明为一票货物所签发的正本提单份数，既可以使提单的合法受让人了解全套正本提单的份数，避免使提单流失在外而引起纠纷，保护提单受让人的利益；也可以使接受提单结汇的银行，或者使在变更目的港交付货物的承运人的代理人了解用以办理结汇或者提取货物的提单是否齐全。

提单上记载的提单签发日期应是提单上所列货物实际装船完毕的日期。在班轮运输中，为了给承运人签发提单提供方便，实践中大多以船舶开航之日（Sailing Date）作为提单签发日期。但是，应该注意的是，Sailing Date 并不一定是 On Board Date。

（五）提单的更正与背书

由于提单在签发后发生任何修改，都需要收取一定的修改费用，因此为了避免费用的产生，提单的修改应在船舶开航前完成。

提单的补发要求提供担保或保证金，并且按照法定程序完成提单声明作废操作。

提单转让的规定：记名提单，不得转让；不记名提单，无需背书即可转让；指示提单，经过记名背书或者空白背书后转让。通常提到的提单背书是指指示提单在转让时所需要进行的背书。背书是指转让人（背书人）在提单的背面写明或者不写明受让人，并签名的手续。实践中，背书有记名背书、不记名背书和指示背书等几种方式。

记名背书，也称完全背书，是指背书人在提单背面写明被背书人的名称，并由背书人签名的背书形式。经过记名背书的指示提单将成为记名提单性质的指示提单。

不记名背书，也称空白背书，是指背书人在提单背面自己签名，但不记载任何受让人的背书形式。经过不记名背书的指示提单将成为不记名提单性质的指示提单。

指示背书是指背书人在提单背面写明“凭×××指示”的字样，同时由背书人签名的背书形式。经过指示背书的指示提单还可以继续进行背书，但背书必须连续。

收货人凭提单提货后需要向承运人提交提单，由承运人在提单上做作废标注。提单的缴还和注销表明承运人已完成交货义务，运输合同已完成，提单下的债权债务也因此解除。提单没有缴还给承运人时，承运人就必须继续承担运输合同和提单下的义务。

能力提升

制作提单信息

小李是杭州某国际货运代理公司的物流专员，此次他要完成提单信息制作业务。

提单信息资料也称提单 OK 件，其内容需要和托运人确认 OK 以后才成为最终资料，一旦发送便不能更改，如果更改，就会产生改单费用。提单信息制作还包含舱单和 VGM 的制作。

(1) 提单 OK 件需要确认的信息包括：发货人、收货人、通知人、起运港显示方式、目的港显示方式，件数和件数单位，毛重、体积，品名，唛头等。

(2) 舱单的信息包括：收发方的国家代码，公司代码，地址，电话，件数，毛重、体积，品名，HS 和箱封号等。不同的订舱点有不同的格式要求。

(3) VGM 信息：核实集装箱总重的要求，是对安全的一项承诺，以减少集装箱总重误报导致的事故。VGM 一般有固定格式，主要信息包括：VGM 重量（箱子重量＋货物毛重）；称重方式，选择 SM1（过磅所得重量）或者 SM2（货物＋箱子重量）；责任人；联系电话；联系邮箱；称重地点。

上述三项内容确认清楚后，一并发送给船公司，即为截单完成。

工作任务3　国际空运头程操作

职业能力 3-3-1　熟悉空运头程业务流程

【学习目标】

知识目标

1. 熟悉航空运输的含义。
2. 熟悉国际航空货物运输组织。
3. 熟悉主要航空操作代码。
4. 熟悉航线、航空港。

能力目标

能根据空运头程业务流程进行操作。

素质目标

1. 感受开放包容的丝路精神。
2. 认识“五通”与人类命运共同体的重要性。
3. 培养严谨细致、遵纪守法的工匠精神。

【基本知识】

一、航空运输的含义

航空运输，是使用飞机及其他航空器运送人员、货物、邮件的一种运输方式，具有快速、机动的特点，是现代旅客运输，尤其是远程旅客运输的重要方式，为国际贸易中运输贵重物品、鲜活货物和精密仪器发挥了重要作用。

在跨境电商行业中，空运被运用得非常广泛，不仅适用于海外仓国际段运输，专线物流中也经常会用到。追求时效的卖家首选空运头程运输方式运送货物。与海运、铁路运输等其他运输方式相比，空运可以大大缩短货物国际段的物流运输时效，但其消耗的资金也是最多的。

二、航空运输的主要方式

航空运输包括四种方式，即班机运输、包机运输、集中托运和航空快递。

班机运输是指飞机在固定时间、固定航线、固定始发站、目的站和途经站运输，通常为客货混合飞机，货舱容量较小、运价较高，但由于定时、定航线、定站，因此有利于客户运送急需商品或鲜活商品。

包机运输是指航空公司按照约定的条件和费率，将整架飞机租给一个或者几个包机人，从一个或几个始发站装运货物至目的站。

集中托运是指航空货运代理公司把若干批单独发送的货物集中成一批，向航空公司办理托运，填写一份总运单将货物发送到统一目的站，然后由其在目的站的代理人负责收货、报关，并将货物分发给各个实际收货人。

航空快递是指航空公司与快递公司合作，由快递公司派专人从发货人处提取货物后，使用指定航班将货物出运，抵达目的站后，专人接机提货，办理进关手续后直接送至收货人处。

三、国际航空货物运输组织

（一）国际民用航空组织

国际民用航空组织（International Civil Aviation Organization，ICAO），简称国际民航组织，是由各个政府组成的国际航空运输组织，是联合国系统中负责处理国际民航事务的专门机构。1944 年，一些国家在芝加哥签订了《国际民用航空公约》（简称《芝加哥公约》），按照公约规定成立了临时国际民航组织（PICAO）。1947 年，国际民用航空组织正式成为联合国的一个专门机构，总部设在蒙特利尔。国际民用航空组织由大会、理事会和秘书处三级框架组成，最高权力机构每三年举行一次大会，理事会是向大会负责的常设机构，由大会选出的成员国的代表组成，我国是理事国之一。国际民用航空组织制定有关国际航空和安全的标准，收集、查询、发布航空情报，可作为法庭调解成员国之间与国际民航有关的任何争端。国际民用航空组织标志如图 3-6 所示。

图 3-6 国际民用航空组织标志

（二）国际航空运输协会

国际航空运输协会（International Air Transport Association，IATA）是各国航空运

输企业的联合组织，会员必须是持有国际民用航空组织的成员国颁发的定期航班运输许可证的航空公司。协会总部设在蒙特利尔，执行总部设在日内瓦，同时在日内瓦还设有清算所，为各会员之间以及会员与非会员之间统一财务上的结算问题。国际航空运输协会在全球有多个地区办事处。国际航空运输协会主要活动包括协商制定国际航空客货运价；统一国际航空运输规章制度；通过清算所，统一结算各会员间以及会员与非会员间联运业务账目；开展业务代理；进行技术合作；协助会员改善机场布局和程序、标准，以提高机场运营效率等。国际航空运输协会标志如图 3－7 所示。

图 3－7　国际航空运输协会标志

四、主要航空公司操作代码

目前中国国内航空公司主要有：中国国际航空股份有限公司、中国东方航空股份有限公司、海航集团有限公司、山东航空股份有限公司、厦门航空有限公司、上海航空有限公司等。

主要航空公司操作代码

航空货物操作代码主要提醒操作人员在各个运输环节中注意运输货物的性质，采取相应的操作策略。

危险品是航空运输中操作最复杂、难度最大的一类货物，在仓储、运输的环节中应特别注意。一般在危险品包装上会有操作代码。

五、空运载具

飞机的生产厂家大都是国外的飞机制造商，如空中客车（Airbus）、波音（Boeing）等公司。我国也于近几年生产出了 C919 大型客机。目前从事货运的飞机机型主要有空客系列、波音系列和麦道系列。

飞机的装载限制：

（1）重量限制。飞机制造商规定了每一货舱可装载货物的最大重量限额。所载货物重量不可超过此限额，否则可能破坏飞机结构，威胁飞行安全。

（2）容积限制。由于货舱内可利用的空间有限，因此容积成为运输货物的限制条件之一。轻货已经占满了货舱内的所有空间而未达到重量限额，重货使重量已达到限额而货舱内仍有很多的剩余空间没有被利用，都是常有的现象。将轻货和重货混运装载，是比较经济的解决办法。

（3）舱门尺寸限制。由于货物只能通过舱门装入货舱内，因此货物的尺寸必然会受到舱门尺寸的限制。为了便于确定一件货物是否可以装入货舱，飞机制造商提供了舱门尺寸表。表内数据以厘米和英寸两种计量单位公布。

限载量

（4）地板承受力。货舱内每一平方米地板可承受一定的重量。如果超过承受力，地板和飞机结构很有可能遭到破坏。因此，装载货物时应注意不能超过地板承受力。

地板承受力＝货物的重量÷地板接触面积

如果超过飞机的地板承受力，应使用 2～5cm 厚的垫板，加大底面面积。

垫板面积＝货物的重量÷地板承受力限额

六、航线和航空港

（一）航线

民航运输飞行按照规定的线路运行，包括方向、起讫点、经停点、航路宽度、飞行高度层等。国际航线的走向总趋势呈东西向，集中分布在北半球的中纬度地区，这些航线连接了全球主要的经济中心和人口密集区，形成了一个环绕北半球的航空运输网络。

国际航线最密集的地方是欧洲、北美以及东亚，最繁忙的海域是北大西洋和北太平洋。在纬向航空带的基础上，由航线密集区向南辐射。

北大西洋航线来往于欧洲、北美东岸之间，是历史最悠久、最重要的国际航线之一，是当今世界上最繁忙的国际航线之一。南大西洋航线来往于南大西洋地区（南美洲）和东南亚之间。

北太平洋航线来往于北美和亚洲之间，是世界上最长的越洋航线之一，从北美西海岸到亚洲东部。南太平洋航线连接南美和西南太平洋地区，经过北美，但不经过太平洋北部和中部。

欧亚航线是横穿欧亚大陆的重要航线，又称西欧—中东—远东航线。

西半球航线航程中，所有的点都在西半球，称北美—拉美航线或拉丁航线。北美航线是北美大陆东西两岸之间的航线，也是目前世界上最繁忙的航线之一。

极地航线是穿越北极上空的重要航线，用于连接北美和欧洲、北美和亚洲，因此也叫北极航线。极地航线最早在欧洲和北美开通，亚洲北极航线的正式开通标志着北美东海岸和亚洲之间航空运输市场的发展迈出重要一步。

（二）航空港

航空港是航空运输的经停点，又称航空站或机场，供飞机起飞、降落和停放之用，是组织、保障飞机活动的场所。

机场起降设施包括：塔台、起降地带、跑道及停机坪等。塔台是飞机起降的管控中心，其位置应在机场的中心，高度要能综观全机场，以便监控飞机起降、滑行及地面作业等。起降地带是含跑道在内的长方形地带，是跑道范围内的安全区域。跑道供飞机起降滑行之用，一般用水泥铺设。停机坪是停放飞机，供客货上下及加油、维修的地方。

主要航空港口代码

此外，机场设施还有航站、货运站等。航站指机场大厦，含服务作业区、办公作业区及候车室，供出入境旅客办理登机手续、证照查验、海关查验、行李提领之用，以及提供舒适安全的购物、休闲空间等。货运站是提供航空货物提交、理货、通关、储存、转运等作业的仓储区域。

七、航空区域划分

国际航空运输协会统一协调、制定国际航空运输中各项规章制度、运费水平，同时充分考虑世界上各个不同国家、地区的社会经济、贸易发展水平后，为保证国际航空运输安全和各国航空运输企业在技术规范、航行程序和操作规则上的一致性，便于各国及地区航空公司间的合作和业务联系，从航空运输业务角度出发，将全球划分为 3 个航空运输业务区域，称为国际航协交通协议区（IATA Traffic Conference Areas），简称航协区，即 ARETC1、ARETC2、ARETC3 三个大区，简称 TC1 区、TC2 区、TC3 区，其下又可以进行次一级的分区，称为次区（Sub-area）。

（一）TC1 区

TC1 区东临 TC2 区、西接 TC3 区，北起格陵兰岛，南至南极洲。该区主要包括北美洲、拉丁美洲以及附近岛屿和海洋。

TC1 区由两个相连的大陆——南、北美洲大陆，及附近岛屿——格陵兰岛、百慕大群岛、西印度群岛和加勒比岛屿以及夏威夷群岛（含中途岛和巴尔拉环礁）组成。按自然地理划分，TC1 区以巴拿马运河为界，分为南、北美洲。按政治经济地理划分，TC1 区以美国、墨西哥边境为界，分为北美洲及拉丁美洲。美洲大陆东临大西洋、西濒太平洋。太平洋天堑阻碍了美洲和其他大洲之间的陆路交通，它与其他各洲之间的交通联系只有通过海洋运输和航空运输来实现。

（二）TC2 区

TC2 区东临 TC3 区，西接 TC1 区，北起北冰洋诸岛，南至南极洲，包括欧洲、非洲、中东及附近岛屿。

（三）TC3 区

TC3 区东临 TC1 区，西接 TC2 区，北起北冰洋诸岛，南至南极洲，包括亚洲、大洋洲及太平洋岛屿的广大地区。

三大航协区的组成

能力提升

空运头程业务操作

一家跨境电商公司需要空运一批户外用品至美国海外仓，目前业务员已经对接国际货运代理公司开展相关国际物流业务。国际货运代理公司根据要求开展头程业务操作。

跨境电商物流中，空运头程是指使用空运方式将货物通过大宗商品的运输形式运输到目的国的海外仓中。目前有些海外仓服务商是提供头程服务的，也有些海外仓不提供头程服务，需要卖家自行寻找。

空运头程包含众多环节，这使得头程业务的衔接协调往往较为复杂。以下从国际货运代理公司的角度对空运头程业务流程进行梳理。

1. 询价回复

国际货运代理公司收到客户询价来函后需要及时确认货物的品名、件数、毛重、体积、货好时间、交货地点；匹配公司对应产品并向卖家介绍本公司的业务范围、服务项目、收费标准，特别是向卖家介绍本公司的优惠运价、服务优势。

2. 委托运输

托运人（卖家）自己填写货运托运书并将货物交由国际货运代理公司，委托其运输。

托运书应包括下列内容：托运人、收货人、始发站机场、目的地机场、要求的线路、申请订舱、供运输用的声明价值、供海关用的声明价值、保险金额、处理事项、毛重、运价类别、计费重量、费率、货物的品名及数量、托运人签字、日期等。

3. 审核单证

单证应包括：发票、装箱单、托运书、许可证、商检通关单、进料/来料加工核销本、索赔/返修协议、到货保函等。

国际货运代理公司审单时要注意检查规定的单证是否齐全，包括所需单证的份数；检查所提供的文件名称和类型是否符合要求；有些单证是否按规定进行了认证；单证之间的货物描述、数量、金额、重量、体积、运输标志等是否一致；单证出具或提交的日期是否符合要求。

4. 预配舱

国际货运代理公司汇总所接受的委托和托运人的预报，并输入系统；计算各航线的货物件数、重量、体积；按照托运人的要求和货物轻重情况，根据各航空公司不同机型对不同板箱的重量和高度要求，制定预配舱方案，并为每票货物配上运单号。

5. 预订舱

国际货运代理公司根据所制定的预配舱方案，按航班、日期打印总运单号和货物件数、重量、体积，然后向航空公司预订舱；托运人以进监管仓后量出的最终入仓数据为准向托运人收取费用。

6. 接受单证

国际货运代理公司接受托运人或其代理人送交的已经审核确认的托运书及报送单证、

收货凭证；核对收货记录与收货凭证，制作操作交接单，填写所收到的各种报关单证份数；给每份交接单配一份总运单或分运单；将制作好的交接单、配好的总运单或分运单、报关单证移交制单。

7. 填制航空货运单

航空货运单是由承运人或其代理人出具的，是国际航空运输中最重要的一个运输单据。它既是承运人承运货物的收据，又是发货人与承运人之间的运输契约，还是承运人核收运费的依据和海关查验放行的基本单据。根据货物的运输方式不同，所用的航空货运单也有所区别。航空货运单分为主运单和分运单两种。

主运单是国际货运代理公司在收取货物之后，进行集中托运而产生的运单，即国际货运代理公司需要把来自不同托运人的货物集中到一起，交给航空公司，国际货运代理公司和航空公司需要签发航空货运单作为凭证，此为主运单。主运单是货代公司与航空公司交接货物的凭证，是航空公司接收与运输货物的正式文件，是航空公司与集中托运人结算运费的依据。

分运单是指在进行集中托运货物时，从各个托运人处收取货物时，国际货运代理公司需要签发给各个实际托运人的航空运单凭证。在分运单中，托运人栏和收货人栏都是真正的托运人和收货人。分运单是国际货运代理公司交付货物给真正收货人的正式文件，是交接货物的凭证，是国际货运代理公司与每个托运人结算运费的正式依据。银行接受分运单作为航空货运单据来结算货款。

比较两种航空货运单，内容基本相同，法律效力也基本相同。但主运单的签发人为航空公司，只支持预付；分运单的签发人为航空国际货运代理公司，支持到付或者预付。主运单记载总票量，分运单则记载单票量。

填制航空货运单的主要依据是发货时的国际货物委托书，委托书上的各项内容都应体现在航空货运单上，一般用英文填写。

8. 配载流程

货物在进入机场货站之后，首先需要进行打托、过磅、贴标等操作，随后接受安检并被送入监管仓。其次，国际货运代理公司要完成航空货运单的制作、报关手续以及等待海关放行。在海关放行之后，国际货运代理公司需要整理相关文件并提交给货站。监管仓内的货物将进行装配，出库前还需要进行整装过磅。最后，配装完成的货物将被拖往停机坪，进行配载并装配上飞机。

职业能力 3-3-2　核算空运头程费用

【学习目标】

知识目标

1. 熟悉空运头程费用结构。
2. 了解空运费用核算的概念。

能力目标

1. 掌握空运费用计算的计算规则。
2. 能计算空运运费。

素质目标

1. 感受开放包容的丝路精神。
2. 认识“五通”与人类命运共同体的重要性。
3. 树立精益求精、一丝不苟、严谨细致的工匠精神。

【基本知识】

一、空运运费核算的概念

计费重量：以重量计算货物的空运运费。在实际情况中，空运货物需要考虑货物是重货还是轻货，因此需要先计算货物的体积重量，根据货物的密度高低，选择用以计算运费的重量。

体积重量：货物体积按一定比例折合成重量，以 0.5kg 为计算单位。

体积重量＝货物体积÷6 000

最低运费：航空公司承运一票货物自始发地机场至目的地机场的航空运费最低收费额。

较高重量分界点：若实际计费重量的运费超过较高重量分界点的运费，航空公司可同意按较低者收取运费，此较高重量分界点的货物起始重量作为货物的计费重量。

协议运价：航空公司与托运人签订协议，托运人保证每年向航空公司交运一定数量的货物，航空公司向托运人提供一定数量的运价折扣。

国际航空运输协会运价：国际航空运输协会通过运价手册公布运价。按照货物运价公布的形式划分，国际航空运输协会运价可分为公布直达运价和非公布直达运价。

二、空运计费重量的确定

在空运业务中，存在计费重量和实际重量两个重量。航空公司根据货物的密度来计算费用，对于重货而言，计费重量等于实际重量，即货物的毛重；对于轻货而言，货物的计费重量则按照 $1m^3$＝167kg 来计算。所以很多客户会发现国际货运代理公司或航空公司收取的费用和客户自己原先计算的重量有一定的出入。

国际货物的计费重量以 0.5kg 为最小单位，重量尾数不足 0.5kg 的，按 0.5kg 计算；0.5kg 以上不足 1kg 的，按 1kg 计算。

三、空运收费标准的规定

(1) 起码运费是航空公司办理一批货物所能接受的最低运费，不论货物的重量或体积大小，在两点之间运输一批货物应收取的最低金额。不同地区有不同的起码运费。

（2）运价是指从一机场到另一机场的费用，只适用于单一方向。

（3）起码运费不包括其他额外费用。

（4）运价通常使用当地货币公布。

（5）运价一般以千克或磅为计算单位。

（6）航空货运单中的运价是按出具运单之日所适用的运价。

四、空运收费的计算公式

轻货的计费重量公式：

计费重量(kg)＝长(cm)×宽(cm)×高(cm)/6 000

计费重量(kg)＝货物的体积(m^3)×167kg

此外，航空公司在丈量货物的外包装时，其结果往往会比箱子的实际尺寸多出一两厘米，如果箱子有突出部分，按突出部分的长度来计算。货物的计费重量往往可以从航空公司网站上提供的货物跟踪服务中查找。

重货的计费重量公式：

计费重量(kg)＝货物毛重

因为有些大重货会把航空板压坏，所以一般地面操作时会放置垫板防止货物把航空板压坏。垫板费一般是实报实销的，不同航空公司、不同地方收费标准也不同，一般国内的垫板费是在 0.3～0.6 元/kg。

五、空运运价的种类与运费核算

与海运比较，空运的计算更加复杂一些，不同的产品和情况有不同的计算规则。

（一）普通货物运价核算

普通货物运价是指除等级货物运价和指定商品运价外的，适用于普通货物运输的运价。其中，“N”表示标准普通货物运价，是指 45kg 以下的普通货物运价。对于 45kg 以上（含 45kg）的不同重量分界点的普通货物，运价均用“Q”表示。

（二）指定商品运价核算

指定商品运价是承运人根据在某一航线上经常运输某一种类货物的托运人的请求，或为促进某地区间某一种类货物的运输，经国际航空运输协会同意所提供的优惠运价，用字母“C”表示。

国际航空运输协会对指定商品有对应的分组与编号，如品名编号“0008”所对应的货物名称为“FRUIT VEGETABLES（FRESH）”。

指定商品运价的使用规则：在始发地和目的地之间运输货物，只有满足下述3个条件，才可以直接使用指定商品运价。第一，运输始发地至目的地之间有公布的指定商品运价；第二，托运人所交运的货物，其品名与有关指定商品运价的货物品名相吻合；第三，货物的计费重量满足指定商品运价使用时的最低重量要求。

（三）等级货物运价核算

等级货物运价是指在规定的业务区内或业务区之间运输特别指定的等级货物的运价。

附加或不附加或不附减的等级货物用代号“S”表示；附减的等级货物用代号“R”表示。

能力提升

计算空运运费

A贸易有限公司从杭州托运三批货物至伦敦，考虑到时间成本，该公司决定使用空运方式完成。国际货运代理公司的小章负责为本次订单报价。通过前期了解，小章得知本次物流订单有宠物狗4只，每只8kg，体积为4×65cm×65cm×55cm；成品衣服5箱，每箱7kg，体积为5×50cm×20cm×12cm；百香果6箱，每箱38kg，体积为6×115cm×42cm×31cm。

订单中的3种货物是不同的类型，因此分别计算运费。

1. 宠物狗运费计算

航空运价如表3-5所示。

表3-5 航空运价表

HANGZHOU Y. RENMINBI	CN CNY		HGH KGS
London	GBP	M N 45	320.00 61.65 50.22

体积＝4×65×65×55＝929 500（cm^3）

体积重量＝929 500÷6 000＝154.9（kg）≈155（kg）

实际重量＝4×8＝32（kg）

根据0.5kg为最小单位的原则，大于0.5kg则按1kg计算，故154.9kg即为155kg。计费重量需比较体积重量与实际重量，选择大的为计费重量，故计费重量为155kg。

宠物狗属于等级货物，因此参照关于活动物的计算规则，从杭州出发至伦敦，属于从TC3区至TC2区，计费标准是150%×普通货物运价，如表3-6所示。

等级货物运费=150%×普通货物运价=150%×61.65=92.475（元）

运费=155×92.475=14 333.63（元）

表 3-6 活动物计费表

Rates covering all are as, excluding between countries in the ECAA						
	IATA AREA (see Rules 1.2.2 Definitions of Area)					
ALL LIVE ANIMALS Except: Baby Poultry less than 72 hours old	Within 1	Within 2 (see also Rule 3.7.1.3)	Within 3	Between 1&2	Between 2&3	Between 3&1
	175% of Normal GCR	175% of Normal GCR	150% of Normal GCR Except: 1 below	175% of Normal GCR	150% of Normal GCR Except: 1 below	150% of Normal GCR Except: 1 below
BABY POULTRY Less than 72 hours old	Nomal GCR	Nomal GCR	Nomal GCR Except: 1 below	Nomal GCR	Nomal GCR Except: 1 below	Nomal GCR Except: 1 below

填写运价表（见表 3-7）：

表 3-7 活动物运价表

No. of Pieces	Gross Weight	Kg/lb	Rate Class		Chargeable Weight	Rate/Charge	Total	Nature and Quantity of Goods (incl. Dimensions or Volume)
4	32	K	S	Commodity Item No. N150	155	92.475	14 333.63	DOGS DIMS: 4×65cm×65cm×55cm

2. 成品衣服运费计算

航空运价如表 3-8 所示。

表 3-8 航空运价表

HANGZHOU Y. RENMINBI	CN CNY		HGH KGS
London	GBP	M N 45	320.00 61.65 50.22

体积=5×50×20×12=60 000（cm^3）

体积重量＝60 000÷6 000＝10（kg）

实际重量＝5×7＝35（kg）

计费重量需比较体积重量与实际重量，选择大的为计费重量，故计费重量为35kg。

（1）计费重量小于45kg，采用N计算规则可知：

单价＝61.65（元/kg）

运费＝35×61.65＝2 157.75（元）

（2）若使用Q45规则计算，则：

单价＝50.22（元/kg）

运费＝45×50.22＝2 259.9（元）

（3）比较两种运费，取小者为本单计费。

2 157.75＜2 259.9

故本订单的运费为2 157.75元。

填写运价表（见表3－9）：

表3－9　成品衣服运价表

No. of Pieces	Gross Weight	Kg/lb	Rate Class		Chargeable Weight	Rate/Charge	Total	Nature and Quantity of Goods (incl. Dimensions or Volume)
5	35	K	N	Commodity Item No.	35	61.65	2157.75	CLOTHES DIMS：5×50cm×20cm×12cm

3. 百香果运费计算

航空运价如表3－10所示。

表3－10　航空运价表

HANGZHOU	CN		HGH
Y. RENMINBI	CNY		KGS
London	GBP	M	250
		N	38.51
		45	28.16
	0008	300	18.6
	0300	500	20.61

体积＝6×115×42×31＝898 380（cm^3）

体积重量＝898 380÷6 000＝149.73（kg）≈150（kg）

实际重量＝6×38＝228（kg）

计费重量需比较体积重量与实际重量，选择大的为计费重量，故计费重量为228kg。已知，百香果属于新鲜水果，在杭州至伦敦的航线上，该商品有指定商品运价，即

“0008” 300kg 资费 18.6 元/kg。因本订单不满足 300kg 的重量要求，故需要采用普通货物运价和指定商品运价做对比。

(1) 采用 Q45 规则计算：

单价＝28.16（元/kg）

运费＝228×28.16＝6 420.48（元）

(2) 采用指定商品运价规则计算：

单价＝18.6（元/kg）

运费＝300×18.6＝5 580（元）

(3) 比较两种运费，取小者为本单计费。

5 580<6 420.48

故本订单的运费为 5 580 元。

填写运价表（见表 3-11）：

表 3-11　百香果运价表

No. of Pieces	Gross Weight	Kg/lb	Rate Class		Chargeable Weight	Rate/Charge	Total	Nature and Quantity of Goods (incl. Dimensions or Volume)
6	228	K	C	Commodity Item No. 0008	300	18.6	5 580	FRESHFRUIT DIMS：6×115cm×42cm×31cm

职业能力 3-3-3　制作与审核航空货运单

【学习目标】

知识目标

1. 熟悉航空货运单的性质及作用。
2. 熟悉航空货运单主运单与分运单的特点。
3. 掌握航空货运单的栏目与填制要求。

能力目标

1. 能根据业务要求制作航空货运单。
2. 能根据业务要求审核航空货运单。

素质目标

1. 感受开放包容的丝路精神。
2. 认识“五通”与人类命运共同体的重要性。
3. 树立严谨细致、遵纪守法的工匠精神。

【基本知识】

一、航空货运单的含义

航空货运单（Airway Bill），也称航空运单或运单，是托运人和承运人之间订立的航空运输合同，同时也是货物运输的凭证（收据）。

航空货运单的正本一式三份，每份都印有背面条款，其中一份交发货人，是承运人或其代理人接收货物的依据；第二份由承运人留存，作为记账凭证；最后一份随货同行，在货物到达目的地交付给收货人时作为核收依据。

二、航空货运单的性质及作用

航空货运单具有“运输契约”和“货物收据”的特征。运输契约，即托运人和承运人之间订立的航空运输合同。货物收据，即承运人收到托运人的货物并进行运输的收据（凭证）。

航空货运单与海运提单有很大的不同，却与国际铁路货运单相似。它是由承运人或其代理人签发的重要的货物运输依据，是承运人与托运人之间签订的运输合同，其内容对双方均具有约束力。航空货运单不可转让，持有航空货运单也并不能说明可以对货物要求所有权。

航空货运单的性质主要包括以下 3 个方面：

（1）航空货运单是承运人与托货人之间的运输合同。与海运提单不同，航空货运单不仅证明货物运输合同的存在，而且它本身就是托货人与承运人之间缔结的货物运输合同，在双方共同签署后产生效力，并在货物到达目的地交付给货运单上所记载的收货人之后失效。

（2）航空货运单既是承运人签发的已接受货物的证明，也是收据。在托货人将货物发运后，承运人或其代理人就会将其中一份交给托货人，作为已经接受货物的证明。

（3）航空货运单是承运人用来核收运费并开账单给托货人的凭证。航空货运单分别记载属于收货人承担的费用，属于应支付给承运人的费用和应支付给代理人的费用，并详细列明费用的种类。

航空货运单的主要作用如下：

（1）出口时，航空货运单是报关单证之一；在货物到达目的机场进行进口报关的时候，航空货运单也通常是海关查验放行的基本单证之一。

（2）如果承运人承办保险或发货人要求承运人代办保险，航空货运单就可用来作为保险证书。

（3）航空货运单是承运人内部业务的依据，随货同行可以证明货物的身份。航空货运单上记有有关该票货物发送、转运、交付的事项，承运人会据此对货物的运输做出相应的安排。

三、航空货运单的分类

航空货运单主要分为航空主运单和航空分运单两大类。

（1）航空主运单（Master Air Waybill，MAWB，主运单）。由航空公司签发的航空货运单称为主运单。它是航空公司据以办理货物运输和交付的依据，是航空公司与托运人订立的运输合同。每一票空运货物都有自己相对应的航空货运单。

（2）航空分运单（House Air Waybill，HAWB，分运单）。集中托运人在办理集中托运业务时签发的航空货运单被称为航空分运单。在集中托运的情况下，除了航空公司签发主运单，集中托运人还要签发航空分运单。航空分运单是集中托运人与托运人之间的航空运输合同。航空主运单是航空公司与集中托运人之间的航空运输合同，当事人为集中托运人和航空公司，货主与航空公司之间没有直接的契约关系。不仅如此，由于在起运地由集中托运人将货物交付航空公司，在目的地由集中托运人或其代理人从航空公司处提取货物，再转交给收货人，因而货主与航空公司之间也没有直接的货物交接关系。

主运单、分运单

航空主运单与航空分运单填制内容的区别如表 3-12 所示。

表 3-12　航空主运单与航空分运单填制内容的区别

航空货运单	运单签发者	航空货运单的制作、发布主体	收、发货人	货名	数量和重量	运费与支付方式
MAWB	航空公司或获授权的国际货运代理公司	航空公司	集运国际货运代理公司	集运货物	合计量	集运运费只能预付
HAWB	国际货运代理公司	国际货运代理公司	实际收、发货人	实际货名	单票量	单独运费预付或到付

能力提升

填制航空货运单

小张是杭州一家国际货运代理公司的新进业务员，主要负责处理跨境电商空运头程制单、审单工作。根据某服装跨境电商企业的要求，他需要完成一份从杭州出发运货至洛杉矶的航空货运单的填制工作。

航空公司所使用的航空货运单，大多借鉴 IATA 所推荐的标准格式，差别不大。下面主要介绍这种标准格式的航空货运单，也称中性运单。有关需要填写的栏目说明如下：

（1）始发站机场：填写 IATA 统一制定的始发站机场或城市的三字代码，这一栏应该和 11 栏一致。1A：IATA 统一编制的航空公司代码。1B：运单号。

（2）发货人姓名、住址：填写发货人姓名、地址、所在国家及联络方式。

（3）发货人账号：只在必要时填写。

（4）收货人姓名、住址：填写收货人姓名、地址、所在国家及联络方式。与海运提单不同，因为航空货运单不可转让，所以“凭指示”之类的字样不得出现。

（5）收货人账号：同3栏一样只在必要时填写。

（6）承运人代理人的名称和所在城市。

（7）代理人的IATA代码。

（8）代理人账号。

（9）始发站机场及所要求的航线：这里的始发站机场应与1栏填写的一致。

（10）支付信息：此栏只有在采用特殊付款方式时才填写。

（11A）去往：分别填入第一（二、三）中转站机场的IATA代码。

（11B）承运人：分别填入第一（二、三）段运输的承运人。

（12）货币：填入ISO货币代码。

（13）收费代号：表明支付方式。

（14）运费及声明价值费：此时有两种情况——预付或到付。需要注意的是，航空运输中运费与声明价值费支付的方式必须一致，不能分别支付。

（15）其他费用：有预付和到付两种支付方式。

（16）运输声明价值：在此栏填入发货人要求的用于运输的声明价值。如果发货人不要求声明价值，则填入“NVD”（No Value Declared）。

（17）海关声明价值：发货人在此填入对海关的声明价值，或者填入“NCV”（No Customs Valuation），表明没有声明价值。

（18）目的地机场：填写最终目的地机场的全称。

（19）航班及日期：填入货物所搭乘航班及日期。

（20）保险金额：只有在航空公司提供代保险业务而客户也有此需要时才填写。

（21）操作信息：一般填入承运人对货物处理的有关注意事项，如“托运人提供活动物证明（Shipper's Certification for Live Animals）”等。

22A～22L为货物运价、运费细节。

（22A）货物件数和运价组成点：填入货物包装件数，如10包即填“10”。当需要组成比例运价或分段相加运价时，在此栏填入运价组成点机场的IATA代码。

（22B）毛重：填入货物总毛重。

（22C）重量单位：可选择千克（kg）或磅（lb）。

（22D）运价等级：针对不同的航空运价共有6种代码，它们是M（Minimum，起码运费）、C（Specific Commodity Rates，特种运价）、S（Surcharge，高于普通货物运价的等级货物运价）、R（Reduced，低于普通货物运价的等级货物运价）、N（Normal，45kg以下货物适用的普通货物运价）、Q（Quantity，45kg以上货物适用的普通货物运价）。

（22E）商品代码：在使用特种运价时需要在此栏填写商品代码。

（22F）计费重量：此栏填入航空公司据以计算运费的计费重量，该重量既可以与货物毛重相同也可以不同。

(22G) 运价：填入该货物适用的费率。

(22H) 运费总额：此栏数值应为起码运费值或者是运价与计费重量两栏数值的乘积。

(22I) 货物的品名、数量，含尺码或体积：货物的品名要尽可能详细地描述货物，数量需要填写货物的包装件数，货物的尺码应以厘米或英寸为单位，尺寸分别以货物最长、最宽、最高边为基础；体积则是上述三边的乘积，单位为立方厘米或立方英寸。

(22J) 该运单项下货物总件数。

(22K) 该运单项下货物总毛重。

(22L) 该运单项下货物总运费。

(23) 其他费用：除运费和声明价值附加费以外的其他费用。根据IATA规则，各项费用分别用3个英文字母表示。其中前两个字母是某项费用的代码，如运单费就表示为AW (Air Waybill Fee)。第三个字母是C或A，分别表示费用应支付给承运人 (Carrier) 还是国际货运代理人 (Agent)。

(24～26) 分别记录运费、声明价值费和税款金额，有预付与到付两种方式。

(27～28) 分别记录需要付予代理人 (Due Agent) 和承运人 (Due Carrier) 的其他费用合计金额。

(29) 需预付或到付的各种费用。

(30) 预付、到付的总金额。

(31) 发货人的签字。

(32) 签单时间 (日期)、地点、承运人或其代理人的签字。

(33) 货币换算及目的地机场收费记录。

以上所有内容不一定要全部填入航空货运单中，IATA也并未反对在航空货运单中写入其他所需的内容。但这种标准化的单证对航空货运经营人提高工作效率，促进航空货运业向电子商务的方向迈进有着积极的意义。

工作任务4 中欧班列高铁物流操作

职业能力3-4-1 熟悉中欧班列出口发货业务流程

【学习目标】

知识目标

1. 熟悉中欧班列运输通道。
2. 了解中欧班列的发货操作流程。

能力目标

1. 识别中欧班列线路。
2. 操作中欧班列出口业务。

素质目标

1. 感受互利共赢的丝路精神。
2. 认识“五通”与人类命运共同体的重要性。
3. 具有开拓创新、遵纪守法的工匠精神。

【基本知识】

随着“一带一路”建设的不断推进，我国与共建国家的经贸往来发展迅速，物流需求旺盛，贸易通道和贸易方式不断丰富和完善；加上中欧贸易企业对降低物流成本和缩短时效的需求迫切，已有的空运更快捷但是价格偏贵，海运能够降低物流成本但是运输时间较长，因此，一种既能缩短运输时间又能降低物流成本的运输方式成为人们的理想选择，这也为中欧班列通道建设发展提供了难得的机遇，对中欧班列建设提出了新的更高要求。

一、中欧班列的含义

中欧班列（CHINA RAILWAY Express，CR Express），是由中国国家铁路集团有限公司组织，按照固定车次、线路、班期和全程运行时刻开行，运行于中国与欧洲以及“一带一路”共建国家间的集装箱等铁路国际联运列车。中欧班列是深化我国与“一带一路”

共建国家经贸合作的重要载体和推进“一带一路”建设的重要抓手。目前，中欧班列运输通道主要有渝新欧班列、蓉欧班列、义新欧班列、郑欧班列、汉欧班列。

二、中欧班列运输通道介绍

(一) 渝新欧班列

渝新欧班列是重庆至欧洲的国际铁路直达班列，是指利用南线亚欧大陆桥这条国际铁路通道，从重庆出发，经西安、兰州、乌鲁木齐，向西过北疆铁路，到达新疆阿拉山口，进入哈萨克斯坦，再经俄罗斯、白俄罗斯、波兰，至德国杜伊斯堡。这一条由沿途 6 个国家铁路、海关部门共同协调建立的铁路运输通道，是中欧铁路运输通道中最早开通的一条。

2009 年，惠普等笔记本电脑品牌的生产基地落户重庆，重庆成为全球主要的笔记本生产基地之一。这对重庆的物流提出了新要求：人们急需一条比海运快、比空运便宜，方便商品销往欧洲的物流线路。那一年，惠普高层与重庆方面会面，大家拿着地图，大致画了一条从重庆至德国的铁路线路，至此，中欧班列（重庆）有了最初的“雏形”。2010 年 11 月，中国、俄罗斯、哈萨克斯坦三国联合签署了便捷通关协议，重庆出口货物，通过新疆阿拉山口出关，途经哈萨克斯坦、俄罗斯，只进行一次海关检查，便可以运往荷兰、德国，这也为中欧班列（重庆）的诞生奠定了坚实的基础。经过多次测试后，2011 年 1 月 28 日，中欧班列（重庆）开出了首趟俄罗斯切尔克斯克的班列；3 月 19 日，中欧班列（重庆）首次进行全程运行，运载惠普电子产品的列车，从重庆团结村始发，历经 16 天，最终顺利抵达德国杜伊斯堡。至此，一条从中国内陆直达欧洲腹地，铁路版的“丝绸之路”由此诞生。重庆也由此打通了一条区别于沿海城市的国际铁路物流大通道，对外开放的脚步得以加快。

(二) 蓉欧班列

蓉欧班列（也称蓉欧快铁）是指蓉欧国际快速铁路货运直达班列，是跨国性质的运输工具。蓉欧班列于 2013 年 4 月 26 日开始运行，自成都青白江集装箱中心站出发，经宝鸡、兰州到新疆阿拉山口出境，途经哈萨克斯坦、俄罗斯、白俄罗斯等国直达波兰罗兹，线路全长 9 826km。蓉欧快铁成都至罗兹运行时间约为 14 天，成都出口货物通过蓉欧快铁到波兰罗兹后，可以在 1～3 天内通过欧洲铁路或公路网络快速分拨至欧洲任何地方。

作为中国和波兰之间一条贯通亚欧、连接东西的物流大通道，蓉欧快铁促成中国成都与波兰罗兹成为中国西部地区通往欧洲的陆上货运“大桥”的重要节点。蓉欧快铁的开通也为进一步深化中国与波兰的经贸往来带来了前所未有的机遇。蓉欧快铁为成都乃至中国西部地区通往欧洲大地架起了陆上货运大通道，为成都建设面向欧洲市场的出口生产基地和欧洲产品贸易集散中心提供了物流平台支撑；蓉欧快铁的开行将从根本上打破西部地区发展外向型经济必须依赖港口的老路，变西部内陆地理劣势为出口欧洲前沿主阵地优势。

蓉欧快铁极大地改善和提升了成都面对欧洲市场的投资环境，极大地增强了商品出口欧洲的竞争能力。

蓉欧快铁将中国西部与欧洲紧密地联系在了一起，不仅是经济崛起之纽，也是通达全球之脉，它将为中国西部外向型经济发展注入快速发展的蓬勃动力，奏响古丝绸之路以来的亚欧经贸往来最强音。开通蓉欧快铁，是一次跨时代的创举，彻底改变了“蜀道难”的历史。

（三）义新欧班列

首趟义新欧班列（义乌—马德里），于2014年11月18日从中国义乌出发，经新疆阿拉山口口岸出境，途经哈萨克斯坦、俄罗斯、白俄罗斯、波兰、德国、法国，最终抵达西班牙首都马德里。这趟货运班列是“一带一路”建设的重点，加强了中国东部沿海与中亚和欧洲地区的联系。

义新欧班列开行以来，中西双方贸易规模不断扩大，而吹响扩大进口号角的正是不断在中西双方商界被谈到的义新欧班列。

（四）郑欧班列

郑欧国际铁路货运班列（简称郑欧班列）始于郑州，经新疆阿拉山口出境，途经哈萨克斯坦、俄罗斯、白俄罗斯和波兰后到达德国汉堡。首趟郑欧班列于2013年7月运行，开启了中国与欧洲的“新丝绸之路”。2015年，除了郑欧班列，郑州还实现了到哈萨克斯坦阿拉木图和俄罗斯莫斯科两条铁路货运线路的常态化开行。

郑欧班列国内辐射至河南、河北、天津、山东、安徽、湖南、湖北、上海、江苏、江西、浙江、广东、福建、北京等地。货物种类包括轻纺类产品、工业产品，以及电子类产品等。

（五）汉欧班列

汉欧班列始发于湖北武汉吴家山站，经哈萨克斯坦、俄罗斯、白俄罗斯、波兰、捷克，最后到德国汉堡/杜伊斯堡。这是一条连接中国中部与中亚、俄罗斯和欧洲的国际铁路货运大通道。汉欧班列的运行时间比江海联运（经长江水运至上海出海至欧洲）节约了数十天。

汉欧班列承运着武汉富士康生产并出口到欧洲的消费电子产品，所需时间仅为现有海运方式的一半左右，为富士康及武汉地区产品出口欧洲开辟了快捷的运输通道。

汉欧班列的开通，是继国际航空、江海直达航线之后开辟的一条从武汉直达欧洲的陆上货运大通道。汉欧班列开通后，武汉及湖北便打开了直达欧洲的陆上货运大通道，不仅更加方便引进欧洲机电产品、汽车整车及零部件、工程设备、医疗设备等高附加值产品，同时也能提升武汉市对外开放水平，带动武汉乃至整个华中地区的对外经贸合作。

三、铁路物流操作流程

铁路物流操作流程包括托运前准备、货物入仓、制单、报关报检、国境站交接、取货，如图 3-8 所示。

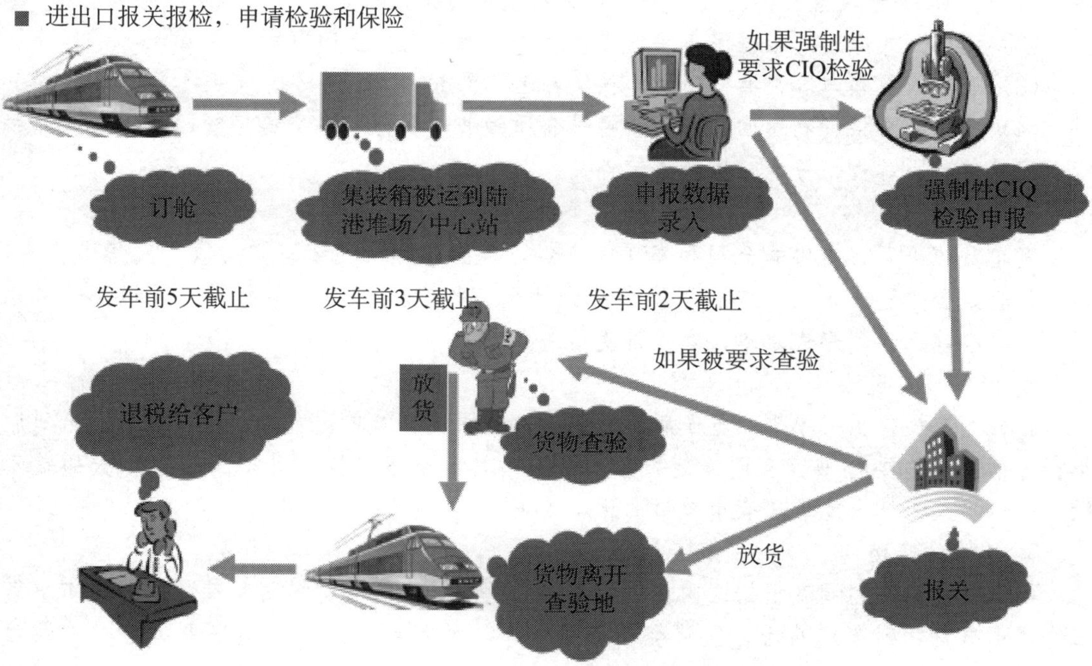

图 3-8　铁路物流操作流程

能力提升

中欧班列出口业务操作

浙江义乌一家跨境电商企业委托某国际货运代理公司帮助发货至德国。业务员王小娅负责完成业务操作。本单是从义乌运送货物去德国，结合成本和线路，她选择使用义新欧班列。

1. 出口托运前准备

(1) 按照拟发货物的中英文品名、海关编码、件数、体积、重量、包装、到站、有无超重或超大体积的货物来选择订舱，选择整柜还是拼箱。拼箱的货物要特别注意货物标记、标示牌及运输标记、货签，内容主要包括货物的记号和号码、件数、站名、收货人名称等。字迹均应清晰，不易擦掉，保证多次换装不会脱落。

(2) 保险要求：是否要门到门、是否要保险。

(3) 提货要求：送达时限，是否需要加急。

(4) 填制派车单，写明取货时间、地点、联系电话、货物件数、重量等。

2. 货物入仓

(1) 根据贸易双方的条款来决定由谁安排送货进仓。例如，如果是 EXW 条款，就需要铁路公司或者收货代理人按照铁路进仓单上的进仓信息将货物送到指定的堆场；如果是 FOB 或者 CIF 条款，就需要发货人将货物送到铁路的指定堆场。

(2) 调度（或库管）根据派车单选择车辆，派取货人员上门取货。

(3) 取货人员须与客户共同验货，核实品名、件数。

(4) 取货人员将货物运回公司后，将进仓通知书与货物一并交给库管，并办理入库手续。库管包装、称重、分拣、重新核定件数。

3. 制单

制单员依据客户提供的合同和发票等资料，依照实际情况填写相关收、发货人信息，确认内容是否完整、正确。特别是收货单位地址、收货人及其联系电话、通知人联系电话，务求准确无误，形成草单，客户再次核对。

4. 出口报关报检

报关需要提供报关单据。电子版单据包括：合同、装箱单、发票、申报要素。纸质版单据包括：报关委托书、合同、装箱单、发票、其他申报要素（可提供每票 4 张的盖章纸、一份报关委托书或者一套审核后的正本单据）。

5. 国境站交接

出口国境站货运调度根据国内前方站列车到达预报，通知交接所和海关做好接车准备工作；出口货物列车进站后，铁路会同海关接车，并将列车随带的运送票据交交接所处理，货物列车接受海关的监管和检查；交接所实行联合办公。

6. 到达取货

货物到达后，按照铁路货运单中信息通知所记载的收货人领取货物。在收货人付清货运单中所载的一切应付运送费用后，铁路须将货物连同货运单正本和货物到达通知单交付收货人。收货人须支付运费并领取货物。

拓展训练

中欧班列进口业务操作

郑州某跨境电商有限公司要进口一批来自波兰的红酒，通过和业务员的沟通，选择使用中欧班列进行运输。现需要完成进口红酒业务操作。

因为本单需要进口红酒到郑州，因此选择郑欧班列。

1. 进口托运前准备

货物进口发运详细资料（中英文品名、海关编码、件数、重量、针对单件超重货物提供的装箱方案）。确认是否需要起运地拖车或国外铁路接驳等服务。拼箱的货物要特别注意货物标记、标示牌及运输标记、货签，内容主要包括货物的记号和号码、件数、站名、收货人名称等。字迹均应清晰，不易擦掉，保证多次换装不会脱落。

2. 货物入仓

(1) 调度（或库管）根据货物数据选择适当车辆，如选择整柜就需要集卡车，选择拼箱则需要散货车。

(2) 取货人员须与客户共同验货，核实品名、件数。

(3) 取货人员将货物运回公司后，将进仓通知书与货物一并交给库管，并办理入库手续。库管包装、称重、分拣、重新核定件数。

3. 制单

国际起运发车后根据箱号、封号等信息制作提运单。制单员依据客户提供的合同和发票等资料，依照实际情况填写相关收、发货人信息，确认内容是否完整、正确。特别是收货单位地址、收货人及其联系电话、通知人联系电话，务求准确无误，形成草单，再次核对。

4. 国外报关报检

国外发货人在本公司系统里提交合同，将发票箱单资料报关，报关放行后准备铁路发运。

5. 进口报关报检

(1) 所需材料：报关预录单、贸易合同（盖章）、发票、装箱单、报关委托书（盖章）等。

(2) 法检货物需要提供法检货物通关单，生产销售单位和收发货人的营业执照、海关注册证书复印件。

(3) 所有报关材料均需要填写箱号，发票金额与报关金额一致，货物毛重和件数与报关材料一致。

(4) 发货前与收货人提前确认货物在口岸转关和目的地清关是否需要其他单证及是否需要正本，如卫生证、植检证、产地证、进口许可证等。

6. 到达取货

货物到达后，按照铁路货运单中信息通知所记载的收货人领取货物。收货人在海关放行和付清运单的一切应付运送费用后，凭借提单领取货物。

职业能力3-4-2 核算中欧班列出口发货业务费用

【学习目标】

知识目标

1. 熟悉中欧班列费用结构。

2. 了解中欧班列费用核算概念。

能力目标

1. 掌握中欧班列费用计算规则。
2. 能核算中欧班列费用。

素质目标

1. 感受开放包容、和平合作的丝路精神。
2. 认识“五通”与人类命运共同体的重要性。
3. 树立精益求精、一丝不苟、严谨细致的工匠精神。

【基本知识】

运费价格由起运地运杂费用＋班列主段运费＋目的地运费构成。运费按照计费重量计算。通常情况下，运费按照实际重量计算，即以每千克货物的价格计算；但是如果货物体积很大，而重量较轻，运费可能按照体积重量计算，即以每立方米货物的价格计算。

其中，出口报价为起运地口岸到境外目的地的全程价格，不含起运地进站前费用，如拖车费、THC、报关费、海关查验费等。报关费各地有区别，实报实销。进口报价为境外起运地到国内陆港的全程价格，不含境外起运地进站前费用，如拖车费、THC、报关费、海关查验费等。报关费实报实销。各地附加费规定不同，如规定：单件计费重量不得低于 15kg，需要自行做好并件处理；不足 15kg 部分加收超轻费。

中欧班列的运费还与货物的货值有关。货值通常是指货物的实际销售价格或市场价格，是衡量货物价值的一个重要指标。货物的货值越高，其运费也会相应增加。

中欧班列的运费还与货物的线路有关。不同线路所需的运输时间和运输成本不同，运费也会有所不同。例如，货物从中国西部地区运往欧洲，相比从中国东部地区运往欧洲，运费可能会更高。

此外，中欧班列的运费还受到一些其他因素的影响，如货物类型、保险费、转运费用、关税等。这些因素可能会增加运费的成本。

能力提升

核算中欧班列出口费用

郑州一家国际贸易公司要通过郑欧班列完成货物出口至德国的业务，已知货物体积为 $29m^3$，采用整柜方式运送，去程 40 英尺集装箱的收货价格为 22 250 元，返程的收货价格为 11 340 元。其余费用因案例中未提及，根据不同班列的实际情况计算。

铁路出口费用一般明细包括：国内提货费、国内报关费、铁路运费、保险费、国外报关费、国外货站操作费、铁路分拨费（拼箱需要）、国外送货费。

运费＝国内提货费＋国内报关费＋铁路运费＋保险费＋国外报关费＋国外货站操作费＋铁路分拨费（拼箱需要）＋国外送货费

国内提货费：依据发货人工厂所在位置，选择最近的铁路上货站点，根据货物件数、实际重量、体积来确定国内提货的费用。

国内报关费：中国海关出口报关费，一般是 350 元。

铁路运费：根据所需到达的站点计算，欧洲铁路常以 40 英尺集装箱为主，分为冷冻柜和普通柜。整柜货物就按整柜计算；如果是拼箱的话，就以体积重量计算费用（$1m^3$＝500kg），体积重量和实际重量取较大者计算。

保险费：保险费＝货值×110%×保费费率，在中国购买保险的费率是 0.05%。

国外报关费：欧洲铁路报关费为 100 欧元，或者有时候含在运费里面，不单独列明。

国外货站操作费：欧洲铁路货站会根据整柜或者拼箱来收取费用。

铁路分拨费（拼箱需要）：针对拼箱货物征收的费用。

国外送货费：货物到达铁路货站之后，根据实际站点来计算费用。

拓展训练

核算中欧班列进口费用

郑州一家进口公司要从德国进口一批红酒，已知货物体积为 $29m^3$，采用整柜方式运送，去程 40 英尺集装箱的收货价格为 22 250 元，返程收货价格为 11 340 元。其余费用因案例中未提及，所以根据不同班列的实际情况计算。

铁路进口费用一般明细包括：国外提货费、国外查验费、国外报关费、铁路运费、保险费、国内报关费、国内货站操作费、铁路分拨费（拼箱需要）、国内送货费。

运费＝国外提货费＋国外查验费＋国外报关费＋铁路运费＋保险费＋国内报关费＋国内货站操作费＋铁路分拨费＋国内送货费

国外提货费：依据提供的发货人工厂地址，选择最近的铁路货站点。提货方式分为发货人送货或者收货人委托铁路公司代理提货两种。

国外查验费：如果遇到起运国查验，一般会产生费用。查验方式分为机器查验和人工查验两种，费用以实际价格为准。

国外报关费：欧洲铁路报关费为 100 欧元，或者有时候含在运费里面，不单独列明。

铁路运费：根据所需到达的站点计算，欧洲铁路常以 40 英尺集装箱为主，分为冷冻柜和普通柜。整柜就按整柜计算；如果是拼箱的话，就以体积计算费用（$1m^3$＝500kg），体积重量和实际重量取较大者计算。

保险费：保险费＝货值×110%×保费费率。如果在欧洲买保险，保险费率是 0.8%；在中国购买保险，保险费率是 0.05%。

国内报关费：铁路报关费以票为单位，大部分铁路关口报关费是 350 元，如果货物进保税库暂存，会涉及二次报关。

国内货站操作费：铁路货站会根据整柜或者拼箱来收取费用。

铁路分拨费（拼箱需要）：针对拼箱货物征收的费用。

国内送货费：货物到达铁路货站之后，根据实际站点来计算费用。

职业能力 3－4－3　制作中欧班列出口主要物流单证

【学习目标】

知识目标

熟悉中欧班列出口的单证。

能力目标

能审核中欧班列出口的单证。

素质目标

1. 感受开放包容、和平合作的丝路精神。
2. 认识“五通”与人类命运共同体的重要性。
3. 树立严谨细致的工匠精神。

【基本知识】

一、中欧班列出口的单证类型

铁路运输单据是承运人收到承运货物后签发给出口商的证明文件，它是交接货物、处理索赔与理赔以及向银行结算货款或进行议付的重要单据。

中欧班列出口需要准备铁路运单、随车文件、报关单据。针对某些货物还需随附原产地证、进出口许可证及质量认证等证明。

铁路货运单是由承运人签发的货运单据，是收、发货人同铁路之间的运输契约。其正本在签发后与货物同行，副本签发给托运人用于贸易双方结算货款，在货物发生损失时，还可以用于向铁路进行索赔。

随车文件包括报关委托书、销售合同、发票、装箱单等。

二、铁路货运单

铁路货运单作为承运人与货主之间缔结运输契约的证明，类似合同。但它和海运提单不同，铁路货运单并非物权凭证，不具备流通属性。

铁路货运单的格式基本是统一的，由发货人编制并提交给缔约承运人。完整的铁路货运单由一整套票据包括带编号的六联和必要份数的补送运行报单组成。

金华中欧班列首签“多式联运提单”

铁路货运单一共有六联。第一联为货运单正本，交由收货人，随同货物至到达站，并连同第六联和货物一起交给收货人；第二联为运行报单，给向收货人交付货物的承运人，随同货物至到达站，并留存到铁路目的地；第三联为货物交付单，给向收货人交付货物的承运人，随同货物至到达站，并留存到铁路目的地；第四联为货运单副本，给发货人，运输合同缔结后，交给发货人，它用于运输合同签订、外汇核销等，是平时业务操作中最常见的一联；第五联为货物接收单，给缔约承运人；第六联为货物到达通知单，给收货人，随同货物运至到达站，并连同第一联和货物一起交给收货人。当一批货物中的部分货物晚于随运单运送的货物主要部分发送时，承运人应办理补送运行报单，并将该部分货物运至到站。

三、随车文件填写内容及注意事项

（一）报关委托书

（1）需要有法人签名、盖章、日期、联系电话。

（2）需要有日期、联系电话和经办人签名。

（二）商品合同

（1）合同名称：标明“SALES CONTRACT”或“SALES CONFIRMATION”或“合同”或“CONTRACT”。

（2）合同编号、日期。

（3）收、发货人信息：名称（发货人处需体现中文报关企业名称）、地址。

（4）货物中文品名。

（5）数量条款：有计量单位、计量方法、数量。

（6）成交方式：EXW、FOB、CFR、CIF。

EXW：要在合同、发票中体现货物的出厂价格，不包括运费和保险费。FOB：要在合同、发票中体现货物的离岸价格，包括货物成本和装运港费用，但不包括运费和保险费。CFR：要在合同、发票中体现运费以及币制。CIF：要在合同、发票中体现运费、保险费以及币制。

（7）价格条款。单价：标明货币名称、金额数值、计量单位。总价：标明货币名称、金额数值。

（8）起运地。

（9）目的地。

（三）发票

（1）收、发货人信息（包括名称、地址等）。

（2）发票号。

（3）中英文品名、数量、单价、总价。

（4）成交方式：EXW、FOB、CFR、CIF。

EXW：要在合同、发票中体现货物的出厂价格，不包括运费和保险费。FOB：要在合同、发票中体现货物的离岸价格，包括货物成本和装运港费用，但不包括运费和保险费。CFR：要在合同、发票中体现运费以及币制。CIF：要在合同、发票中体现运费、保费以及币制。

（四）装箱单

（1）收、发货人信息。

（2）货物件数、实际重量。

（3）包装方式：应能体现最外层包装方式及数量。

能力提升

填制、审核铁路货运单

（1）发货人：名称、地址、电话等信息。

（2）始发站：境内段承运人名称、始发站名称以及站编。

（3）发货人的声明：托运人、注意事项等。正常每个集装箱的发货人一栏只能写一家工厂的名称，如果这个集装箱有2～3家工厂的货，而大家都要货运单，就只能有一家写在发货人栏里，剩下的写在声明栏里。

（4）收货人：名称、地址、电话等信息。

（5）目的站：目的国承运人名称、目的站名称以及站编。

（6）国境口岸站：按缔约承运人商定的运输路径，注明始发国、过境国以及目的国的口岸名称、口岸代码等。

（7）车辆：注明车号。

（8）车辆由何方提供：承运人提供车辆记作“П”，发货人提供车辆记作“O”。

（9）载重量：车辆记载的载重量。

（10）轴数：注明车辆轴数。

（11）自重：车辆记载的自重。

（12）罐车类型：使用1 520mm轨距罐车运送货物时，应注明车号下方标记的罐车类型。

（13）货物重量（换装后）：换装到每辆车内的货物重量。

（14）货物件数（换装后）：换装到每辆车内的货物件数。

（15）货物名称：货物品名以及海关编码，还有集装箱箱号、柜型等信息。

（16）包装种类：如托盘、硬纸板盒子等，根据货物实际情况填写。

（17）货物件数：用数字注明。

（18）重量（千克）：包含货物重量、集装箱重量。

（19）封印：铅封数量和对应封号。

（20）由何方装车："承运人"或"发货人"字样。

（21）确定重量的方法：如"按标记重量""丈量法"等。

（22）承运人：运送起止区段路径的承运人的简称、代码，以及区段各口岸名称和站编。

（23）运送费用的支付：根据"承运人"栏内的事项，按办理运送的承运人顺序注明各承运人简称、向每一承运人付款的支付人名称及付款依据（支付人代码、合同日期和合同号等）。

（24）发货人添附的文件：发货人在货运单上添附的所有文件，如随车文件等。

（25）供货合同号码：记入与该批货物有关，但并非承运人所需的发货人信息。

（26）缔结运输合同的日期：始发站加盖承运人日期章，随着时间和发运站点而不同。

（27）到达日期：加盖承运人日期章。

（28）办理海关和其他行政手续的记载：海关——执行海关查验，其他国家机关——履行行政手续。

（29）批号：货物批号。

知识巩固

一、选择题

1. 中欧班列的主要特点是（　　）。[单选题]

A. 只能由中国铁路总公司运营

B. 提供固定车次、线路、班期和全程运行时刻的服务

C. 只服务于中国与欧洲的直连运输

D. 只运输笔记本电脑等高科技产品

2. 在中国，当货物的价值影响运费时，计算保险费时通常以（　　）乘以货值。[单选题]

A. 1.05%　　B. 0.8%　　C. 0.05%　　D. 110%

3. 在空运中，航空货运单的缩写是（　　）。[单选题]

A. AWB　　B. CASS　　C. HWB　　D. SLI

4. 国际航空运输协会交通协议区分为（　　）。[多选题]

A. TC1 区　　B. TC2 区　　C. TC3 区　　D. TC4 区

5. 海外仓采用自动化立体仓库的主要目的是（　　）。[单选题]

A. 提高仓储空间利用率　　B. 降低人工成本

C. 提高拣选准确率和效率　　　　D. 以上皆是

二、判断题

1. 长安号是国内唯一一趟以地方命名的中欧班列。(　　)

2. 保险费的计算基数是货物的实际价值的110%，且费率在中国和欧洲购买时相同。(　　)

3. 亚马逊智能机器人Kiva技术实现了库区内无人化作业，显著提高了作业效率和空间利用率。(　　)

4. 国际航空运输协会负责制定国际航空运输的标准和运费水平。(　　)

5. 运价越高，托运人需要支付的运费就越多。(　　)

拓展练习

1. 阐述海外仓信息系统操作业务功能。

2. 某公司自杭州运送一批布料至伦敦，共5箱，每箱7kg，每箱体积为50cm×20cm×12cm。请计算该批货物的运费。

HANGZHOU Y. RENMINBI	CN CNY		HGH KGS
London	GBP	M N 45	320.00 61.65 50.22

学习任务4

跨境电商进口物流配送方式

内容结构

- 跨境电商进口物流配送方式
  - 直邮进口模式
    - 快件直邮模式
    - 集货直邮模式
    - 进口税费核算
  - 保税进口模式
    - 保税备货模式
    - 保税备货进口业务操作

工作任务1 直邮进口模式

职业能力4-1-1 熟悉快件直邮模式

【学习目标】

知识目标

1. 掌握直邮进口的含义及类型。
2. 了解快件直邮的特点。
3. 熟悉快件直邮业务流程。

能力目标

1. 能辨别快件直邮模式。
2. 能操作快件直邮进口业务。

素质目标

1. 培养维护国家主权的意识。
2. 感受开放包容的丝路精神。
3. 培养遵纪守法、爱岗敬业的工匠精神。

【基本知识】

一、直邮进口的含义

直邮进口是消费者在购买境外商品之后，商品从海外直接通过快递发货，清关、入境的消费形式。该模式主要适用于非标品，具有品类全、环节少、没有差价、运营成本低、模式灵活的优点；但也存在缺点，即物流时效慢、费用高、海外仓运营成本高。直邮模式流程一般为：用户下单—国外采购—快递发货—国内海关清关—国内配送。

二、直邮进口的类型

直邮进口分为快件直邮和集货直邮两种模式。

三、快件直邮的含义

快件直邮是指消费者购买境外商品后，商家在境外打包，以零售形式直接通过国际物流发货，并进行境内清关，将商品直接配送到消费者手中的物流方式。通常来说，快件直邮针对个人物品邮包和快件（也有人叫它个人物品行邮、个人物品直邮），原本是遵循合理自用原则，方便境内外的个人邮递物品的。比较常见的形式是消费者在海外的电商网站直接购买商品，由商家直接寄回国内。

四、快件直邮的特点

快件直邮物流时效较低，通常由境内快递或邮政完成，较难处理退换货问题，征收行邮税，后来该模式逐渐被边缘化。从海外将货物运送至境内消费者手中需要通过商家指定物流商、包装、空运、海关清关、境内快递等环节。电商企业和平台通常不与海关系统对接，不进行备案，不开展商检，清关时需要提供收货人姓名与身份证信息。快件直邮经过数个经手人才能到达消费者手中，经手环节越多则出现货物损坏和丢失的概率也就越高。若货物出现问题，消费者要去追溯问题就会变得比较困难。

在快件直邮模式下，对于单个快件，如果被海关抽检到就要开包检查，抽检不通过将被退运。确认订单后，商家使用国际快递将货物直接从境外邮寄到消费者手里。如果商家使用机场快件清关，商业快递就要自行报关；如果商家使用国际及港澳台 EMS 清关，就可通过邮政的渠道完成清关，整个过程无海关单据。由于货物在流通环节中存在多个主体，最后才能到达消费者手中，如果出现售后问题，将难以定责，因此一般不支持退换货。

能力提升

操作快件直邮业务

A跨境电商有限公司是一家从事进口产品零售的公司，在海外分公司的买手小李接到一份围巾订单，物流专员小王协助买手小李完成该业务的进口物流操作。

由企业经营基本情况可知，公司商品由海外买手购买后寄送到国内消费者手中，因此属于快件直邮模式。小王在与买手小李确认货好时间后，根据快件直邮业务流程（见图4-1）为该订单制定了进口物流方案，即生成订单—揽件—贴面单—分拣打包—订舱发货—国内港口提货、理货—订单申报—过X光机—缴税—海关放行—国内物流服务商揽件—国内派送。

（1）消费者下单，提交收货人身份信息及收货地址。

（2）境外电商网站完成商品采购、包装，将货物装箱，贴快递面单。

（3）通过快件或邮政的方式进行快速通关，并通过国际空运送至机场。

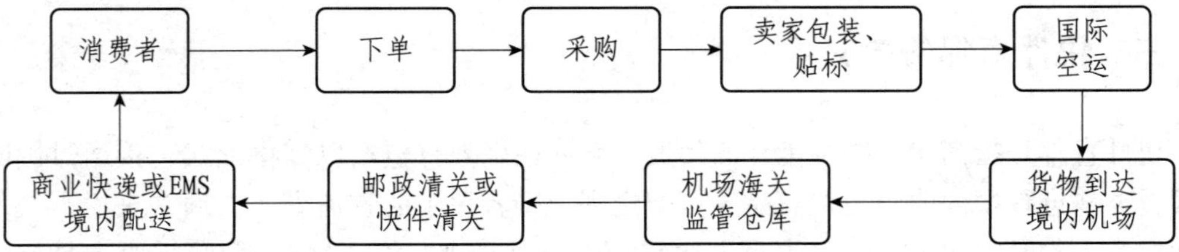

图 4-1 快件直邮业务流程

(4) 货物到达境内后进入机场海关监管仓，待查。

(5) 海关检查货物，检查偷税及违禁品情况。

(6) 更换货物物流面单。

(7) 海关确认放行，物流公司寄送货物。

职业能力 4-1-2 熟悉集货直邮模式

【学习目标】

知识目标

1. 掌握集货直邮进口的含义与特点。
2. 熟悉集货直邮进口业务流程。

能力目标

1. 能辨别集货直邮模式。
2. 能操作集货直邮进口业务。

素质目标

1. 培养维护国家主权的意识。
2. 感受开放包容的丝路精神。
3. 培养遵纪守法、爱岗敬业、团结协作的工匠精神。

【基本知识】

一、集货直邮进口的含义

集货直邮是指商家将货物集中放置在海外仓中，待接收订单后，集中将货物统一发回国内。集货直邮是快件直邮的升级版，是 B2C 模式下的常用物流模式。集货直邮与快件直邮的差异在于是否集中订单统一发货。

集货直邮相对比较快、稳定，并且合法合规，每一单都需要进行备案缴税，受《跨境电子商务零售进口商品清单》（也称正面清单）的限制，因此主要适用于境内个人或者电商企业通过电商平台进行的各种交易。在这一模式下，消费者在电商平台上下单付款后，电商平台一边将海外仓中的货物按订单分拣打包，并将货物批量运输到境内其做过企业备案的口岸，一边将消费者下单付款后生成的订单、支付单、物流单等数据发送到海关系统进行清关；在系统清关完成且包裹通过 X 光机查验后，即可由国内快递揽收和派送给收件人。

二、集货直邮进口的特点

（一）物流时效快

集货直邮需要的时间通常不到两周。商家通常会提前将货物集中放在海外仓，当获得订单时，商家会在海外仓完成拣货、打包工作，随后通过国际包机运输的方式运抵境内，这个过程只需要一周左右。货物到达境内后，在完成清关、运输操作后就可以被送至消费者手中。相比于快件直邮，集货直邮物流时效更优，能提升消费者的满意度。

（二）统一清关

消费者在完成付款操作后需要在网上提供报关所需身份证扫描件及详细收货信息。在集货直邮模式下，订单累计到一定量后统一进行报关缴税，每个订单均附海关单据。

（三）可退换货

电商平台为集货直邮进口模式提供了海外仓资源和干线运输能力，并且货物在运输过程中出现的丢包、损坏等问题都可以通过电商平台解决。消费者收到货物后，因质量、包装、与描述不符等问题需要退货时，支持“本土退货”，电商平台境外团队会帮助消费者进行境外维权。

考拉海购的运营模式

（四）具有一定的海外仓和国际运输资源

由于集货模式对海外仓、清关、多元化干线运输的要求较高，因此电商平台应解决从海外仓集货、空运到清关、境内运输的全部环节。

能力提升

操作集货直邮进口业务

A 电商公司在本公司电商平台上销售海外护肤品，为了提高时效，该公司在美国等地建立了海外仓。徐某、苏某、余某在 A 电商平台上选购了同一品牌的几款护肤品，A 电商平台物流专员小李开始着手处理这几个进口订单。

第一，对A电商公司而言，它需要完成企业备案，即发货前向海关进行企业备案，完成销售对接准备工作。第二，在商品上架销售前，A电商公司应先对商品进行备案，备案通过后才能上架销售和发货，以免包装无法顺利清关。第三，三单对碰。第四，提供消费者身份证号码。第五，EDI电子清关。集货直邮进口业务流程如图4-2所示。

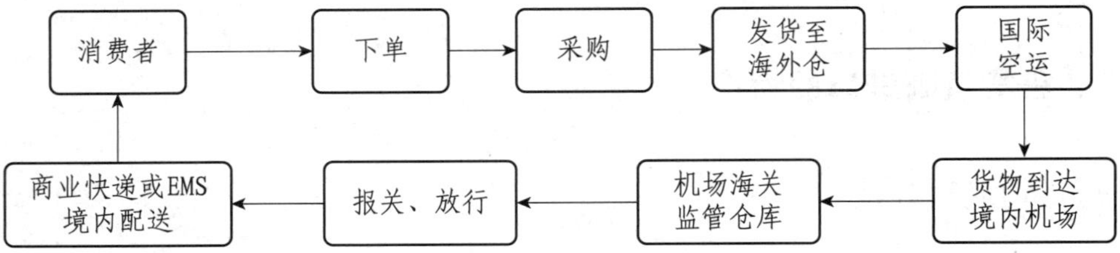

图4-2 集货直邮进口业务流程

小李遵循跨境电商进口相关法律、行政法规开始操作订单。

(1) 消费者下单，提交收货人身份信息及收货地址。

(2) 跨境电商平台的境外团队完成销售商品的采购并放入跨境电商平台的海外仓，收到订单后进行拣货、包装，将货物装箱，贴快递面单。

(3) 通过国际空运送至机场。

(4) 货物到达境内后进入机场海关监管仓，待查。

(5) 海关检查货物，检查偷税及违禁品情况。

(6) 跨境电商平台统一完成报关程序，海关放行。

(7) 通过商业快递或EMS境内配送运到消费者手中。

职业能力4-1-3 核算直邮进口主要税费

【学习目标】

知识目标

1. 熟悉直邮进口税费的类型。
2. 熟悉直邮进口税费政策。

能力目标

1. 能掌握直邮进口税费计算规则。
2. 能完成直邮进口税费计算。

素质目标

1. 深刻认识国家主权。
2. 树立遵纪守法的意识。
3. 培养爱岗敬业、严谨细致的工匠精神。

【基本知识】

一、直邮进口税费的类型

随着进口水果、食品、快消品等商品的热销，直邮进口、保税进口等进口模式的出现，消费者开始更多接触到进口关税、增值税、消费税、个人物品进口税等税种。

进口关税是指根据中国各种商品归属的税则号确定的税率，在境外商品进入中国海关的时候由中国海关根据税额对进口商所进口的商品征收的一种税费。一般来说，关税的计算方式是根据商品的类别、原产国、成交价格等因素来决定的。因此，相同品目的商品，产地和成交价格不同，商品在清关时需要缴纳的进口关税也是不同的。

特定监管区域内的企业，可以享受一些优惠政策，如进口税延期等。所以，在清关时需要缴纳的进口关税根据商品的特性和海关政策情况来决定。

增值税是指在商品流通和加工的过程中，销售商逐级向国家缴纳的税费，是一种按照商品增值额计算征收的税费。我国实施对境外货物征收增值税的政策，即跨境电商进口增值税政策，税率会因商品的不同有所不同。与进口商一样，从境外购买商品的消费者在购买海外直邮商品时，也需要支付相应的进口增值税。不过，针对跨境电商平台等多个场景，我国政府推出了一系列相关的优惠政策，以缓解电商模式下的进口增值税等问题。

消费税是一种特殊的消费税，是跨境电商中需要缴纳的费用之一。消费税主要是为了约束高消费、奢侈消费等，包括高档香烟、酒类、超豪华机车和游艇等高档消费品，其税率较高。同样地，在清关时缴纳的消费税根据商品的不同而不同，一般而言，按照固定比例来征收。

个人物品进口税（即行邮税）是由个人直接到境外购买商品，或者从境外旅行归国带回国内的物品所需要缴纳的税费。目前，我国对于个人物品进口税的相关规定还比较模糊，其中涉及物品的种类、数量、价格等因素。但总体来看，个人物品进口税相对来说比较低，通常情况下是没有关税的，但是需要根据物品价值的不同进行缴纳。

二、直邮进口税费政策

跨境电商直邮进口的税费政策经历了3个发展阶段：试点初期阶段（2012年至2015年）、快速发展阶段（2016年至2017年）、全面发展阶段（2018年至今）。

试点初期阶段对于跨境电商零售进口商品按照个人物品监管，按照个人邮递进境物品征收行邮税。商品税率参照同期《中华人民共和国进境物品完税价格表》，享有一定免征额度。此阶段对于个人跨境购物额度未设相应限制，仅根据行邮快件监管要求设置单票最高额度，并且要求商品申报数量符合“个人合理自用”原则。

快速发展阶段主要的税收监管政策有《财政部 海关总署 国家税务总局关于跨境电子

商务零售进口税收政策的通知》以及《十一部门关于公布跨境电子商务零售进口商品清单的公告》，主要政策规定为：

（1）采用正面清单管理模式，限正面清单内所列税号对应商品准予开展跨境电商零售进口业务。

（2）设置单次交易限值与个人年度交易限值。跨境电子商务零售进口商品的单次交易限值为人民币 2 000 元，个人年度交易限值为人民币 20 000 元。在限值以内进口的跨境电子商务零售进口商品，关税税率暂设为 0%；进口环节增值税、消费税取消免征税额，暂按法定应纳税额的 70%征收。超过单次限值、累加后超过个人年度限值的单次交易，以及完税价格超过 2 000 元限值的单个不可分割商品，均按照一般贸易方式全额征税。

（3）明确跨境商品完税价格与适用税率。商品完税价格为实际交易价格，包括货物零售价格、运费和保险费。

全面发展阶段主要税收政策调整体现在《关于完善跨境电子商务零售进口税收政策的通知》中：

（1）将跨境电子商务零售进口商品的单次交易限值由人民币 2 000 元提高至 5 000 元，年度交易限值由人民币 20 000 元提高至 26 000 元。

（2）完税价格超过 5 000 元单次交易限值但低于 26 000 元年度交易限值，且订单下仅一件商品时，可以自跨境电商零售渠道进口，按照货物税率全额征收关税和进口环节增值税、消费税，交易额计入年度交易总额，但年度交易总额超过年度交易限值的，应按一般贸易管理。

能力提升

计算直邮进口税金

我国对跨境电商主要执行的税制为跨境电商综合税和行邮税。

1. 跨境电商综合税

我国调整跨境电商零售进口税收政策，跨境电商进口商品按照货物税率全额征收关税和进口环节增值税、消费税，交易额计入年度交易总额；已经购买的电商进口商品属于消费者个人使用的最终商品，不得进入国内市场再次销售。

应征关税＝商品完税价格×关税税率

应征消费税＝商品完税价格÷(1－消费税税率)×消费税税率

应征增值税＝(商品完税价格＋应征消费税)×增值税税率

跨境电商应征消费税＝应征消费税×0.7

跨境电商应征增值税＝应征增值税×0.7

2. 行邮税

行邮税是进境物品进口税的简称，是海关对个人携带、邮递进境的物品关税、进口环节增值税和消费税合并征收的进口税。海关对个人携带、邮递进境的物品是按《进境物品关税、增值税、消费税征收办法》进行归类、确定完税价格和适用税率的。征税办法是从价计征，即进口税额等于完税价格乘以进口税率。

个人携带和邮递进境的物品最本质的特征是“非贸易性”，所以海关对个人携带和邮递进境物品按照“自用、合理数量”的原则进行监管。

行邮税＝完税价格×行邮税税率

根据《进境物品关税、增值税、消费税征收办法》，类别1的物品综合税率为13%（对国家规定减按3%征收进口环节增值税的进口药品，按照进口货物税率征税），类别2的物品综合税率为20%，类别3的物品综合税率为50%（类别3所列商品的具体范围与消费税征收范围一致）。

消费者在某海外购平台购买了单价为100元的商品，此商品没有消费税，增值税税率为13%，运费为88元，则：

关税＝0（元）

增值税＝100×13%×70%＝9.10（元）

运费税＝88×13%×70%＝8.01（元）

应缴税费＝9.10＋8.01＝17.11（元）

若消费者在海外购平台购买了单价为100元的商品，此商品消费税税率为15%，增值税税率为13%，运费为88元，则：

关税＝0（元）

消费税＝100/(1－15%)×15%×70%＝12.35（元）

增值税＝12.35×13%＋100×13%×70%＝10.71（元）

运费税＝88×13%×70%＝8.01（元）

应缴税费＝0＋12.35＋10.71＋8.01＝31.07（元）

工作任务2 保税进口模式

职业能力4-2-1 熟悉保税备货模式

【学习目标】

知识目标

1. 熟悉保税业务的含义及功能。
2. 掌握保税备货的含义。
3. 熟悉保税监管相关政策。

能力目标

1. 能辨别保税物流的类型。
2. 能根据保税物流相关政策行事。

素质目标

1. 培养维护国家主权的意识。
2. 感受开放包容的丝路精神。
3. 培养遵纪守法、爱岗敬业、团结协作的工匠精神。

【基本知识】

一、保税业务的含义

保税区是指经国务院批准，设立在国家对外开放的口岸港区和与之相连的特定区域内，具有口岸、物流、加工等功能的海关特殊监管区域。

二、保税区的功能

保税区有国际中转、国际配送、国际采购、转口贸易、商品展示等功能。

国际中转功能，即进入保税区的国际中转货物和国内货物，可在此进行分拆、集拼，再退至境外目的地。

国际配送功能，即在保税区特定区域设立仓储物流区，进境保税货物进入该区域后，可进行商业性的简单加工、批量转换后，向境内、境外分拨配送。

国际采购功能，即国内货物进入保税区后，可享受出口退税政策，对采购进区的国内货物和保税货物进行出口集运的综合处理或商业性的简单加工后向国内外分销。

转口贸易功能，即保税区内企业可从事转口贸易、交易、展示、订货等经营性活动。

商品展示功能，即在保税区内的特定区域展示供看样订货的展览品、样品，拓展国外市场。

三、保税备货的含义

保税备货是指将海外商品以批量运输方式进口至保税区，在保税区储存并且建立进境备案清单，消费者在网上购买之后，直接从国内保税仓发货，同时进行进口清关，利用国内快递送到消费者手中，时效较快。在中国，保税备货模式被限定只能在海关批准的海关特殊监管区域以及保税物流中心（B 型）中进行。

四、保税备货的特点

（1）保税备货缩短了物流时间。国内跨境电商企业提前将货物暂存于保税区仓库，消费者在平台下单之后，货物直接从保税仓发出，避免在国际运输线上耗时过久的问题。据了解，成都保税仓的德国商品由贸易商从德国采购，经中欧班列运抵成都，比传统海运节约 20～25 天，综合物流成本与海运持平，并且通过中国国内保税仓发货，仅需 2～3 天即可将货物配送至消费者手中。

（2）保税备货降低了商品成本。保税备货取消关税，并且集中采购能够大幅降低采购成本和物流成本，从而为消费者带来更优惠的价格。采购成本和物流成本的降低，自然能够为跨境电商企业提供更高的利润空间和竞争力。

（3）保税备货确保了商品的质量。保税区要求试点跨境电商企业的商品在海关部门备案，同时在保税区进行注册登记。

保税备货支持直接将货物退至保税物流中心。对消费者而言，保税备货解决了传统直邮进口的“退货难”问题。

对跨境电商企业而言，保税备货对进口货物的品种、进口总量的测算有较高的要求，企业进货多了怕囤积，进货少了怕爆仓；又因为企业前期对货物的投入资金较大，保税备货下的货物应对市场变化的灵活度较弱，对于新兴、量少的货物覆盖率较低。

五、海关特殊监管区域

海关特殊监管区域是经国务院批准，设立在中华人民共和国关境内，赋予承接国际产业转移、连接国内和国际两个市场的特殊功能和政策，以海关为主实施封闭监管的具有特定经济功能的区域。

海关特殊监管区域的诞生，是国家改革开放的产物，并随着改革开放的进程而发展。海关特殊监管区域发展历程中众多的名称种类，体现了我国改革开放不同历史时期外向型经济的发展需求和政策导向，是历史发展沿革的结果。

目前，我国海关特殊监管区域有 6 类：保税区、出口加工区、保税物流园区、跨境工业区、保税港区、综合保税区。

六、保税物流中心（B 型）

根据《中华人民共和国海关对保税物流中心（B 型）的暂行管理办法》的规定，保税物流中心（B 型）是指经海关批准，由中国境内一家企业法人经营，多家企业进入并从事保税仓储物流业务的保税监管场所。

保税物流中心（B 型）经海关批准可存放国内出口货物，转口货物和国际中转货物，外商暂存货物，加工贸易进出口货物，供应国际航行船舶和航空器的物料、维修用零部件，供维修外国产品所进口寄售的零配件，未办结海关手续的一般贸易进口货物，经海关批准的其他未办结海关手续的货物。

七、综合保税区

综合保税区是设立在内陆地区的具有保税港区功能的海关特殊监管区域，由海关参照有关规定对综合保税区进行管理，执行保税港区的税收和外汇政策，集保税区、出口加工区、保税物流园区、港口的功能于一身，可以发展国际中转、配送、采购、转口贸易和出口加工等业务。

综合保税区内享有特殊的法律、财税政策和监管机制。

综合保税区内享有优惠的关税政策，企业可以享受减免或延期缴纳关税和进口环节税的优惠政策，极大地降低企业生产和贸易成本。

综合保税区的企业在进口原材料、设备和其他符合规定的商品时，可以享受关税减免政策。这意味着企业可以免除或减少应缴纳的关税。具体的关税减免政策包括：关税豁免，企业进口特定类别的商品时可以完全免除关税；关税优惠，企业进口特定类别的商品时可以享受较低的关税税率；关税退还，企业在进口商品后，可以通过申请退还已缴纳的关税。

综合保税区的设立主体为地方人民政府，由省级人民政府请示国务院，国务院批转海关总署，海关总署会同相关国家部委进行审核，各部委形成一致意见同意后请示国务院。

能力提升

掌握保税监管相关政策

小王应聘了一家物流仓储公司的物流专员，该公司在海关特殊监管区域内设有仓库，公司要求小王尽快掌握保税业务和监管相关政策。

1. 保税监管政策

保税监管政策可分为免税政策、保税政策、征税政策和出口退税政策四大类。

(1) 免税政策。除法律法规另有规定外，下列货物从境外进入综合保税区，海关免征进口关税和进口环节税：

1）区内生产性的基础设施建设项目所需的机器、设备和建设生产厂房、仓储设施所需的基建物资；

2）区内企业开展《中华人民共和国海关综合保税区管理办法》第五条所列业务所需的机器、设备、模具及其维修用零配件；

3）综合保税区行政管理机构和区内企业自用合理数量的办公用品。

除法律法规另有规定外，综合保税区运往境外的货物免征出口关税。

综合保税区与其他综合保税区等海关特殊监管区域或者保税监管场所之间流转的货物，不征收关税和进口环节税。

(2) 保税政策。以出口报关方式进入综合保税区的货物予以保税，但以下情况除外：境外进入保税区，供区内企业和行政管理机构自用的交通运输工具、生活消费用品。

综合保税区与其他综合保税区等海关特殊监管区域、保税监管场所之间流通的货物予以保税。

(3) 征税政策。从保税区外进入区内货物按照出口货物的有关规定办理缴税手续。从境外进入保税区内货物的征税规定：境外进入综合保税区，供区内企业和行政管理机构自用的交通运输工具、生活消费用品，海关依法征收进口关税和进口环节税。

(4) 出口退税政策。

以出口报关方式进入综合保税区的货物予以保税；其中，区内企业从区外采购的机器、设备参照进口减免税货物的监管年限管理，监管年限届满的自动解除监管，免于提交许可证件；监管年限未满企业申请提前解除监管的，参照进口减免税货物补缴税款的有关规定办理相关手续，免于提交许可证件。前款规定货物的出口退税按照国家有关规定办理。

2. 配额和许可证的规定

综合保税区与境外之间进出的货物不实行关税配额、许可证件管理，但法律法规、我国缔结或者参加的国际条约、协定另有规定的除外。

货物属于关税配额、许可证件管理的，区内企业或者区外收发货人应当取得关税配额、许可证件；海关应当对关税配额进行验核，对许可证件电子数据进行系统自动比对验核。

残次品、副产品属于关税配额、许可证件管理的，区内企业或者区外收发货人应当取得关税配额、许可证件；海关应当对关税配额进行验核、对许可证件电子数据进行系统自动比对验核。

职业能力 4－2－2　熟悉保税备货进口业务操作

【学习目标】

知识目标

1. 熟悉保税进口业务作业内容。
2. 掌握保税进口业务操作步骤。

能力目标

按步骤操作保税备货进口业务。

素质目标

1. 培养维护国家主权的意识。
2. 感受开放包容、合作共赢的丝路精神。
3. 培养遵纪守法、开拓进取、爱岗敬业、团结协作的工匠精神。

【基本知识】

一、保税进口业务作业内容

保税进口业务作业包括报关报检、海关信息备案、仓库作业三个部分。报关报检包括进境报关、出口报关、出境报关、进口报关、查验服务。海关信息备案包括关联企业备案、厂商信息备案等。仓库作业包括入库拆箱（卸车）、仓储保管、分拣货物、人工（叉车）装卸、打托（包装）、出库装箱（装车）。

二、保税区内与区外之间进出货物的海关通关监管作业流程

企业接到订单后在线上进行预录入报关，报送海关进行电子审单，当审单完成后，企

业凭纸质报关单申报出区转出清单/入区转入清单，海关在现场完成实货验核和系统转区审批后，现场放行，货物可通过卡口。保税区内与区外之间进出货物的海关通关监管作业流程如图 4－3 所示。

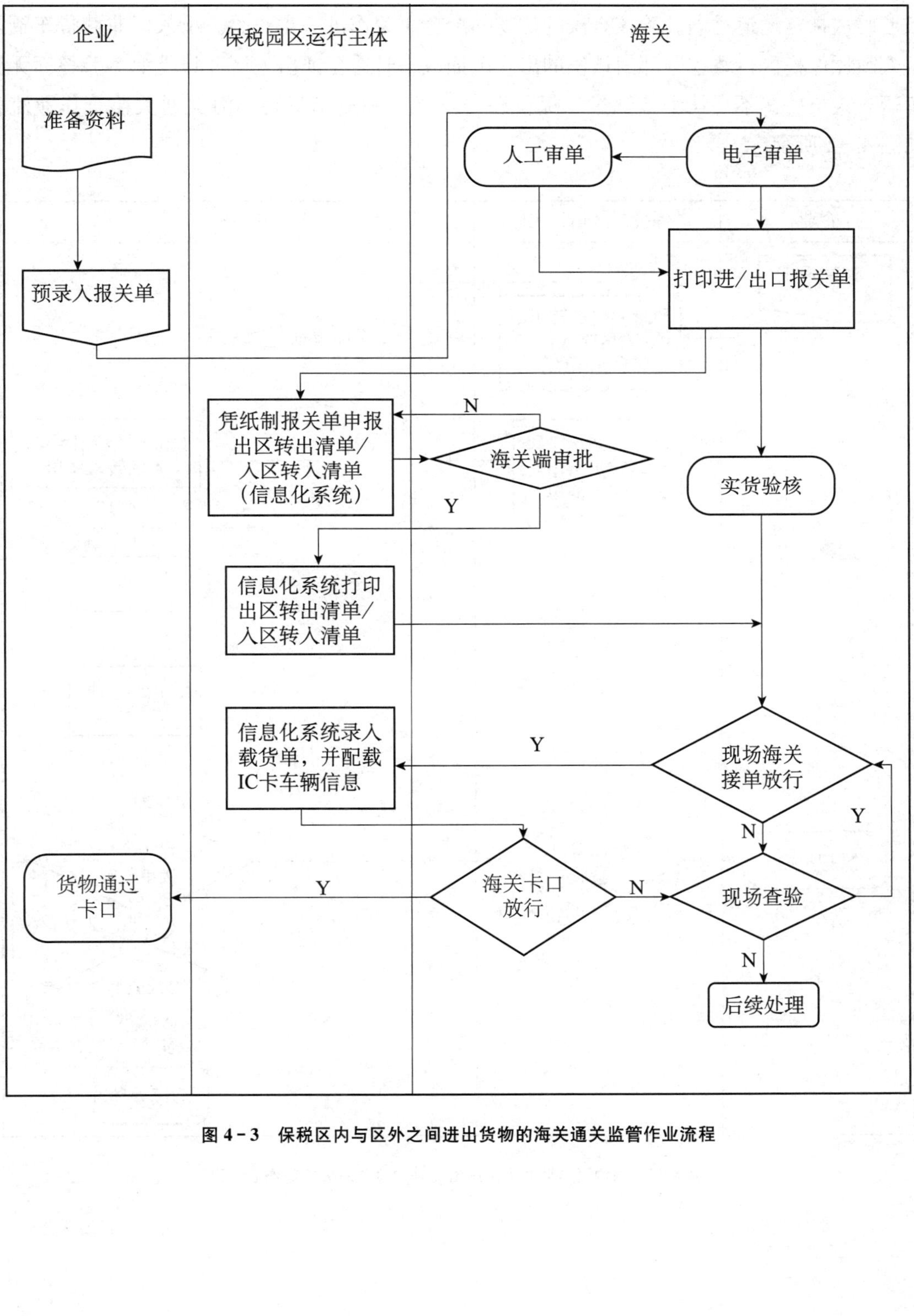

图 4－3　保税区内与区外之间进出货物的海关通关监管作业流程

三、保税区与境外之间进出货物的海关通关监管作业流程

出入区载货车辆及货物须接受海关验核，在对相关单证及实货验核无误后方可刷卡或条形码从指定通道过闸。验核有误的货物须配合海关作进一步查验。出入区非载货车辆及行人须凭保税区行政主管部门核发的出入区证或临时通行证出入区并接受海关验核。无证车辆与人员一律不得从卡口通过。保税区与境外之间进出货物的海关通关监管作业流程如图 4－4 所示。

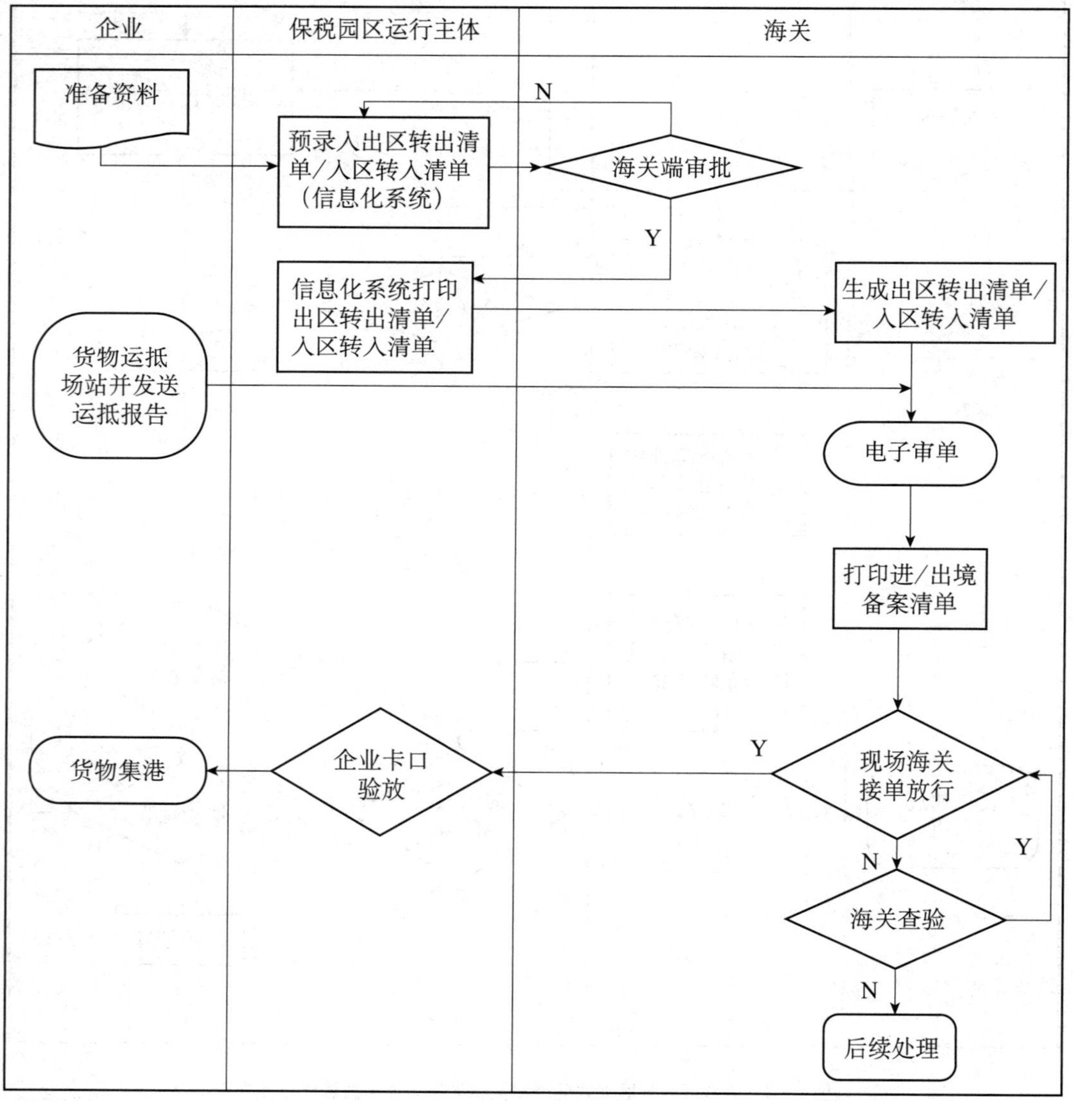

图 4－4 保税区与境外之间进出货物的海关通关监管作业流程

能力提升

保税备货进口业务操作

杭州某跨境电商有限公司因业务需要，在境外采购一款料理机在国内销售，目前已经确定要将该商品放入杭州某保税物流中心。现有一买家在平台下单，购买该商品，小李作为物流专员负责完成这个订单。

保税备货的流程如图 4－5 所示。

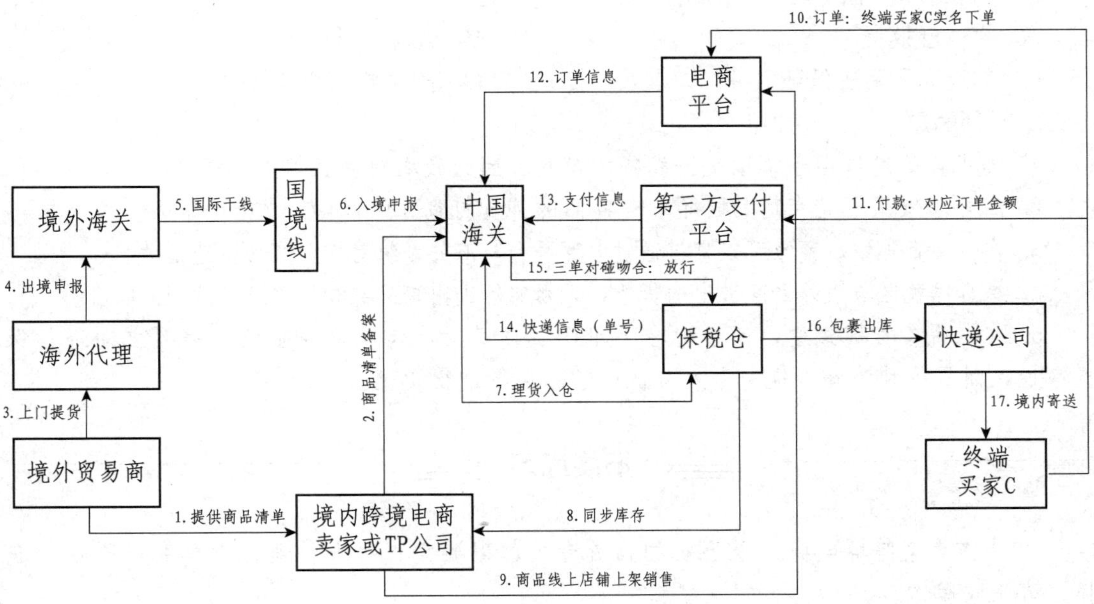

图 4－5　保税备货的流程

知识巩固

一、选择题

1. 以下关于进口关税的描述正确的是（　　）。[单选题]

A. 进口关税税率只与商品的类别有关

B. 所有商品在自贸区均可享受免税待遇

C. 进口关税是由商品原产国、成交价格等因素决定的

D. 最惠国税率只适用于国有企业进口商品

2. 下列税种中，（　　）是在商品生产和流通各环节累加征收的。[单选题]

A. 关税　　B. 增值税　　C. 消费税　　D. 行邮税

3. 个人物品进口税主要针对（　　）征收。[单选题]

A. 企业进口的大批量商品

B. 个人通过跨境电商平台购买的少量商品

C. 个人出国旅游携带或邮寄回国的物品

D. 企业从国外邮寄至国内的样品

4. 集货直邮进口模式的优势包括（　　）。[多选题]

A. 物流时效快　　B. 统一清关

C. 可退换货　　D. 具有一定的海外仓和国际运输资源

5. 直邮进口可能存在的劣势有（　　）。[单选题]

A. 物流时效慢　　B. 运输费用较高

C. 商品质量无法保证　　D. 售后服务难以保障

二、判断题

1. 集货直邮进口由于采取统一发货的模式，因此较之快件直邮更快捷高效。（　　）

2. 海外仓仅用于储存商品，不参与商品的拣货打包。（　　）

3. 在快件直邮中，商家可以直接通过电商平台与海关系统对接，实现快速清关。（　　）

4. 综合保税区与境外之间进出的货物，无须实行进出口配额和许可证件管理。（　　）

5. 在保税备货模式中，消费者在下单购买商品后，跨境电商企业不需要立即进行保税缴税，而是等到消费者提交个人身份证信息后再进行缴税。（　　）

拓展练习

1. 你作为某跨境电商有限公司的物流专员，需要完成一个料理机订单的保税备货流程，请完成操作。

2. 一位消费者在某跨境电商平台购买了一件完税价格为100元的商品，该商品无消费税，增值税税率为13%，运费为88元。请计算该订单应缴纳的税费总额。

学习任务5

跨境电商出口货物包装

内容结构

- 跨境电商出口货物包装
  - 跨境电商出口货物包装要求
    - 包装的功能和类型
    - 包装材料与要求
    - 包装设备
  - 跨境电商出口货物包装技术
    - 包装技术
    - 包装标识与要求

工作任务1 跨境电商出口货物包装要求

职业能力5-1-1 熟悉包装的功能和类型

【学习目标】

知识目标

1. 熟悉包装的含义。
2. 掌握包装的功能。
3. 掌握包装的类型。

能力目标

能选择合适的包装。

素质目标

1. 具有绿色环保理念。
2. 感受开放包容的丝路精神。
3. 培养绿色环保、爱岗敬业、勤俭节约的工匠精神。

【基本知识】

一、包装的含义

包装是为商品服务的，它具有从属性和商品性，这也是它有别于一般的物品容器的特性。包装是商品的附属品，是实现商品价值和使用价值的一个重要手段。包装的基本职能是保护商品和促进商品销售。

国际上，包装的标准化由国际标准化组织（ISO）负责。ISO/TC 122是国际标准化组织包装技术委员会。

在我国，中国国家标准化管理委员会发布了《出口商品包装 通则》（GB/T 19142—2016）、《限制商品过度包装 通则》（GB/T 31268—2024）等相关标准和规范。

不同国家对包装的定义有所不同。有些国家认为，包装是为商品的运输和销售所做的准备行为；有些国家认为，包装是为货物的运输和销售所做的艺术、科学和技术上的准备工作。在我国，根据规定，为包含、保护、便于搬运和运输、推销和使用等目的，对商品加以包装。包装物是包装在商品外部的物质，而包装则是指包装物和商品一起构成的整体。

二、包装的功能

包装的功能主要有保护商品、宣传营销、便于携带和便于储存4个功能。

(1) 包装可以保护商品。包装可以保护商品免于受外界的各类损害。在运输和储存过程中，商品可能会面临温度变化、振动和碰撞等情况。合适的包装可以减少这些情况对商品的损坏，确保商品质量不受影响。

(2) 包装起到宣传营销的作用。包装上的图案、文字、色彩和标志等设计可以塑造商品形象和品牌，增加消费者的购买欲望。好的包装可能会获得更高的关注，起到增加知名度和销量的作用。

(3) 包装可使商品便于携带。合适的包装可以使商品更加轻便、易携带。

(4) 包装可便于储存商品。合适的包装可以使商品便于堆叠、摆放和分类，节约空间并方便管理。

对跨境电商物流行业而言，包装的主要功能体现在保护商品、便于储存及运输上。

三、包装的类型

跨境电商物流常见的包装材料，包括纸箱、泡沫箱、牛皮袋、编织袋、自封袋等。其中纸箱包装是目前跨境电商物流中最为常见的包装形式之一。

(一) 按产品形状分

个包装又称小包装，是商品走向市场的第一道保护层。个包装是包装的最小单元，多用塑料薄膜、纸盒，用以保护商品质量。在跨境电商中，由于个包装是比较常见的最小销售单位，因此个包装的设计需要兼具一些商品性，是体现商品品质的第一步。

中包装主要是为了增强对商品的保护、便于计数而对商品进行组装和套装。中包装商品常出现在一些批发销售的商品中，商家直接在平台上发布整组商品进行销售。

大包装是为了对商品加以保护并方便运输，所以将商品放在箱子或袋子等容器内，起到防震、固定、防湿、防水等作用。通常大包装上还会有一些标识，如小心轻放、防潮、防火等。

(二) 按包装的功能分

运输包装是以运输储存为主要目的的包装。它主要是便于商品在厂家与分销商、卖场之间的储存、搬运与计数，保证商品安全，方便储运装卸，加速交接、点验等。它具有保护、定量、便利和提高效率等功能。

商业包装又称零售包装、消费包装。它主要是根据零售业的需要，作为商品的一部分或为方便携带所做的包装。商业包装具备定量、标识、便利和促销等功能。

能力提升

选择商品运输包装

A网络科技有限公司主要在亚马逊开展B2C销售，现要运送一批运动手环至洛杉矶海外仓，之前一直选择的运输方式是海运，现物流专员需要选择合适的运输包装。

已知该批运动手环已经完成初级包装，主要用途是保护商品和宣传营销。因目前该批商品需要通过海运送至洛杉矶，且商品已经有一定程度的包装。针对运输包装，需要能够便于储存，起到防震、固定、防湿、防水等作用。运输包装仅用于运输，故使用纸箱对商品进行包装，用泡沫及塑料膜等进行加固、防水，并在外包装上添加防潮、小心轻放等标识。

职业能力 5-1-2　熟悉跨境电商出口货物包装材料与要求

【学习目标】

知识目标

1. 熟悉包装的材料。
2. 掌握出口货物包装的要求。

能力目标

能开展货物出口包装工作。

素质目标

1. 具有绿色环保理念。
2. 感受开放包容的丝路精神。
3. 培养绿色环保、爱岗敬业、勤俭节约的工匠精神。

【基本知识】

不同货物，考虑其自身的物理和化学性能，以及便于运输和展示效果，使用的包装材料不同。

跨境电商物流出口货物包装材料的选择至关重要，既要满足国际运输过程中的安全防护需求，也要符合不同国家和地区对包装材料的法规要求。

一、纸类包装材料

纸箱是最常见的运输包装容器之一，具有良好的抗压、抗震性能，且易于粘贴商标、条形码等信息，适用于各种中小件货物。

纸箱是跨境电商货物最常使用的包装之一。按照形状划分，纸箱可分为普箱、天地盒、啤盒、火柴盒等。按照用的纸板（瓦楞板）划分，纸箱可以分为三、五、七层纸箱，纸箱的强度以三层最弱、七层最强。纸箱的主要原材料就是纸板，纸板由一层层瓦楞纸通过坑纸机胶合而成。最外面的纸称为面纸，最里面的纸称为里纸，中间凹凸不平的纸称为坑纸。

普箱适用于大多数的货物，如图5-1所示。

天地盒，造型简单，只有一个上盖、一个下盖，没有其他复杂的结构，打开也比较方便。相较于除普箱外的其他纸箱，天地盒更加便宜，其他类型的纸箱都需要手工进行生产，但天地盒远没有这么多的操作步骤，因此适合产量大的货物包装，如图5-2所示。

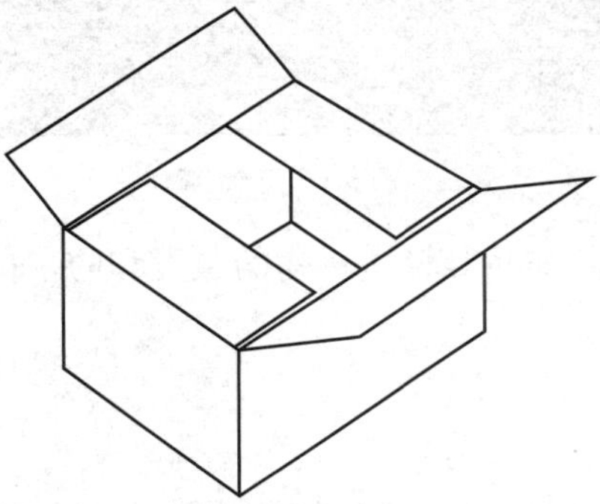

图5-1　普箱

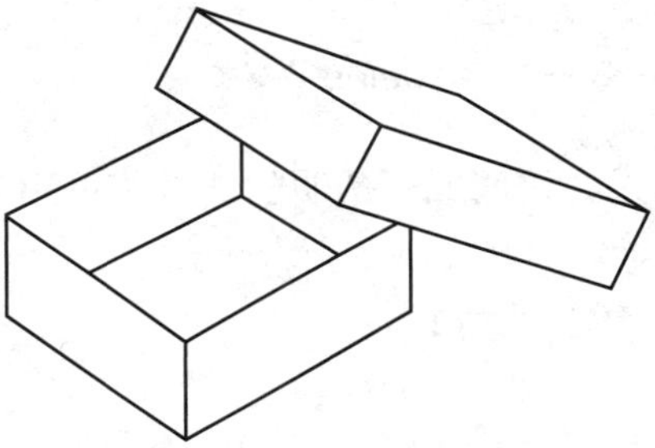

图5-2　天地盒

啤盒，属于礼盒范畴，密封性好、强度高、造价较高，适用于工艺礼品、高档商品，如图5-3所示。

火柴盒，成形方便、结构简单，适用于大型扁状货物，如图5-4所示。

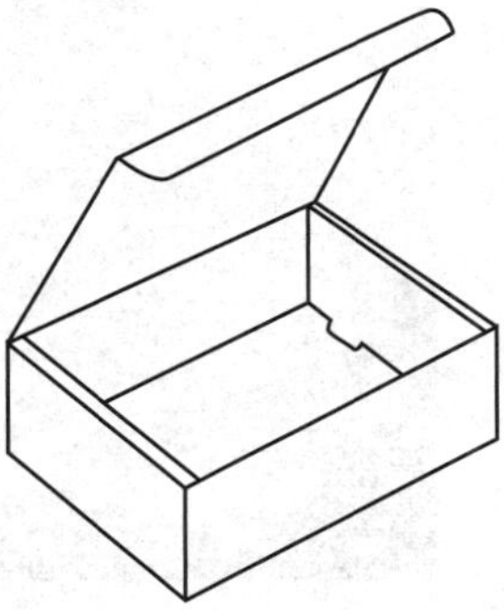

图5-3　啤盒

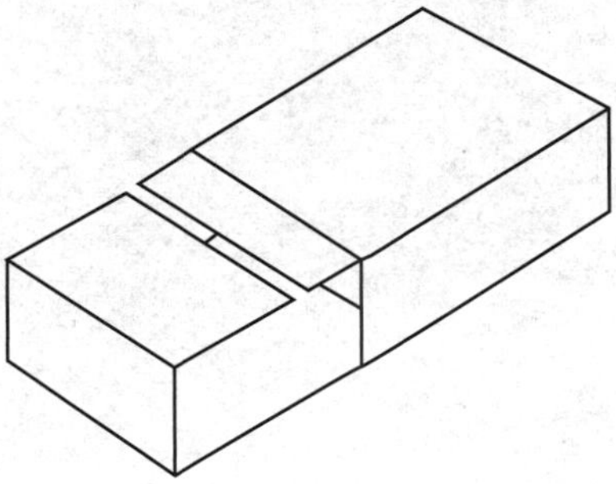

图5-4　火柴盒

纸袋/信封主要用于轻型、小型商品，如文件、衣物、首饰等，其中带气泡的信封和牛皮纸袋因防震及保护特性优而受到欢迎。

二、塑料包装材料

气泡袋/气泡膜，其内含空气的气垫能有效防止货物在运输过程中发生碰撞，适用于电子设备、易碎品等，如图 5-5、图 5-6 所示。

图 5-5 带气泡的牛皮纸袋

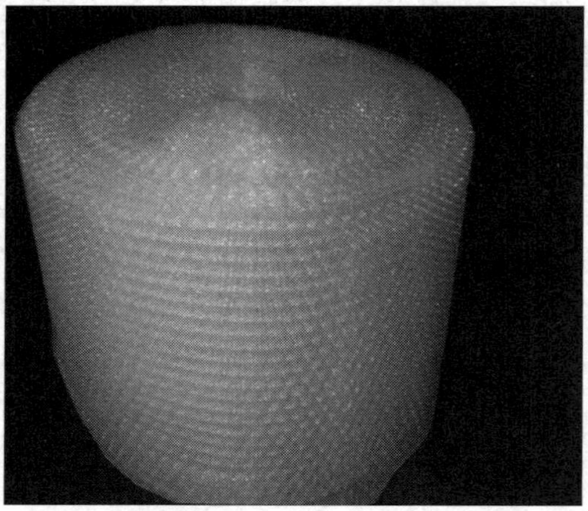

图 5-6 气泡膜

塑料袋，透明或不透明的塑料袋可用于服装、饰品等轻质货物的包裹和防水保护。

三、缓冲材料

充气袋/填充物：为确保货物在箱内不晃动，减少因运输颠簸造成的损坏，如图 5-7 所示。

泡沫/珍珠棉，适用于形状特殊的缓冲包装，具有良好的防护效果，如图 5-8 所示。

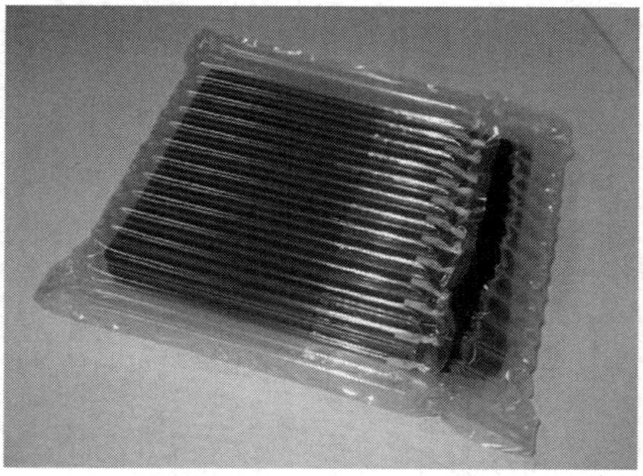

图 5-7 充气袋

图 5-8 珍珠棉

四、木质包装材料

木箱/托盘，重型、大体积或特别贵重的货物，可能会使用木箱进行包装，但要注意木质包装通常需要进行熏蒸处理并获得相应的熏蒸证书。

五、其他材料

金属箱，针对有特殊要求的货物，可以提供额外的防护。

纺织品包装，如麻布袋或棉布袋，可用于特色商品的包装。

跨境电商企业在选择包装材料时还需考虑材料的环保属性。许多国家和地区鼓励或强制使用可循环利用或生物降解的包装材料；同时，包装设计要便于拆装、利于清关查验以及符合接收国的相关环保法规和进口要求。

能力提升

总结跨境电商出口货物包装的要求

货物包装的要求涵盖多个方面，旨在确保货物在国际运输过程中的安全、完好。包装要符合各国法规和环保原则，以及电商平台或承运商的具体规定。

1. 包装材料要求

材料应具有足够的强度，如抗压、防振动、防水、防潮、耐磨损等特性。

根据商品特性和重量选用合适的包装材料，如纸箱、塑料袋、气泡膜、珍珠棉、充气袋等。

遵循环保原则，尽可能使用可回收或生物降解的包装材料。

2. 包装尺寸与结构

包装尺寸应与货物大小匹配，避免过大导致运输成本增加或过小导致货物未受到妥善保护。

易碎或敏感货物应采用多层次包装以防止振动损伤，包括内部缓冲包装。

3. 标识与标签

包装上必须清楚地标明发货人、收货人的详细信息，包括地址、联系电话等。

包装外部需有明显的货物名称、规格、数量、重量等信息；附带必要的运输标签，如航空运输指示标签、危险品标识、国际物流面单等。

针对特定渠道，如亚马逊 FBA，包装上还需要按照规定贴上国家标签、FBA 标签等。

4. 合规性要求

包装要符合目标市场的包装法规、环保指令，以及一些国家对木质包装材料的熏蒸和消毒要求。

食品、化妆品等特殊商品的包装应符合进口国的安全和卫生标准，标注成分、生产日期、保质期等信息。

5. 托盘货物要求

对于采用托盘运输的货物，托盘本身应稳固，货物的外包装应注明托盘实际重量和可堆叠数量等。

特别注意包装要求，若提及纸箱不得破损、纸箱托盘使用角条加固等要求，须遵守。

6. 货物固定与封装

货物在包装内应牢固，防止运输过程中移位或撞击造成损坏。

包装封装应紧密，尤其对于液体或粉末状货物来说，不能泄漏。

7. 易识别性与美观性

包装应简洁大方，便于辨识，有利于提高品牌形象和开箱体验。

职业能力 5－1－3 熟练使用跨境电商出口货物包装设备

【学习目标】

知识目标

熟悉包装设备。

能力目标

能熟练应用包装设备。

素质目标

1. 具有绿色环保理念。
2. 感受开放包容的丝路精神。
3. 培养绿色环保、爱岗敬业、勤俭节约的工匠精神。

【基本知识】

一、打印机

由于发货需要打印各类凭证，因此需要使用打印机。打印机的类型很多，包括激光打印机、热敏打印机、针式打印机等。

激光打印机既可以用于打印订单、装箱单、发票等随附单据，也可以完成货物标签的打印，如亚马逊 FBA 标签的打印就可以使用激光打印机来完成。打印标签时要注意多打几份，避免在运输过程中贴在货物外的标签模糊，导致无法入库。

热敏打印机主要用于打印货物出库标签和条码。热敏打印机打印的标签和条码可直接贴在货物上，便于货物的出库和入库。此类打印机速度快、噪声小、打印清晰，但随着时间的推移和光照的影响，热敏打印机制作的标签会褪色，无法永久保存。另外，热敏打印机无法制作双联单据。

针式打印机可用于打印多联单，但在跨境电商货物的单据打印中使用的频率没有前两种打印机高。

二、扫描枪

扫描枪主要用于货物出库和入库。与传统的物流仓库不同，现代仓库借助信息技术打造智能仓库。库存的管理均使用计算机来进行控制。理货员对于货物的整理主要依靠扫描枪来实现。通过扫描枪，理货员可以准确、迅速地完成所有货物的出库和入库操作，与此同时，货物的库存信息也会直接更新至系统中。

三、打包机

打包机主要用于工厂捆绑货物。打包机分为手动打包机和电动打包机。手动打包机适用于规模较小的包装需求，操作灵活。通过热熔胶带或其他捆扎材料，电动打包机可以将货物牢固捆绑，适用于大批量纸箱包装，可以提高工作效率，确保打包牢固稳定。

货物缠绕包装机通过拉伸膜对货物进行环绕包裹，具有稳定的捆绑和防尘、防潮功能，常见于托盘货物的固定和保护。

打包机并不符合全部跨境电商平台货物运送要求，比如亚马逊 FBA 不允许卖家使用打包带完成货物的打包。

四、计量设备

电子秤通常和扫描枪一起使用，主要用于测量货物的重量，便于计算货物的实际运费。智能量方称重扫码一体机，用于快速、准确地获取货物的尺寸和重量信息，便于计费和舱位规划。

五、全自动封口机

真空包装机适用于食品、电子产品等需要减小体积、防止氧化和受潮的货物，它能够抽出包装袋内的空气，达到真空密封的效果。

封口机包括热收缩封口机、连续封口机、脚踏式封口机等，用于塑料袋、纸塑复合袋等各种包装材料的封口作业。

六、填充机与缓冲设备

充气机用于制作充气袋，为货物提供内部缓冲，减少运输过程中的振动和冲撞。

泡沫成形机用于制作特殊形状的泡沫包装材料，能够为商品提供全方位保护。

七、包装材料切割机

包装材料切割机包括纸箱切割机、薄膜切割机等，用于加工、裁剪包装材料至合适尺寸。

八、自动化包装生产线

整个自动化包装生产线包含上料、排列、封装、贴标、打带等多个步骤，卖家可以根据不同货物特点定制生产线，实现高效包装。

能力提升

总结包装设备应用技巧

卖家要根据货物种类、体积、重量、销量以及预算选择合适的包装设备。例如，对于高频率的小型货物，可以选择高速全自动封口机和打包机；对于大型或异形货物，可能需要用到货物缠绕包装机和定制的缓冲设备。

包装设备要正确使用、定期清洁保养，以确保运行正常，延长使用寿命。

合理选择和搭配包装材料，如气泡膜、充气袋、打包带等，以确保既能保护货物，又能节省成本。

设计合理的包装生产线，可以将不同的包装设备科学地串联起来，提高包装效率。

具有多功能或可调性的包装设备可以适应不同季节、促销活动期间货物规格和数量的变化。

包装设备要符合国际贸易和物流运输的规定，尤其是对包装材料的要求；同时，积极响应绿色包装的号召，节能、减排的包装设备和可回收、可降解的包装材料更能适应绿色发展趋势。

工作任务2　跨境电商出口货物包装技术

职业能力5-2-1　掌握跨境电商出口货物包装技术

【学习目标】

知识目标

1. 熟悉包装的原则。
2. 掌握封装的注意事项。

能力目标

掌握包装操作方法。

素质目标

1. 具有绿色环保理念。
2. 感受开放包容的丝路精神。
3. 培养绿色环保、爱岗敬业、勤俭节约的工匠精神。

【基本知识】

一、包装的原则

（一）包装材料与货物相匹配

跨境电商货物的类型众多，只有针对货物的特点选取包装材料才能确保将货物完整地送至消费者手中。例如，轻小件的饰品，在运输过程中需要注意是否被压坏，但由于它们对防水没有特殊要求，因此，既可以使用三层纸箱并且使用缓冲的气泡膜等材料包装，也可以使用带气泡的牛皮纸袋包装。

（二）包装材料与流通条件相符合

根据货物运送的方式、运送的目标地点等选择符合运输要求的包装材料。例如，用海运方式寄送服装类货物，需要注意货物的防水、防潮问题，避免货物在运输过程中受潮，可以选用自封塑料袋或气泡牛皮纸袋包装货物。

（三）包装材料与运输成本相匹配

在保证将货物安全送至目的地的同时，尽可能降低物流成本是跨境电商企业要关注的重点。选择合适的材料包装货物、避免过度包装是跨境货物包装材料选择的关键。

二、封装的注意事项

（一）保护货物安全

包装材料应有足够的强度和韧性，有效防止货物在运输过程中因碰撞、挤压、磨损、湿气、光照等造成的损害。缓冲材料可以保护货物，但要注意的是若使用颗粒物作为缓冲材料，一定要压紧压实。除此之外，采用防水材料可以保证货物在运输过程中不会出现渗水问题。

对于易碎、易损或高价值货物，应采用多层包装、缓冲材料（如充气袋等）进行充分保护。

（二）把握尺寸

包装尺寸应符合物流服务商的运输要求，特别是符合“最小合规尺寸”，避免因尺寸过小而导致卡件或丢失。包装后的货物应方便装卸、堆放和搬运，不易散落或倒塌，因此，要采用合适的包装箱，既不可过大导致产生不必要的物流费用和成本浪费，也不可过小导致货物在箱内被挤压。

（三）面单完整

面单记录货物的所有收、发货人信息，一些面单上还包含海关的报关信息。面单需要用透明胶带密封好，避免在长途货运过程中受到损坏。

（四）封装完整

应该使用宽度大于 6cm 的胶带或者封箱带将货物封装，通过十字交叉方式拉紧箱子。对于有放置要求的货物，需要在货物外包装上贴禁止倒放的标签。各类禁止标签根据货物的实际情况都需要贴在外包装上。另外，封箱时尽量不要使用绳子进行捆绑，因为不少平台拒绝接受用绳子捆绑的货物入仓。

（五）便于拆卸、复用

包装设计应考虑拆包体验，尽量减少不必要的复杂包装，便于轻松打开。应优先选择可回收或环保的包装材料，鼓励循环使用，减少环境污染。

（六）符合法律、行政法规的规定

包装材料必须符合目的地国家的环保和安全标准。有些国家禁止使用特定类型的塑料包装材料。

对于特殊商品，如食品、化妆品、医疗器械等，其包装应遵循相应的卫生和安全规定。

能力提升

总结跨境电商出口货物的包装步骤和技巧

由于国际运输路途遥远、需要多次转运、配送时间较长，因此卖家包装时需要使用一定的技巧。如果货物不远万里送达消费者手中却面目全非，会导致购买体验差，卖家和消费者都会受到相应损失。好的包装可以保证货物在到达消费者手中时完好无损。

（1）多件货物包装。如果货物为单件，就使用单件包装；如果货物成套，就不能分离（套装勿拆）。包装多件货物时应注意方法，要把每件货物分开放置并为每件货物准备充足的缓冲材料，使用气泡膜或者充气袋等专业的包装材料，以使消费者获得良好的购买体验。需要注意的是，因为颗粒缓冲材料可能会在运输过程中移动，所以使用颗粒缓冲材料时一定要压紧压实。

（2）打包。打包时最好使用一个新的坚固的箱子，并使用缓冲材料把空隙填满，但不要让箱子鼓起来。使用旧箱子时要把以前的标签移除，旧箱子的承重力是有一定折扣的，需要确保包装足够坚固。

（3）封装。用宽大的胶带（封箱带）来封装，不要用玻璃胶；使用封箱带时用十字交叉的方法拉紧，如果是胶带，宽度至少为 6cm。

（4）跨境运输中避免使用太大或表面有印刷物的箱子，如果箱子过大，货物就可能在运输过程中移动；箱子花哨则显得不专业。

（5）避免使用坏的、容易变形、不牢固的箱子，如果使用旧的箱子，货物就可能会在运输中受到损伤。

（6）避免使用劣质的填充物。不要使用碎纸机里的废纸或其他劣质的材料填充箱子里的间隙，如果填充物质量不好，就可能无法起到缓冲的功效。

（7）避免箱子和货物间留下任何空隙。如果有空隙，货物就会在其间晃动，使得空隙越来越大，缓冲材料将失去功效，货物可能会因此破损。

（8）避免使用形状奇怪的包装。圆筒状的包装盒子或袋子可能会使货物在运输中滚落；形状样式奇特的盒子和袋子可能会在运输中带来麻烦。

（9）避免使用信封寄送高价值或易碎的货物。实践证明，使用信封寄送货物，可能被卡在信件分拣机里，而且货物不会受到任何有效的保护。

（10）地址应当详细准确。不要使用铅笔、水笔来书写地址，因为字迹可能在运输过程中变得模糊不清。

职业能力 5－2－2 掌握跨境电商出口货物的包装标识与要求

【学习目标】

知识目标

1. 掌握包装标识的含义。
2. 掌握包装标识的种类及内容。

能力目标

能完成包装标识操作。

素质目标

1. 具有绿色环保理念。
2. 感受开放包容的丝路精神。
3. 培养绿色环保、爱岗敬业、勤俭节约的工匠精神。

【基本知识】

一、包装标识的含义

正确的包装标识能确保货物在跨境运输过程中顺利通关，降低因信息缺失或错误导致的退运风险，并有助于提升客户购物体验和品牌形象。

二、包装标识的种类及内容

包装标识包括货物信息标识、物流信息标识、合规标识、电商平台特定标识和多语种标识等。

（一）货物信息标识

商品名称：清晰、准确地反映货物本质属性的名称。

规格型号：货物的具体尺寸、容量、颜色、款式等特性描述。

生产日期和有效期（适用时）：食品、药品等时效性强的货物需要明确标注生产日期和有效期。

原产地：标明货物来源地，这对于进口商品尤为关键，有时会影响关税待遇和消费者购买意愿。

（二）物流信息标识

邮政编码：在各国邮政机构官网查询。

联系电话和传真：详细写明具体的联系方式。

国际物流标签：包含发货人名称、收货人名称、始发地、目的地、条形码、追踪号等信息，便于物流公司在运输过程中的跟踪与分拣。

特殊标识：提醒运输过程中对货物的特殊处理要求，如图 5-9 所示。

图 5-9　运输包装的指示标识

（三）合规标识

安全认证标识：如 CE 标志、UL 认证等，证明货物已符合相应地区的安全标准。

IPPC 木质包装标识：对于木质包装材料，需要有符合 ISPM 标准的 IPPC 木质包装标识，证明木材已经过检疫处理。

海洋污染物标记（适用时）：若包装中含有海洋污染物，必须按照国际海事组织（IMO）的规定贴上相关警告标识。

（四）电商平台特定标识

例如，在亚马逊等跨境电商平台出售商品，需要粘贴特定的亚马逊 FBA 标签，包含 ASIN 码、UPC/EAN 码等，便于入库和发货管理。

（五）多语种标识

对于跨境销售的商品，包装上通常需要提供至少两种语言（原产国语言和目标市场语言）的信息和警告说明。

能力提升

总结跨境电商货物出口标识的要求

在跨境电商物流运输中，货物的运输包装都需要根据相应要求粘贴相关的标识和标签。例如，亚马逊要求每件商品都要粘贴亚马逊标签，具体分为 3 种情况：商品标签（1 张）需要粘贴在销售包装上，纸箱标签（1 张）需要粘贴在运输包装上，托盘标签（如需要）（4 张）需要粘贴在托盘外包装上。这些标签在亚马逊卖家平台创建 FBA 货件过程中由系统自动生成。

出口货物包装业务操作

A 电子商务有限公司要运送一批首饰盒至洛杉矶海外仓。作为出口包装的工作人员，请你完成出口包装操作业务。

本订单中的商品属于轻小件，体积不大，且结构稳定、坚硬，因此包装时可使用透明塑料袋或纸盒对外包装进行包装。

根据亚马逊 FBA 包装的要求，若商品与外包装存在空隙，则需要用填充材料或硬纸板将空隙填满，以固定商品，避免商品在运输过程中因为移动而发生碰撞。发货前应确保商品包装无明显的破损和变形现象，一旦发现破损应拆开包装检查内部货物是否完好，如有破损需要重新包装并贴好 FNSKU，否则会被拒收。

亚马逊 FBA 包装要求在每箱货物窄侧面的右上角粘贴两张国家标签，粘贴商品的 FBA 标签。FBA 标签是亚马逊 FBA 收货时确认货物的外包装箱标识，粘贴在包装上，是商品的身份证明，入库出库都要用这个标签。

出口至美国的商品，一定要粘贴“Made in China”标签，外箱和每个商品上都要粘贴，否则会被当地海关扣下、退回；确保单箱重量不超过 30kg，若单箱超 15kg 就需要粘贴“Team Lift”标签。

知识巩固

一、选择题

1. 国际上负责包装标准化的组织是（　　）。[单选题]

A. 世界贸易组织（WTO）　　B. 国际标准化组织（ISO）

C. 联合国贸易与发展会议（UNCTAD）　　D. 国际航空运输协会（IATA）

2. 包装的主要目的是（　　）。[单选题]

A. 仅为美观

B. 提升品牌形象

C. 包装、保护商品并便于搬运、运输、推销和使用

D. 只是为了在商店展示

3. 为跨境电商出口货物进行包装时，可选用的纸类包装材料有（　　）。[多选题]

A. 普箱、天地盒　　B. 啤盒、火柴盒

C. 纸袋/信封　　D. 木质箱

4. 以下描述正确的有（　　）。[多选题]

A. 亚马逊 FBA 不允许卖家使用打包带完成货物的打包

B. 充气机用于制作充气袋，为货物提供内部缓冲，减少运输过程中的振动和冲撞

C. 根据货物种类、体积、重量、销量以及预算选择合适的包装设备

D. 用激光打印机打印面单可以避免潮湿破损问题

5. 在封装跨境电商货物时，应（　　）。[多选题]

A. 使用足够宽的胶带进行封装

B. 封装时使用十字交叉的方法拉紧箱子

C. 为易损商品贴上向上标识

D. 移除旧箱子上的原有标签

二、判断题

1. 热敏打印机制作的标签会随着时间的推移和光照的影响而褪色。（　　）

2. 采用托盘运输的货物，只需要确保托盘稳固，不需要在包装上注明托盘实际重量和可堆叠数量。（　　）

3. 易碎、易损或高价值商品包装时，应使用多层包装和缓冲填充物。（　　）

4. 在跨境电商物流中，所有商品都必须有CE标志才能出口。（　　）

5. 对于含有海洋污染物的包装，无须按照国际海事组织的规定贴上相关警告标识。（　　）

拓展练习

1. 请总结包装设备应用技巧。

2. 你是A电子商务有限公司的一名员工，负责一批墨镜的出口包装工作，这批墨镜将被运送到洛杉矶海外仓。请按照亚马逊FBA包装要求，设计并执行相关操作。

学习任务6

跨境电商清关业务

内容结构

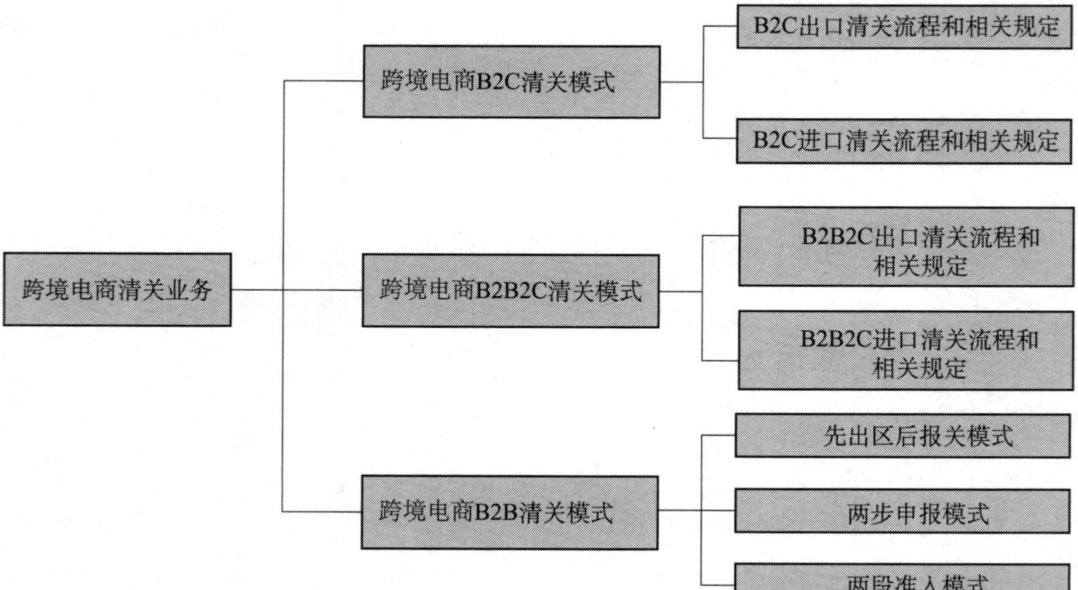

工作任务 1　跨境电商 B2C 清关模式

职业能力 6－1－1　熟悉跨境电商 B2C 出口清关流程和相关规定

【学习目标】

知识目标

1. 熟悉跨境电商 B2C 出口清关的含义。
2. 熟悉 9610、1210 出口模式。

能力目标

1. 辨析 9610、1210 出口模式。
2. 操作跨境电商 B2C 出口清关业务。

素质目标

1. 感受开放包容的丝路精神。
2. 认识“五通”与人类命运共同体的重要性。
3. 树立遵纪守法、严谨细致的工匠精神。

【基本知识】

一、跨境电商 B2C 出口清关的含义

跨境电商 B2C 出口下的清关，简称 BC 出口清关模式。国内跨境电商企业大多在类似速卖通等平台销售零单商品，然后以邮政小包等形式出境，即涉及 BC 出口清关业务。

跨境电商 B2C 出口清关目前采用的清关方式包括 9610 出口模式和 1210 出口模式。

二、9610 出口模式

《海关总署公告 2014 年第 12 号（关于增列海关监管方式代码的公告）》说明：增列海关监管方式代码“9610”，全称“跨境贸易电子商务”，简称“电子商务”，适用于境内个人或

电子商务企业通过电子商务交易平台实现交易，并采用“清单核放、汇总申报”模式办理通关手续的电子商务零售进出口商品（通过海关特殊监管区域或保税监管场所一线的电子商务零售进出口商品除外）。以“9610”海关监管方式开展电子商务零售进出口业务的电子商务企业、监管场所经营企业、支付企业和物流企业应当按照规定向海关备案，并通过电子商务通关服务平台实时向电子商务通关管理平台传送交易、支付、仓储和物流等数据。这一模式的优点正是“清单核放、汇总申报”，解决了跨境电商 B2C 订单数量少、批次多的问题。

9610 出口模式申报有简化申报和汇总申报两种方式。简化申报，也称买单方式，该方式没有报关单，也无法申请退税及公账收汇，一般的国际货运代理公司都是采用这种方式申报。汇总申报可以生成报关单。想申请出口退税及公账收汇的跨境电商企业应采用汇总申报的方式。9610 出口模式流程如图 6-1 所示。

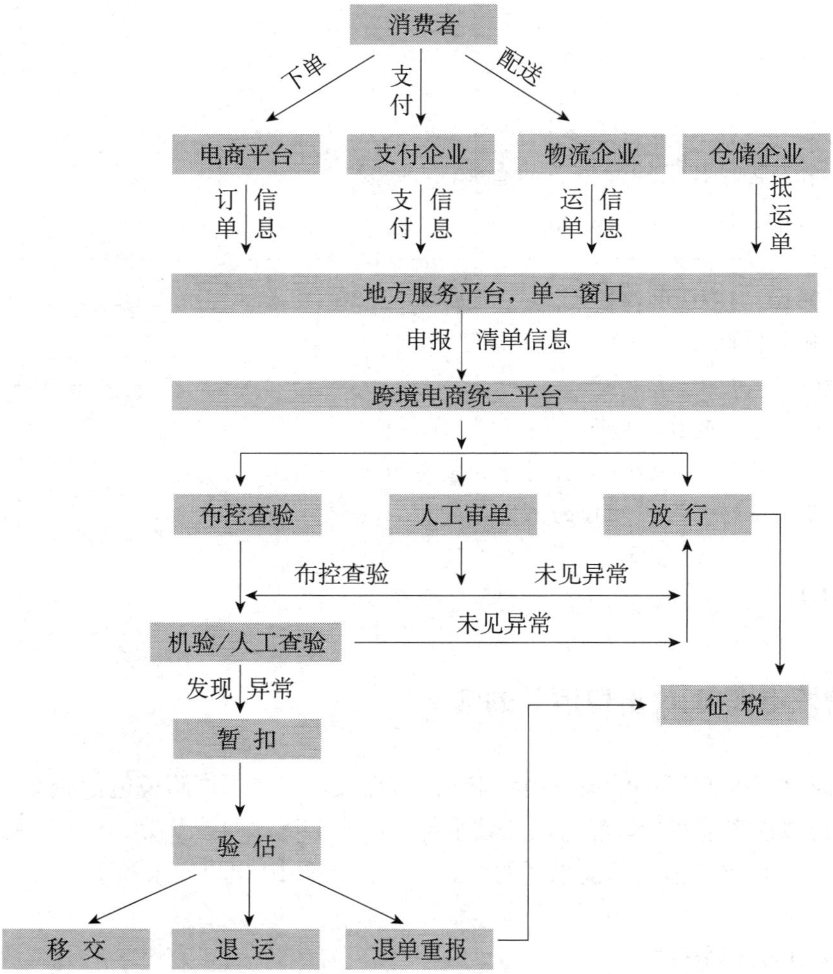

图 6-1 9610 出口模式流程

三、1210出口模式

1210（保税电商）出口模式，又称工厂电商出口模式，是依托于出口加工区、综合保税区等特殊监管区域的跨境电商出口保税备货模式；是国内跨境电商企业根据海外市场预期，将商品提前备货至保税仓库，再在电商平台上架销售、分批出口的模式。该模式可以充分利用海关特殊监管区域的政策优势，商品入区即可先退税，再分批销售，具有退税流程简单、周期短、效率高等优势，可减轻生产企业经营压力。

跨境电商企业可将尚未销售的整批商品发至国内保税区或其他海关特殊监管区域或场所，再在跨境电商平台上零售，有订单后从区内保税仓以包裹形式（1210）发至海外消费者手中。

跨境电商企业将出口商品按货物报关至国内保税区或其他海关特殊监管区域或场所，在区内完成拼箱后，批量出口（1210）至海外仓，通过跨境电商平台完成零售后，商品从海外仓配送到海外消费者手中。

能力提升

完成9610出口清关操作

9610出口模式清关流程主要分为3个环节：申报环节、查验环节和放行环节。具体来说，9610出口模式包括以下步骤：企业注册电子账户→通关申报→离境结关→汇总申报。

（1）企业注册电子账户。凡是参与跨境电商零售出口业务的企业，包括跨境电商企业、物流企业等，如需办理报关业务，应当向所在地海关办理信息登记（既可登录“互联网+海关”一体化平台或登录中国国际贸易单一窗口办理，也可在所在地海关线下窗口办理）。

（2）通关申报。跨境电商零售出口商品申报前，跨境电商企业或其代理人、物流企业应当分别通过中国国际贸易单一窗口或跨境电商通关服务平台，向海关传输交易、收款、物流等电子信息，申报出口明细清单。海关对明细清单进行审核，核验三单信息的一致性，符合要求的核放，即允许货物出境。

（3）离境结关。通过中国国际贸易单一窗口结关后，跨境电商出口商品运输离境，对应进口申报清单结关。

（4）汇总申报。跨境电商出口商品出口后，跨境电商企业或其代理人应当于每月15日前按规定汇总上月结关的进口申报清单，形成出口报关单，允许以“清单核放、汇总申报”方式办理报关手续的，则不再汇总。

完成 1210 出口清关操作

（1）国内货物先以非保税核放单的形式入区，企业或其代理人填制《二线非保货物入区卡口核放单》。《二线非保货物入区卡口核放单》如图 6－2 所示。

进区

已通过

二线非保货物入区卡口核放单

FM330166000M202010000005

FM2991202010000305

主管海关：杭州经济技术开发区海关驻出口加工区办事处　　业务类型：　二线非保货物入区

进出卡口标志：　进区

报关单号		核放单类型	非集报
申请人	王薇	账册编号（区内）	[redacted]
经营单位	[redacted]	发货单位（货源单位）	[redacted]
代理单位		收货单位（货至单位）	[redacted]
毛重（KG）	5 400	净重（KG）	5 350
包装件数	25	包装种类	包
集装箱数（自然箱数）		集装箱数（折20呎）	
承运车辆号牌	[redacted]	申请时间	[redacted]
备注			

账册项号	商品编码	商品名称/规格型号	数量/单位	单价/总价	币制
48	6112410000	女式泳装（黑底海棠印花26 / 28 Plus）	4 904/件		人民币
10	6210400000	男式皮衣（黑XXL）	455/件		人民币

兹申明以上申报无讹并承担法律责任 企业签章： 联系电话： 签名： 年　月　日 （盖章）	卡口验放： 签名： 年　月　日 （盖章） 海关签章： 签名： 年　月　日 （盖章）

图 6－2　《二线非保货物入区卡口核放单》

（2）理货后根据实际数据及订单信息形成报关单，转为保税货物，出口商凭出口货物报关单退税。《中华人民共和国海关出口货物报关单》如图 6－3 所示。

中华人民共和国海关出口货物报关单

2991202000000025984

预录入编号：2991202000000025984　　海关编号：2991202000000025984　（杭州综保）　　仅供核对用　　页码/页数：1/1

境内发货人（91330[illegible]142） 杭州　电子商务股份有限公司	出境关别（2991） 杭州综保	出口日期 20201116	申报日期 20201113	备案号
境外收货人	运输方式（Y） 保税港区	运输工具名称及航次号	提运单号	
生产销售单位（913[illegible]8542） 杭州　电子商务股份有限公司	监管方式（0110） 一般贸易	征免性质（101） 一般征税	许可证号	
合同协议号 AZ20-129	贸易国（地区）（）	运抵国（地区）（CHN） 中国	指运港（CHN000） 中国境内	离境口岸（333301） 杭州出口加工区
包装种类（22） 纸制或纤维板制盒/箱	件数 184；毛重（千克）2395	净重（千克）2192.6；成交方式（3）FOB	运费；保费	杂费

随附单证及编号
随附单证1：保税核注清单QD2991201000037981 随附单证2：发票；装箱单；代理报关委托协议（纸质）

标记唛码及备注
备注：KJ从F29917000126转到T2991W000616 N/M

项号	商品编号	商品名称及规格型号	数量及单位	单价/总价/币制	原产国（地区）	最终目的国（地区）	境内货源地	征免
1	6202939000	化纤梭织女式风衣 1|0|梭织|风衣|女式|100%涤纶|填充物无|Wantdo（翱度）|33992	566件 476.9千克 566件		中国（CHN）	中国（CHN）	（35119）石狮	照章征税（1）
2	6201929000	棉制男式夹克 1|0|梭织|夹克|男式|100%棉|填充物100%涤纶|WENVEN（温文）|8935	63件 63千克 63件		中国（CHN）	中国（CHN）	（35059）泉州	照章征税（1）
3	6201929000	棉制男式夹克 1|0|梭织|夹克|男式|100%棉|填充物无|WENVEN（温文）等|2018等	984件 984千克 984件		中国（CHN）	中国（CHN）	（35059）泉州	照章征税（1）
4	6204320090	棉制梭织女式短上衣 1|0|梭织|上衣|女式|面料100%棉 填充物无|全开襟|有扣|有拉链|WENVEN（温文）	126件 107.1千克 126件		中国（CHN）	中国（CHN）	（35059）泉州	照章征税（1）
5	6202939000	女式冲锋衣 1|0|梭织|冲锋衣|女式|100%涤纶|填充物100%涤纶|Wantdo（翱度）|8301WH	168件 218.4千克 168件		中国（CHN）	中国（CHN）	（35059）泉州	照章征税（1）
6	6202929000	女式棉服 1|0|梭织|棉服|女式|100%棉|填充物100%涤纶|Wantdo（翱度）|125等	286件 343.2千克 286件		中国（CHN）	中国（CHN）	（35059）泉州	照章征税（1）

特殊关系确认：　　价格影响确认：　　支付特许权使用费确认：　　自报自缴：否

报关人员　　报关人员证号29121890　　电话　　兹申明对以上内容承担如实申报、依法纳税之法律责任　　海关批注及签章

申报单位（91330101MA28LDBD4W）杭州楷达供应链管理有限公司　　申报单位（签章）

图6－3　《中华人民共和国海关出口货物报关单》

(3) 货物以跨境出口小包的形式，发至境外消费者手中。《跨境贸易核放单》如图 6-4所示。

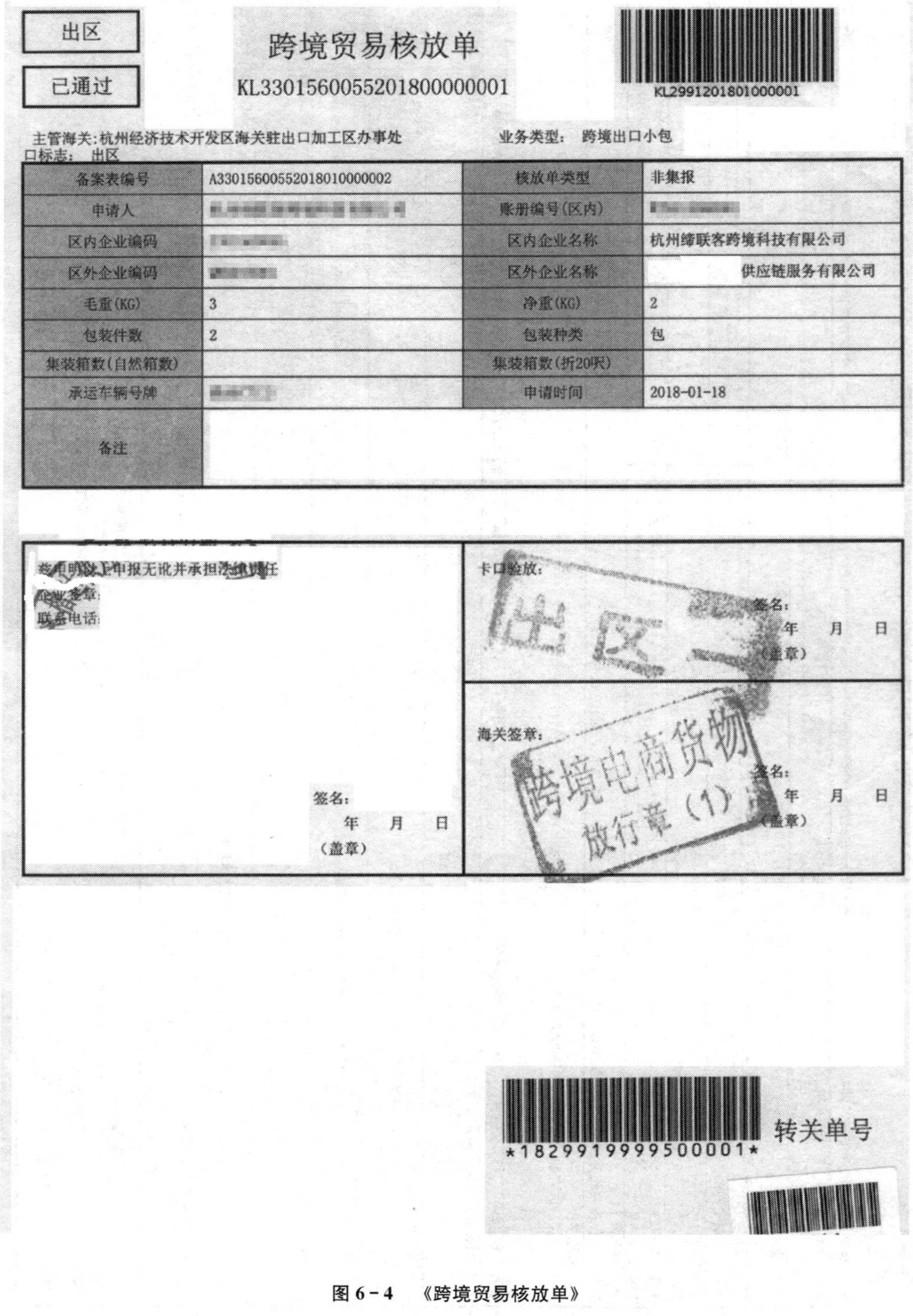
出区

已通过

跨境贸易核放单

KL3301560055201800000001

KL2991201801000001

主管海关:杭州经济技术开发区海关驻出口加工区办事处　　业务类型：跨境出口小包

口标志：出区

备案表编号	A3301560055201801000002	核放单类型	非集报
申请人	[redacted]	账册编号(区内)	[redacted]
区内企业编码	[redacted]	区内企业名称	杭州缔联客跨境科技有限公司
区外企业编码	[redacted]	区外企业名称	供应链服务有限公司
毛重(KG)	3	净重(KG)	2
包装件数	2	包装种类	包
集装箱数(自然箱数)		集装箱数(折20尺)	
承运车辆号牌	[redacted]	申请时间	2018-01-18
备注			

兹申明以上申报无讹并承担法律责任

企业签章：

联系电话：

签名：

年 月 日

(盖章)

卡口验放：

出区

签名：

年 月 日

(盖章)

海关签章：

跨境电商货物

放行章(1)

签名：

年 月 日

(盖章)

182991999500001

转关单号

图 6-4 《跨境贸易核放单》

职业能力 6-1-2 熟悉跨境电商 B2C 进口清关流程和相关规定

【学习目标】

知识目标

1. 熟悉跨境电商 B2C 进口清关的含义。
2. 熟悉 9610 进口模式、1210 进口模式。

能力目标

辨析 9610 进口模式、1210 进口模式。

素质目标

1. 感受开放包容的丝路精神。
2. 认识“五通”与人类命运共同体的重要性。
3. 树立遵纪守法、严谨细致的工匠精神。

【基本知识】

一、跨境电商 B2C 进口清关的含义

跨境电商 B2C 进口模式俗称直邮，境外商家将已网售的商品通过空运等形式运到境内口岸，保税仓代理人以转关形式提货到指定监管仓库。B2C 进口模式不产生正式的报关单，在境外已生成个人订单，已完成货款及税款支付。

B2C 进口模式所需资料：直邮商品订单、直邮进口明细、提单、转关运输货物申报单、跨境贸易核放单。

货物在卡口验封核销之后，送到指定仓库理货监盘，再以快递形式出区，送到消费者手中。

二、9610 进口模式

（一）流程

（1）消费者在跨境电商平台下单。

（2）跨境电商平台根据订单信息向境外商家下单采购商品，并安排海外物流进行配送。

（3）商品通过境外物流进口到国内，进入跨境电商平台的监管仓库。

(4) 跨境电商平台将商品从监管仓库取出，并委托境内物流公司进行配送。

(5) 消费者签收商品并进行支付。

(6) 跨境电商平台根据订单信息向境外商家结算货款，并按照税率和税则类型进行报关、缴税等操作。

(二) 优缺点

1. 优点

(1) 避免传统进口流程中的烦琐环节，快速便捷。

(2) 能够大幅度降低跨境电商平台和消费者的成本。

(3) 通过海外物流进行配送，跨境电商平台的商品种类和价格更加多样化、竞争力更强。

2. 缺点

(1) 受限于海外物流公司的运力和运输时间，可能会出现物流延误或物流不可追踪等问题。

(2) 由于监管仓库位于中国，因此需要进行报关和缴税等手续，增加了成本和流程。

(3) 存在一定的法律风险。

三、1210 进口模式

1210 进口模式流程如图 6－5 所示。

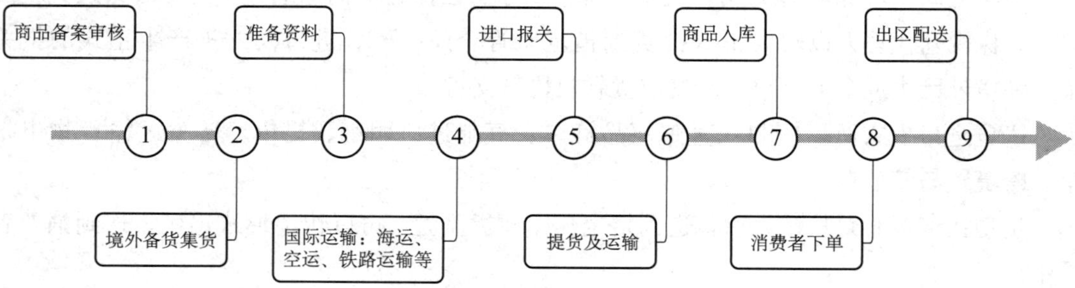

图 6－5 1210 进口模式流程

(1) 商品备案审核 。备案包括企业备案和商品备案。跨境电商平台企业、物流企业、支付企业等，依据海关报关单位备案管理相关规定，向所在地海关办理备案手续。其中跨境电商企业应委托境内代理人向该代理人所在地海关办理备案手续。商品必须在《跨境电子商务零售进口商品清单（2019 年版）》和《跨境电子商务零售进口商品清单调整表》内，仅限于个人自用，且符合跨境电商零售进口税收政策的规定。

(2) 境外备货集货。跨境电商企业根据已备案的商品目录，在境外完成货物采购、备货和集货操作。

（3）准备资料。资料包括商业发票、装箱单、物流运单、进口货物检验检疫证书等。

（4）国际运输。利用海运、空运等形式完成国际物流运输。

（5）进口报关。企业以 1210 进口模式（海关监管方式应填报“保税电商”，代码 1210）申报进境跨境电商进口商品，批量存入海关特殊监管区域或保税物流中心（B 型）。

（6）提货及运输。完成进口报关后，即可安排港口提货、运输。

（7）商品入库。网购保税进口商品一线进境进入区域（中心）及跨区域（中心）流转申报中，报关单或备案清单、核放单被布控指令命中的，海关按指令要求及查验规范实施查验。商品入区后，企业电子账册数据相应核增。

（8）消费者下单。消费者在跨境电商平台下单购买商品后，跨境电商平台企业或跨境电商企业境内代理人、支付企业、物流企业分别通过中国国际贸易单一窗口或跨境电商通关服务平台向海关传输订单、支付单、物流单。三单对碰核验通过后，企业提交《中华人民共和国海关跨境电子商务零售进出口商品申报清单》（以下简称《申报清单》），采取清单核放方式办理报关手续。

（9）出区配送。企业对放行后的《申报清单》汇总生成核注清单及核放单，办理出区手续，将货物派送出区并寄递给消费者。货物实货出区后，电子账册上的商品数量相应核减。

能力提升

了解 1210 进口模式清关单据

直邮商品订单、直邮进口明细、提单等资料，《中华人民共和国海关进口转关运输货物申报单》，如图 6－6 至图 6－9 所示。

快件公司编号	快递单号	收件人姓名	身份证姓名	身份证号码	收件人省份	收件人城市	收件人地区	收件人详细地址	收件人邮编	收件人国家	收件人联系电话	物品重量	物品名称	物品品名	物品单价（RMB）	物品数量	物品总价	物品规格	物品计量单位名称	物品HS	起运国代码	提运单号	航班号	客户订单号
STO	221232406307	白**	白**	2519630829	浙江省	温州	瑞安市	瑞安市塘下	310000	中国	7587650	9.00	-BANFI 红酒	红酒	35	6	210	750ml	瓶	2204210000	307	112-47469321	CK5513	ty185100001
STO	221232406308	白**	白**	2519630829	浙江省	温州	瑞安市	瑞安市塘下	310000	中国	7587650	9.00	-BANFI 红酒	红酒	35	6	210	750ml	瓶	2204210000	307	112-47469321	CK5513	ty185100002
STO	221232406309	白**	白**	2519630829	浙江省	温州	瑞安市	瑞安市塘下	310000	中国	7587650	9.00	-BANFI 红酒	红酒	35	6	210	750ml	瓶	2204210000	307	112-47469321	CK5513	ty185100003
STO	221232406310	黄*	黄*	0019870930	上海	上海市	浦东新区	上海市浦东	310000	中国	2581903	9.00	-BANFI 红酒	红酒	35	6	210	750ml	瓶	2204210000	307	112-47469321	CK5513	ty185100004
STO	221232406311	黄*	黄*	0019870930	上海	上海市	浦东新区	上海市浦东	310000	中国	2581903	9.00	-BANFI 红酒	红酒	35	6	210	750ml	瓶	2204210000	307	112-47469321	CK5513	ty185100005
STO	221232406312	黄*	黄*	0019870930	上海	上海市	浦东新区	上海市浦东	310000	中国	2581903	9.00	-BANFI 红酒	红酒	35	6	210	750ml	瓶	2204210000	307	112-47469321	CK5513	ty185100006
STO	221232406313	钟**	钟**	0019910119	上海	上海市	松江区	上海市松江	310000	中国	1588029	9.00	-BANFI 红酒	红酒	35	6	210	750ml	瓶	2204210000	307	112-47469321	CK5513	ty185100007
STO	221232406314	钟**	钟**	0019910119	上海	上海市	松江区	上海市松江	310000	中国	1588029	9.00	-BANFI 红酒	红酒	35	6	210	750ml	瓶	2204210000	307	112-47469321	CK5513	ty185100008
STO	221232406315	钟**	钟**	0019910119	上海	上海市	松江区	上海市松江	310000	中国	1588029	9.00	-BANFI 红酒	红酒	35	6	210	750ml	瓶	2204210000	307	112-47469321	CK5513	ty185100009

图 6－6　直邮商品订单

直邮进口明细						
提单号	件数/件	包裹件数/件	毛重/千克	主要品名	金额/人民币	HS
112—47469321	1	20	117	奶粉	4 937	1901101000
			净重量：177KG		原产国：意大利	

图 6－7　直邮进口明细

074 | ARN | 38456876 18182

Shipper's Name and Address | Shipper's Account Number
EMENGO INTERNATIONAL AB
TYCHO BRAHES VÄG 4

352 64 VÄXJÖ SWEDEN
TE:46765908869

Not Negotiable
Air Waybill
Issued by
NTEX AB
Box 8702
402 75 Göteborg SWEDEN
TE: +46 (0) 31-727 85 00

Copies 1, 2 and 3 of this Air Waybill are originals and have same validity.

Consignee's Name and Address | Consignee's Account Number
HANGZHOU CANGDUODUO SUPPLY CHAIN SERVICE CO
LTD. BUILDING NO.4,NO.161AVENUE17, BAIYANG
DISTRICT, HANGZHOU ECONOMIN AND TECHN. DEV. AREA
. ZHEJIANG PROVINCE CHINA
TE:8613676468133

It is agreed that goods described herein are accepted in apparent good order and condition (except as noted) for carriage SUBJECT TO THE CONDITIONS OF CONTRACT ON THE REVERSE HEREOF. ALL GOODS MAY BE CARRIED BY ANY OTHER MEANS INCLUDING ROAD OR ANY OTHER CARRIER UNLESS SPECIFIC CONTRARY INSTRUCTIONS ARE GIVEN HEREON BY THE SHIPPER AND SHIPPER AGREES THAT THA SHIPMENT MAY BE CARRIED VIA INTERMEDIATE STOPPING PLACES WHICH THE CARRIER DEEMS APPROPRIATE. THE SHIPPER'S ATTENTION IS DRAWN TO THE NOTICE CONCERNING CARRIER'S LIMITATION OF LIABILITY. Shipper may increase such limitation of liability by declaring a higher value for carriage and paying a supplemental charge if required.

Issuing Carrier's Agent Name and City
NTEX AB
402 75 GÖTEBORG SWEDEN
TE:+46 (0) 31-727 85 00

Accounting Information
FREIGHT PREPAID AS AGREED

Agent's IATA Code: 80-4-7 134/4181 | Account No.

Airport of Departure (Addr. of First Carrier) and Requested Routing: STOCKHOLM-ARLANDA
Reference Number: AS-117539-1 | Optional Shipping Information

To	By First Carrier	Routing and destination	To	By	To	By	Currency	WT/VAL PPD	COLL	Other PPD	COLL	Declared Value for Carriage	Declared Value for Customs
MMX	KL9322/21		AMS	KL	PVG	KL	SEK	P		P		N.V.D.	N.C.V.

Airport of Destination: SHANGHAI PUDONG
Flight/Date: KL8170/22 | For Carrier Use Only | Flight/Date: KL895/24
Amount of Insurance: N I L
INSURANCE - If carrier offers insurance, and such insurance is requested in accordance with the conditions thereof, indicate amount to be insured in figures in box marked "Amount of Isurance".

Handling Information MARKS: ADDRESS & AWB "NSC - CARGO NOT SECURED"
NO TOP LOAD
SCI X

No. of Pieces RCP	Gross Weight	Kg lb	Rate Class	Commodity Item No.	Chargeable Weight	Rate / Charge	Total	Nature and Quantity of Goods (incl. Dimensions of Volume)
7	2479.0	K	A		2479.0	AS AGREED	AS AGREED	DIETARY SUPPLEMENTS, MILK POWDER, GRUEL, PORRIDGE, SKINCARE PRODUCTS NO TOP LOAD DIMS: 120 x 80 x 160 CM x 1 DIMS: 120 x 80 x 148 CM x 2 DIMS: 120 x 80 x 150 CM x 1 DIMS: 120 x 80 x 134 CM x 2 DIMS: 120 x 80 x 155 CM x 1
7	2479.0						AS AGREED	VOLUME: 9.878 CBM

Prepaid | Weight Charge | Collect
AS AGREED
Valuation Charge
Tax
Total Other Charges Due Agent
Total Other Charges Due Carrier
Total Prepaid | Total Collect
AS AGREED
Currency Convertion Rates | CC Charges in Dest. Currency
For Carries's Use only at Destination | Charges at Destination | Total Collect Charges

Other Charges

Shipper certifies that the particulars on the face hereof are correct and that insofar as any part of the consignment contains dangerous goods, such part is properly described by name and is in proper condition for carriage by air according to the applicable Dangerous Goods Regulations.

NTEX AB
Signature of Shipper or his Agent

210920 - 13:01 MÅRSTA DAVID KARLSSON
Executed on (date) at place Signature of issuing Carrier or its Agent

18182

ORIGINAL 3 (FOR SHIPPER)

图 6-8 提单

中华人民共和国海关进口转关运输货物申报单

预录入号：2029109999500986 编 号：

进出境运输工具名称：		航次(航班)号：		转关方式：跨境电商/免 境内运输方式：公路运输			
提(运)单总数：1	货物总件数：1	货物总重量：35		集装箱总数：0		境内运输工具：浙AME372	
境内运输工具名称	提(运)单号	集装箱号	货 名	件 数	重 量	关锁号	个数
2901150403/浙AME372	82852033236_CF20004257	#2901150403					
			MEDOX花青素		24.4		
			Marine Matrix胶原蛋白口服液		10.6		
以上申报属实，并承担法律责任， 保证在 日内将上述货物完整 运抵 海关。 申报人： 年 月 日		进境地海关批注： 经办关员： (盖章) 年 月 日		指运地海关批注： 经办关员： (盖章) 年 月 日			

第 1 页 / 共 1 页

图6-9 《中华人民共和国海关进口转关运输货物申报单》

《跨境贸易核放单》，如图 6－10、图 6－11 所示。

进区

已通过

跨境贸易核放单

KZ2202201805000001

主管海关:吴淞海关　　　　业务类型：跨境进口直邮　　　　进出卡口标志：进区

备案表编号		核放单类型	非集报
申请人	杭州　　科技有限公司	账册编号(区内)	
区内企业编码	[redacted]	区内企业名称	杭州　　有限公司
区外企业编码		区外企业名称	
毛重(KG)	174.8	净重(KG)	174.8
包装件数	20	包装种类	包
集装箱数(自然箱数)		集装箱数(折20呎)	
承运车辆号牌	[redacted]	申请时间	2018-05-15
备注	W74273		

兹申明以上申报无讹并承担法律责任 企业签章： 联系电话： 签名： 年　月　日 （盖章）	卡口验放： 签名： 年　月　日 （盖章）
	海关签章： 签名： 年　月　日 （盖章）

图 6－10　《跨境贸易核放单》

出区

已通过

跨境贸易核放单

KA3301560013201800000276

KA2991201805000935

主管海关:杭州经济技术开发区海关驻出口加工区办事处　　业务类型：跨境进口小包
进出卡口标志：出区

备案表编号	[redacted]	核放单类型	非集报
申请人	物流（杭州）有限公司	账册编号(区内)	[redacted]
区内企业编码	[redacted]	区内企业名称	物流（杭州）有限公司
区外企业编码	[redacted]	区外企业名称	物流（杭州）有限公司
毛重(KG)	1.03	净重(KG)	1.03
包装件数	1	包装种类	包
集装箱数(自然箱数)		集装箱数(折20呎)	
承运车辆号牌	[redacted]	申请时间	2018-05-09
备注			

兹申明以上申报无讹并承担法律责任 企业签章： 联系电话： 签名： 年　月　日 （盖章）	卡口验放： 签名： 年　月　日 （盖章） 海关签章： 签名： 年　月　日 （盖章）

图 6－11　《跨境贸易核放单》

工作任务 2 跨境电商 B2B2C 清关模式

职业能力 6－2－1 熟悉跨境电商 B2B2C 出口清关流程和相关规定

【学习目标】

知识目标

1. 熟悉跨境电商 B2B2C 出口清关的含义。
2. 熟悉 9710 出口模式、9810 出口模式、5034 出口模式。

能力目标

1. 辨析 9710 出口模式、9810 出口模式、5034 出口模式。
2. 能操作 B2B2C 出口清关业务。

素质目标

1. 感受开放包容的丝路精神。
2. 认识“五通”与人类命运共同体的重要性。
3. 树立遵纪守法、严谨细致的工匠精神。

【基本知识】

一、跨境电商 B2B2C 出口清关的含义

跨境电商 B2B2C（Business-to-Business-to-Customer，BBC）出口清关，即为境内发货商（卖方，Business）将商品卖给境外采购商（买方，Business），再在境外以网购零售的形式卖给境外个人（消费者，Customer），从而完成商品从发货商到最终消费者手中的全过程。

海关对跨境电商的发展总是以先行先试、创新监管、服大于管的方式大力支持的。《海关总署 2020 年第 75 号（关于开展跨境电子商务企业对企业出口监管试点的公告）》增加了 9710 模式和 9810 模式。至此，跨境电商出口拥有了 9610、9710、9810、1210 和 5034 多种模式。

二、9710 出口模式

9710 出口模式全称为跨境电商企业对企业直接出口，指的是中国境内企业通过跨境电商平台与境外企业完成交易后，直接通过物流将货物出口至境外企业的模式。在这种模式下，商品从生产商或供应商处直接送达境外消费者手中。相较于 9610 出口模式，一般情况下 9710 出口模式的货量和货值更高。9710 出口模式报关单如图 6－12 所示。

中华人民共和国海关出口货物报关单　*2991202000000013999*

预录入编号：2991202000000013999　海关编号：2991202000000013999　（杭州综保）　仅供核对用　页码/页数：1/1

境内发货人 [redacted]	出境关别 (2910) 杭州机场	出口日期 20200702	申报日期 20200701	备案号
境外收货人 Le Monde Inc.	运输方式 (5) 航空运输	运输工具名称及航次号 5Y555	提运单号 [redacted]	
生产销售单位 [redacted]	监管方式 (9710) 跨境电商B2B直接出口	征免性质 (101) 一般征税	许可证号	
合同协议号 [redacted]	贸易国（地区） ()	运抵国（地区） (USA) 美国	指运港 (USA309) 纽约（美国）	离境口岸 (330002) 杭州萧山国际机场

包装种类 (22)	件数	毛重(千克)	净重(千克)	成交方式 (3)	运费	保费	杂费
纸制或纤维板制盒/箱	7	63	54	FOB			

随附单证及编号
随附单证2:代理报关委托协议（纸质）;合同;发票;装箱单;跨境B2B出口单证

标记唛码及备注
备注:KJ/9710报关单模式，全国通关一体化 N/M

项号	商品编号	商品名称及规格型号	数量及单位	单价/总价/币制	原产国(地区)	最终目的国(地区)	境内货源地	征免
1	9404301090	羽绒睡袋 1|0|100%鸭绒|Ubon（安鲜）|210*80CM	13个 17.55千克 13个		中国 (CHN)	美国 (USA)	(13069)保定其他	照章征税 (1)
2	9404301090	羽绒睡袋 1|0|100%鸭绒|Ubon（安鲜）|210*80CM	10个 13.5千克 10个		中国 (CHN)	美国 (USA)	(13069)保定其他	照章征税 (1)
3	9404301090	羽绒睡袋 1|0|100%鸭绒|Ubon（安鲜）|210*80CM	17个 22.95千克 17个		中国 (CHN)	美国 (USA)	(13069)保定其他	照章征税 (1)

特殊关系确认:否　价格影响确认:否　支付特许权使用费确认:否　自报自缴:否

报关人员　报关人员证号29104313　电话　兹申明对以上内容承担如实申报、依法纳税之法律责任 申报单位 (91330101MA28LDBD4W)杭州楷达供应链管理有限公司　申报单位（签章）	海关批注及签章

图 6－12　9710 出口模式报关单

9710 出口模式的优势在于：

（1）参与跨境贸易门槛降低。中小微企业或个人可以利用跨境电商平台灵活参与跨境贸易。

（2）拓宽贸易范围。境内企业能够直接对接境外消费者、中小企业。

（3）企业易掌握全球市场新动向。中小微企业通过跨境电商平台打破了国际市场信息壁垒，能快速掌握市场新动向。

三、9810 出口模式

9810 出口模式全称为跨境电商出口海外仓模式，是指境内企业预先将货物通过物流出口至海外仓，再通过跨境电商平台实现交易后，从海外仓直接将商品送达境外消费者的模式。这种模式允许企业预先在国外设立仓储设施，便于更快捷地服务于当地市场。

9810 出口模式的特点是商品要经过海外仓。使用 9810 出口模式需要支付海外仓的仓储费，以及对应的商品到了海外仓之后只有进行外汇的收汇，才可以完成出口退税。

因为 9810 出口模式的报关金额实际上是根据大批量的商品储存到境外的海外仓预估的，所以与收汇金额对不上。9810 出口模式对于商品定价以及报关金额的审核要求非常严格，这是目前使用 9810 出口模式的一个难点。9810 出口模式的优势在于：

（1）缩短物流时间。消费者下单后，商品只需要经历从海外仓运送到消费者手中这一个环节，大大缩短了物流时间，高效率的运输也使得商品破损率、丢包率大大降低。

（2）降低物流成本。商品运送至海外仓时并无消费者购买，运输时间充裕，因此境内企业多选择低成本的海运方式，这样可以拥有更大的利润空间。

（3）售后及时，消费者体验良好。通过海外仓发货可以及时对商品进行退换货处理，维修与更换的便利给消费者带来了更高品质的售后体验。

四、5034 出口模式

5034 出口模式是海关特殊监管区域内物流货物的监管模式。这种监管方式适用于海关特殊监管区域内（如自由贸易区、综合保税区等）的企业从境外运进或运往境外的仓储、分拨、配送、转口商品，包括流通领域的物流货物以及供区内加工生产用的仓储货物。

在 5034 出口模式下，境外商品可以先行保税储存在特殊监管区域内，根据需求分批进入特定区域进行销售展示，形成“前店后仓”的联动发展模式，即商品展示、销售在合作中心（相当于“前店”），储存则在综合保税区（充当“后仓”），这样可以大大提高跨境贸易的便利性和效率，同时也能有效监管物流过程，确保贸易合规。5034 出口模式是保税出口商品的常规模式，若无特殊规定，进出海关特殊监管区域的商品均可借助这一模式。

能力提升

总结跨境电商特殊监管区域出口清关流程

1. 国内商品入区

国内企业将生产（采购）的商品按需分批送入保税区，区内跨境电商仓库以非保税商品入区核放单形式，报关过卡，将商品储存于保税仓非保税区域，理货。《二线非保货物入区卡口核放单》如图 6-13 所示。

进区

已通过

二线非保货物入区卡口核放单

FM330166000M202010000005

FM2991202010000305

主管海关：杭州经济技术开发区海关驻出口加工区办事处　　业务类型：二线非保货物入区

进出卡口标志：进区

报关单号		核放单类型	非集报
申请人	王薇	账册编号（区内）	[redacted]
经营单位	[redacted]	发货单位（货源单位）	杭州　　电子商务股份有限公司
代理单位		收货单位（货至单位）	[redacted]
毛重（KG）	5 400	净重（KG）	5 350
包装件数	25	包装种类	包
集装箱数（自然箱数）		集装箱数（折20呎）	
承运车辆号牌	[redacted]	申请时间	2020-10-16
备注			

账册项号	商品编码	商品名称/规格型号	数量/单位	单价/总价	币制
48	6112410000	女式泳装（黑底海棠印花26 / 28 Plus）	4904/件		人民币
10	6210400000	男式皮衣（黑XXL）	455/件		人民币

兹申明以上申报无讹并承担法律责任 企业签章： 联系电话： 签名： 年　月　日 （盖章）	卡口验放： 签名： 年　月　日 （盖章） 海关签章： 签名： 年　月　日 （盖章）

图 6-13　《二线非保货物入区卡口核放单》

2. 非保税商品转保税商品

跨境电商仓库按照企业出口需求，将理货完成的商品以报关的形式从非保税区域转移到保税区域，商品性质也由非保税商品变成了保税商品。报关所需资料都是常用的合同、发票、装箱单。以国内企业的抬头申报一票出口报关单，用于出口退税；以跨境电商仓库的抬头申报一票进境备案清单（或者《保税核注清单（进口）》），用于账册核销。

3. 保税货物出口

跨境电商仓库根据企业出口需求，将已转保税商品装箱，申报《保税核注清单（出口）》和出区卡口核放单，在海关验放后带车出卡。

国际货运代理公司租船订舱/预订航班，出区商品进港/空运交货后，申报出口报关单。如自动放行，商品即可上船出海或空运出境；如果查验，港口要配合海关查验商品，放行后上船出海或空运出境。报关所需资料为一般发票、装箱单及仓单信息。

4. 出口商品结关

出口商品一般在上船出海或空运出境后自动结关，如未自动结关，企业需要找现场海关导入出口报关单转核销表，国际货运代理公司再次发送仓单信息即完成结关。金关二期加工贸易账册，申报了先出后报核注清单的，待商品上船出海或空运出境后，通过申报清单结关来完成报关单的结关。

5. 境外销售及退运、调拨

跨境电商的特殊监管区域出口货物，在境外仓正常上架销售及完成 B2B2C 出口的整个流程，如需退运、调拨、理货等，以特殊监管区域内物流货物的形式，仍能进口至保税区跨境电商仓库，做保税理货、维修等业务。

特殊监管区域出口清关流程，如图 6－14 所示。

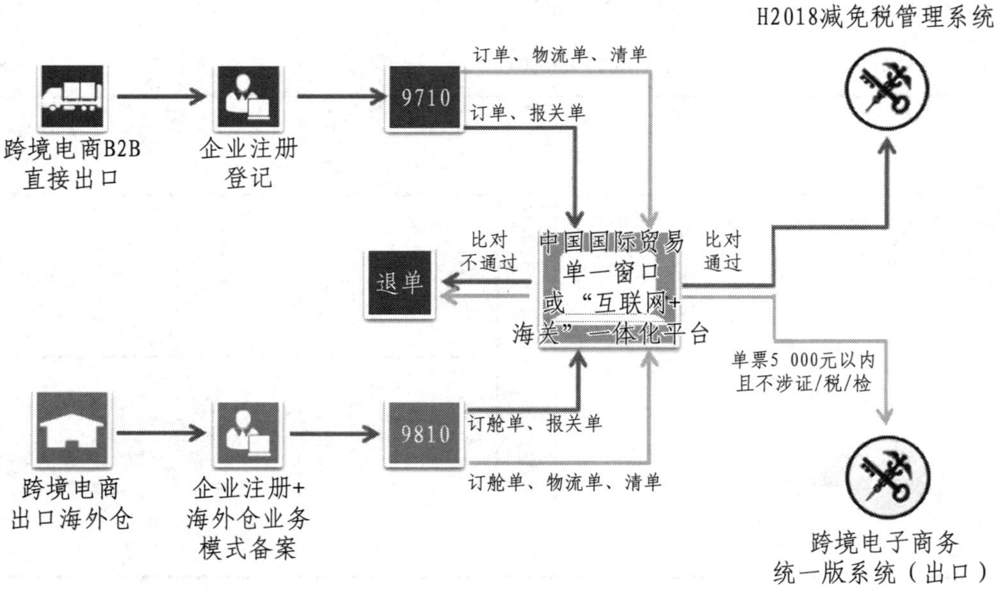

图 6－14 特殊监管区域出口清关流程

职业能力6－2－2　熟悉跨境电商B2B2C进口清关流程和相关规定

【学习目标】

知识目标

1. 熟悉跨境电商B2B2C进口模式的含义。
2. 熟悉跨境电商B2B2C进口模式相关单证。

能力目标

能操作B2B2C进口清关业务。

素质目标

1. 感受开放包容的丝路精神。
2. 认识“五通”与人类命运共同体的重要性。
3. 树立遵纪守法、严谨细致的工匠精神。

【基本知识】

一、跨境电商B2B2C进口模式的含义

B2B2C进口模式又称BBC（Business-to-Business-to-Customer）进口模式，即境外发货商（卖方，Business）将商品卖给境外采购商（买方，Business），再以网购零售的形式卖给境内个人（消费者，Customer），从而完成商品从发货商到最终消费者手中的全过程。下面分别从货物转移（物流）、货权转移（所有权）和货款转移（支付）3个方面来阐述这一模式。

货物转移即国际物流，境外采购商（买方，Business）作为跨境电商的主体，在国际物流和贸易中起着关键性的桥梁作用，而其采购商品并非必须实际从境外发货商（卖方，Business）处收到商品再发往境内，只要指定境内有资质的保税仓库作为收货人代为收货，再代发货给境内个人（消费者，Customer）即完成了货物转移。BBC进口模式的物流形式如图6－15所示。

图6－15　BBC进口模式的物流形式

货权转移即商品交易，在整个物流过程中，商品的实际货权发生了两次转移：

第一次货权转移地点在境外，即通过B2B的形式在境外将货权通过跨境贸易的形式转

移给了第 2 个 B（也就是作为买方的境外采购商，Business）。

第二次货权转移地点在境内，消费者通过网购下单后，保税仓库代跨境电商企业（境外采购商，Business，有时也称外商）发货给境内个人（消费者，Customer）即完成了 B2C 网购形式的货权转移。

特别需要注意的是，商品在整个保税仓库的储存期间，实际货权属于作为跨境电商企业的境外采购商（买方，Business）。

货款转移即支付货款，正所谓一手交钱一手交货，资金流往往是物流的逆方向。由于在跨境贸易中并不都是一手交钱一手交货，因此货款转移可简单理解为：境内个人（消费者，Customer）通过支付软件将货款支付给境外采购商（买方，Business），境外采购商（买方，Business）再以跨境贸易 T/T 等付款方式支付给境外发货商（卖方，Business）。

二、跨境电商 B2B2C 进口模式相关单证

只有完全清楚 BBC 进口模式中的各个角色和流程，才能更好地理解 BBC 进口模式清关中的各种单证单据、环节和相关规定。

BBC 进口模式常用的单证包括但不仅限于：发票、装箱单、合同、提运单。通常，为了清关操作方便，进口明细表也必不可少。

发票，有时称为商业发票或者形式发票，是跨境贸易中常见的一种单证，通常是由发货人（卖方，Seller）出具给收货人（买方，Buyer）的，主要体现商品的成交数量和金额币值等信息。

装箱单，有时简称为箱单，通常是由发货人（卖方，Seller）出具给收货人（买方，Buyer）的，主要体现商品的包装件数、毛重、净重等信息。

合同，是买卖双方关于本次交易达成的基本协议，体现双方的权利义务和责任划分，在正常的跨境贸易中是相当重要的单据，但在跨境保税电商的正常进口过程中，要求并不是很严格，主要原因在于实际发生交易的 B2B 环节在境外，对 BBC 进口模式没有太大影响。

提运单，简称提单，海运提单英文表述为 Bill of Loading；空运提单分为主运单和分运单。

提单是由承运人（船公司/航空公司）出具给委托人（发货人）的承运凭证，也是收货人向承运人提货的一种凭证。提单既有委托运输协议的意义，也具有货权凭证的意义，在跨境贸易中是一种极为重要的单证。填写提单信息的注意事项为：

第一，海运提单收货人一定是境内跨境电商仓库，通知人可以是跨境电商公司或者货代公司。

第二，空运提单主运单上必须显示机场指定仓库抬头（否则下飞机后不知如何分拨），分运单可只显示境内跨境电商仓库和通知人。

第三，如果空运提单只有主运单，没有分运单，主运单务必同时显示机场仓库和跨境电商仓库。

进口明细表，俗称报关单，是为了报关方便而制作的一个归纳性文件，通常包括报关中常用的海关编码、商品名称、计量单位、金额币制、重量、原产国和申报要素等信息。

BBC进口清关在实际操作中所需的单证文件，也会根据实际商品的不同而有新的需求与变化，任何危险品报关都必须有危险品申报单。

三、仓单信息查询

申报资料齐全后，在海关总署仓单信息查询系统上可以查询到仓单信息，查询不到仓单信息是不能申报的。仓单信息显示状态一般有如下几种，如表6-1所示。

表6-1　仓单信息状态对比与解释

进口抵港确报标志	理货状态	解释
空白/预报动态	空白	船公司/航空公司向海关预申报仓单，可以报关，但不会自动放行，在主运单、分运单信息一致且和纸质资料一致的前提下，建议提前报关
确报动态	空白/已分拨未理货	货物已到港口，船公司/航空公司向海关正式申报仓单，可以报关，如未自动放行，在确定运抵正常后可以找海关手动放单（尚不能提货）
确报动态	正常理货	仓单信息已确定，可以报关/放行/提货（建议提货前向港口仓库确认是否有放行信息，如无，建议港口仓库到现场海关做手动二放）

四、注意事项

填制规范很多，单单一致、单货一致、如实申报等是清关的基本原则。

（1）为提高服务及效率，对海关通关时效要求越来越高，货物到进口口岸后，空运48小时内结关，海运72小时内结关。

（2）2016年，海关总署等多部委联合发布正面清单，只有海关编码在清单范围内的，才可以在综合试验区做跨境电商网购零售。正面清单每年都会根据海关编码的变化而更新，应随时关注。

（3）了解、遵守其他机构的相关规定，如商品成分中含有违禁成分是不可以进口的。

（4）个人单笔订单总货值不得超过5 000元（所以单品货物售价超过5 000元的无法在保税区内做跨境电商网购零售）。

（5）个人年网购限额26 000元。

（6）通关商品含有濒危物种成分或保护物种成分，根据相关规定禁止进出口或者提供许可证明以后允许进出口。属于禁止进出口的和限制进出口而无许可证明的，海关按照影响监管做处罚。

能力提升

B2B2C 进口清关业务操作

1. 准备单证

B2B2C 进口清关常用的单证包括但不仅限于：发票、装箱单、合同、提单、进口明细表。

2. 查询仓单信息

在海关总署新仓单查询系统上可以查询仓单信息，确认仓单信息状态。

3. 录入申报系统

录入申报系统的界面如图 6－16 所示。

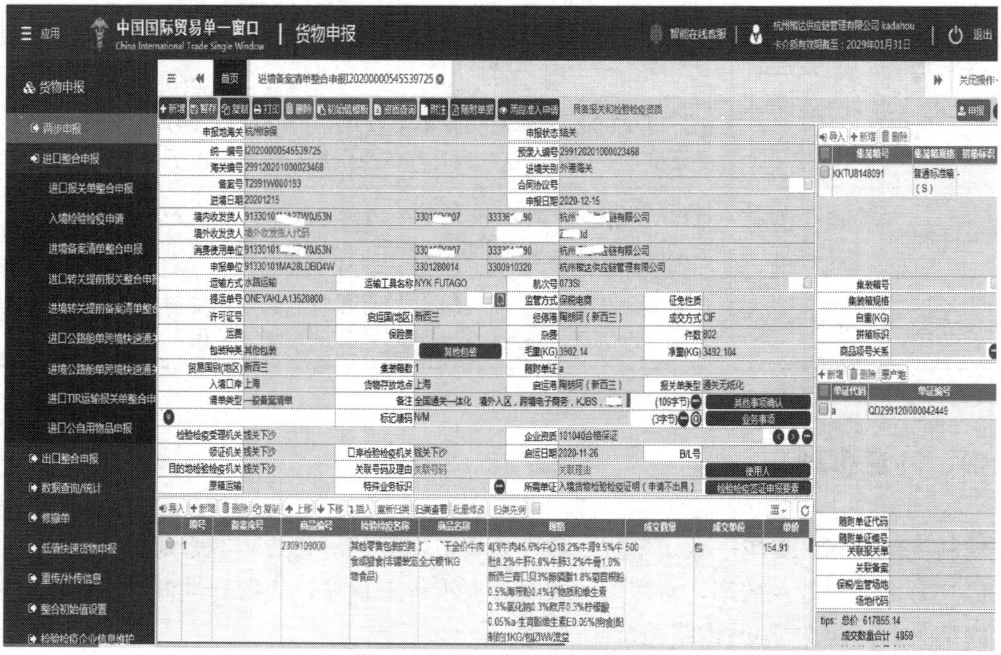

图 6－16　录入申报系统的界面

第一步，在中国国际贸易单一窗口特殊监管区域系统录入申报《保税核注清单（进口）》，生成 QD 开头的 18 位核注清单号，同时在中国国际贸易单一窗口货物申报系统里生成报关单草稿。

第二步，在中国国际贸易单一窗口货物申报系统里补充完整报关和报检信息，核对无误后申报，生成报关单及报检号。如果未自动放行，需找现场海关做手动放行。

第三步，到货前在中国国际贸易单一窗口特殊监管区域系统录入申报重车入区核放单及空车出区核放单。

4. 现场操作

如未自动放行，工作人员需找现场海关手动放行。如此时发现报关单被布控，应打印查验通知并提供一整套报关资料给口岸货代或报关行，配合口岸海关处理查验事宜。报关单放行/结关、报检号归档之后，查询口岸放行信息（整箱货通过理货网站查询，海运拼箱货或者空运货物可以致电分拨仓库/监管仓库查询）之后，安排车辆运输（普通货物可以使用普通车辆，危险品、冷藏/冷冻品须使用相应的运输车辆）。货物到保税区卡口，运输车辆凭重车入区核放单验卡过关，再根据卡口相应提示进入指定地点验放或者到指定仓库卸货。卸货完毕后，运输车辆凭空车出区核放单出卡。

5. 理货上架

根据货物性质及监管状态，在指定仓库或者跨境电商平台仓库理货，出具理货报告，根据实际理货数据上架销售。

普通已放行货物可在自营仓库理货。特殊商品、卡口布控货物、检验检疫抽中货物，在指定仓库理货。理货结果中的正常商品可上架销售，残次品做销毁或退运处理，少到货商品做补税处理，多到货商品原则上做退运处理。

6. 网售出区

跨境电商平台根据消费者三单信息向海关申报《中华人民共和国海关进出境自用物品申报单》，网售商品装车后，跨境电商仓库将整车商品对应的所有《中华人民共和国海关进出境自用物品申报单》汇总申报一个或多个出区核放单，并提供申报清单，经海关验放后出区，由承运快递公司送货至消费者手中。《跨境贸易核放单》如图6－17所示。

跨境电商平台次月汇总缴纳个人物品网购零售综合税款。因为应纳税款不得超过跨境电商平台保证金账户余额，所以企业一定要随时掌控保证金账户余额情况和期限，余额不足或临期要提前向海关申请续交及续期。

出区

已通过

跨境贸易核放单

KA330156001320180000276

KA2991201805000935

主管海关：杭州经济技术开发区海关驻出口加工区办事处　　业务类型：跨境进口小包　　进出卡口标志：出区

备案表编号	[redacted]	核放单类型	非集报
申请人	[redacted]物流（杭州）有限公司	账册编号（区内）	[redacted]
区内企业编码	[redacted]	区内企业名称	[redacted]
区外企业编码	[redacted]	区外企业名称	[redacted]
毛重（KG）	1.03	净重（KG）	1.03
包装件数	1	包装种类	包
集装箱数（自然箱数）		集装箱数（折20呎）	
承运车辆号牌	[redacted]	申请时间	2018-05-09
备注			

兹申明以上申报无讹并承担法律责任 企业签章： 联系电话： 签名： 年　月　日 （盖章）	卡口验放： 签名： 年　月　日 （盖章）
	海关签章： 签名： 年　月　日 （盖章）

图6－17　《跨境贸易核放单》

工作任务3 跨境电商B2B清关模式

职业能力6-3-1 熟悉跨境电商B2B先出区后报关模式

【学习目标】

知识目标

1. 熟悉先出区后报关模式的含义。
2. 熟悉先出区后报关模式的优缺点。

能力目标

掌握先出区后报关模式的操作流程。

素质目标

1. 感受开放包容的丝路精神。
2. 认识“五通”与人类命运共同体的重要性。
3. 树立遵纪守法、严谨细致的工匠精神。

【基本知识】

一、先出区后报关模式的含义

这条报关出关通道很高效

为复制推广自由贸易试验区改革试点经验，促进海关特殊监管区域（以下简称特殊区域）发展，提升贸易便利化水平，优化营商环境，海关总署在特殊区域及保税物流中心（B型）（以下简称中心）实施先出区后报关监管改革。

先出区后报关是指针对特殊区域及保税物流中心（B型）内的出境货物，企业可通过金关二期海关特殊监管区域管理系统、保税物流管理系统等信息化系统，凭核放单先行办理出区手续，再向海关报关的业务办理模式。对适用先出区后报关模式的货物，企业应采用全国通关一体化方式通关。

二、先出区后报关模式的优缺点

(一) 优点

相对于传统的先完成报关手续再出区的操作方式，先出区后报关模式巧妙地利用了保税区与一线港口间物理距离带来的物流时间差，有效弥补了预配仓单、正式报关和货物实际离区之间存在的滞后和衔接难题。

该模式的优点主要体现在6个核心层面。

1. 优化备货与空柜管理

在先出区后报关流程中，发货人无须提前完成全部备货并预提空柜，从而缓解了备货压力和额外费用支出。实际操作中，发货人可先依据实际装货数据编制《保税核注清单（出口）》，包含实际毛重、体积及箱封号等信息，供货代申报预配仓单。货物在运输至港口的途中，通过《一线转出核放单》与核注清单相关联，货代在此期间申报预配仓单，报关行同步进行正式报关，充分利用保税区至港口的运输时间，显著提高操作效率。

2. 解决海运拼箱难题

对于海运拼箱货，现行模式下需要所有拼箱货物的信息一次性准备完备才能申报预配仓单，这给货代及拼箱公司带来了极大挑战。先出区后报关允许货物出区后，与一般贸易出口货物同样操作，待拼箱货物集结完毕，再分别由货代和保税区报关行进行预配仓单和正式报关单的申报，能有效降低操作复杂度，拓宽保税区货物参与海运拼箱的渠道。

3. 提升空运货物灵活性

空运货物亦面临类似问题，即预配仓单需基于准确具体的货物信息。在先出区后报关模式下，货物送至空运代理仓库后，经实际称重测得毛重，据此预配仓单，随后由保税区报关行进行报关作业，进而取得《准予进卡通知书》以便交货和通关。这种模式尤其适用于那些无法接纳先报关后出区货物的机场，能有效消除系统对接障碍，提高空运货物的通关效率。

4. 精准应对陆运货物称重需求

陆运货物对申报重量准确性要求极高，但发货人提供的货物重量可能与实际存在微小误差。采用先出区后报关模式，在出区后借助专业物流场所精确称重，并按照实测数据申报，可避免因重量偏差引起的报关问题。

5. 契合跨境电商行业特点

鉴于跨境电商行业中货物有批次小、进出频繁以及属性特殊（如液态化妆品、食品等）等特点，先出货后报关模式能满足跨境电商企业快速响应市场变化的需求，有助于改善企业的运营环境。

6. 适应港口特定规则

针对某些港口对已报关货物进入港区设有严格的时间限制的情况，先出区后报关模式可有效规避因船期变更导致的超期运抵问题。货物可以先出区存放，待确定开港时间后再行报关申报，避免不必要的删单重报程序。

（二）缺点

先出区后报关模式虽然具备诸多优势，但也存在一定的潜在问题，主要体现在 3 个方面。

第一，考量的是出口通关效率的影响。若海运货物先行出区后未能及时完成报关申报，一旦货物抵达港口触发运抵信息（海运情况下表现为集装箱通过港区卡口时自动发送，空运则为空运场站接收到货物后发送），将会延长该批货物的实际通关时间。海关对出口通关时效的计算始于运抵信息的发送直至报关单被批准放行为止。在常规操作中，若报关申报早于运抵信息发送，则两者会自动匹配，报关单迅速获得放行，平均耗时约 0.5 小时。然而，若货物已触发运抵信息而报关单尚处于未申报状态，则需要等到报关单申报后方可匹配，此时通关时效将完全取决于报关单的具体申报和处理时间。

第二，涉及报关异常情况的处理。对于采用先出区后报关模式的货物，如遇报关问题需要撤销原申报的《保税核注清单（出口）》及《一线转出核放单》，在解决异常问题后，需要重新进行申报，此时新的《一线转出核放单》无法自动通过监管环节，同时《保税核注清单（出口）》也无法实现自动核扣。

第三，监管透明度和追溯能力的下降。在货物出区后报关前的阶段，海关仅能依据《保税核注清单（出口）》和《一线转出核放单》来实施监管和追踪，由于尚未生成正式的报关单，海关在此期间缺乏可供查阅的法定报关文件资料。这意味着在报关手续正式提交之前，海关难以获取完整的报关信息，增加了监管难度。

能力提升

解决通关时效问题

针对出口通关效率的关键问题，在确保报关申报流程提前至集装箱进港之前完成的前提下，无论是先出区后报关模式还是先报关后出区模式，都能够达到相似的高效通关效果。为此，货代和报关代理之间的紧密协作至关重要，确保预配信息一经获取即刻用于报关单的申报，而非等待集装箱实际进港之后才开始办理报关手续。现实中，为了优化流程，货代通常会在集装箱进港的前一天向报关行提供预配信息以便及时申报。

例如，货代于 2024 年 10 月 28 日 16:12:26 提交预配仓单申报，在当天 16:45:44 完成报关单的申报，而集装箱实际进港时间为 2024 年 10 月 29 日 03:43:00。在此安排下，报关单于 2024 年 10 月 29 日 04:18:31 顺利获得放行，港口系统在两分钟后，即 04:20:11 接收到放行指令，最终报关单结关及《保税核注清单（出口）》核扣完成的时间为 2024 年

11月3日16:40:58。这样的时间节点安排充分体现了提前申报对于提升通关时效的重要性。

本例报关单通关时效约为0.5小时，由此可见海运是可以做到控制通关时效的。空运一般凭《准予进卡通知书》进场，基本不会影响通关时效；陆运没有放行通知书，陆路口岸无法捆绑过境车辆，因此更不会影响通关时效。

完成《保税核注清单（出口）》删单重报操作

当《保税核注清单（出口）》进行删单并重新申报时，原来生成的《一线转出核放单》将无法自动通过卡口验证，《保税核注清单（出口）》无法自动完成核扣。海关在面对此类先出区后报关模式下的删单重报请求时，将严格执行审查程序，其中一个判断标准就是参考相应的报关单是否已申报完成以及对应的《一线转出核放单》是否已成功过卡，以此来区分是先出区后报关模式还是先报关后出区模式。

对于确实符合删单重报条件的先出区后报关模式案例，海关将采用一种特殊的处理方式，即通过虚拟过卡的方式来处理《一线转出核放单》，这样一来，即使在删单重报后，《保税核注清单（出口）》也能顺利实现自动核扣，确保整个流程的合规性和连续性。

对于采取先出区后报关模式的货物，海关依赖《保税核注清单（出口）》和实际经过验证的《一线转出核放单》作为监管和追溯依据。在法规层面上，《保税核注清单（出口）》具有与《进出境货物备案清单》相同的法律效力，使得海关完全能够凭借有效的《保税核注清单（出口）》配以已通过卡口验证的《一线转出核放单》，对这类货物实施严密的监管和跟踪。

若出现任何违规操作行为，海关可根据相关记录迅速查到涉及的货物单证及其关联的企业和个人责任主体。现行的海关特殊监管区域所使用的金关二期系统规定，《保税核注清单（出口）》一旦申报提交，企业无权自行对其进行修改或撤销操作；同样，《一线转出核放单》在通过卡口验证后，企业亦无法擅自废弃并重新申报。

因此，即便是采取了先出区后报关模式，其全程依然置于海关严格的监管之下，并不存在监管真空或难以追踪的情况。

开展先出区后报关模式操作

先出区后报关模式流程如图6－18所示。

(1) 发货人拟订出货计划，向货代约定出货日期。

(2) 货代派车来保税仓提货，提供车辆信息给保税仓关务。

(3) 保税仓申报《空车核放单（入区）》。

(4) 驾驶员刷《空车核放单（入区）》二维码入区提货，保税仓仓库装货。

(5) 保税仓申报《保税核注清单（出口）》。

(6) 报关行接收《保税核注清单（出口）》信息，预录入报关单，关联第5步的核注清单编号，暂存，不申报。

(7) 提货驾驶员刷《一线转出核放单》二维码（重车码）出区送货至港口。

(8) 货代提供预配仓单信息给报关行。

(9) 报关行及时查询预配仓单信息。

(10) 集装箱进港或拼箱后进港或空运凭进卡单交货或公路运输凭放行单过关。

(11) 承运人申报离境信息，上传清洁仓单，报关单自动结关，《保税核注清单（出口）》自动核扣核销。

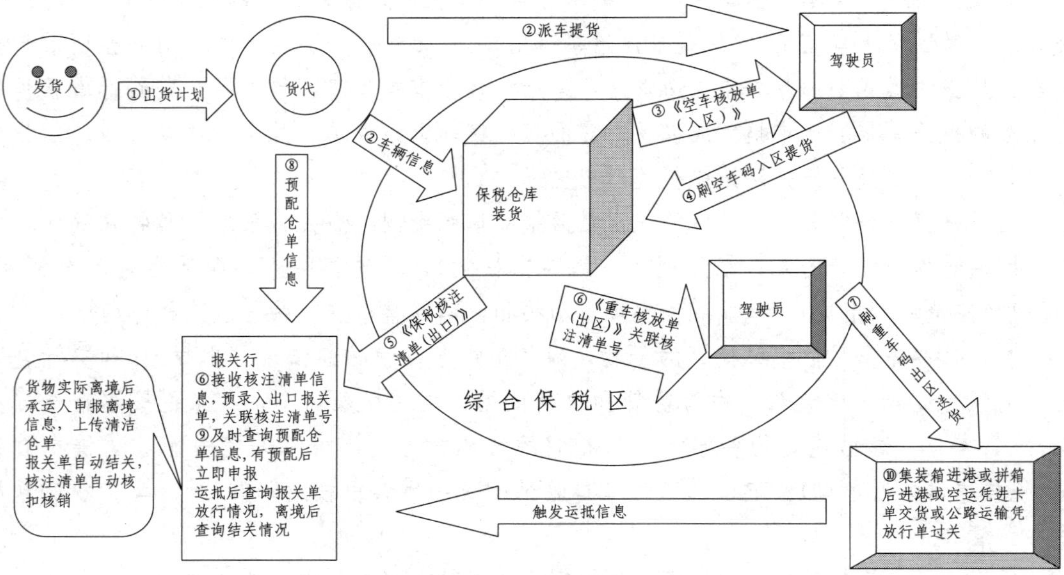

图 6-18　先出区后报关模式流程

职业能力 6-3-2　熟悉跨境电商 B2B 两步申报模式

【学习目标】

知识目标

1. 熟悉两步申报模式的含义。
2. 熟悉两步申报模式的单证。

能力目标

掌握两步申报模式的操作流程。

素质目标

1. 感受开放包容的丝路精神。

2. 认识“五通”与人类命运共同体的重要性。

3. 树立遵纪守法、严谨细致的工匠精神。

【基本知识】

一、两步申报模式的含义

两步申报是海关在进出口通关监管领域落实国务院“放管服”改革、便利企业通关申报、持续优化营商环境的重要举措。企业利用两步申报模式进行通关，可进一步降低通关成本，提高货物通关效率。

二连口岸“两步申报”助力口岸营商环境再优化

和传统一步申报到位的模式相比，在两步申报模式下，企业不需要一次性填报所有申报项目即可以提离货物，最大限度地提高了企业进口货物的使用及周转效率。

两步申报模式适用于：

（1）境内收货人信用等级为一般信用及以上。

（2）实际进境（一线进口）的货物。

（3）使用舱单系统申报舱单。

（4）如果进境货物涉及监管证件，涉及的监管证件实现联网核查。

有纸申报报关单，通过特殊通道申报的报关单，使用纸质代理报关委托书、运输工具进境超过 14 天的进口货物，非金关二期加工贸易账册的进口加贸类或海关特殊监管区域货物，均不适用两步申报模式。

二、两步申报模式的优势

两步申报模式进一步将海关监管环节予以前推后移，实现海关对物流的最小化干预甚至不干预。对于企业而言，两步申报模式主要有以下优势：一是提货速度更快，能减少货物在码头的滞留时间，降低进口成本；二是有更充裕的时间准备报关资料，减少申报差错；三是可自行选择两步申报模式或现有模式，提升适应度和选择上的灵活自主性；四是提供多元化的通关服务，能有效降低企业在货物口岸通关中的经济和时间成本，进一步简化流程，提高通关效率。

三、两步申报模式的步骤

两步申报模式包括分次录入和一次录入两种模式。分次录入分为概要申报、完整申报两步。选择一次录入模式，企业可以一次性完成所有申报数据项的录入。一次录入不是整合申报，仍然是两步申报，海关内部作业仍按照两步申报模式流程开展。两步申报模式单一窗口界面如图 6－19 所示。

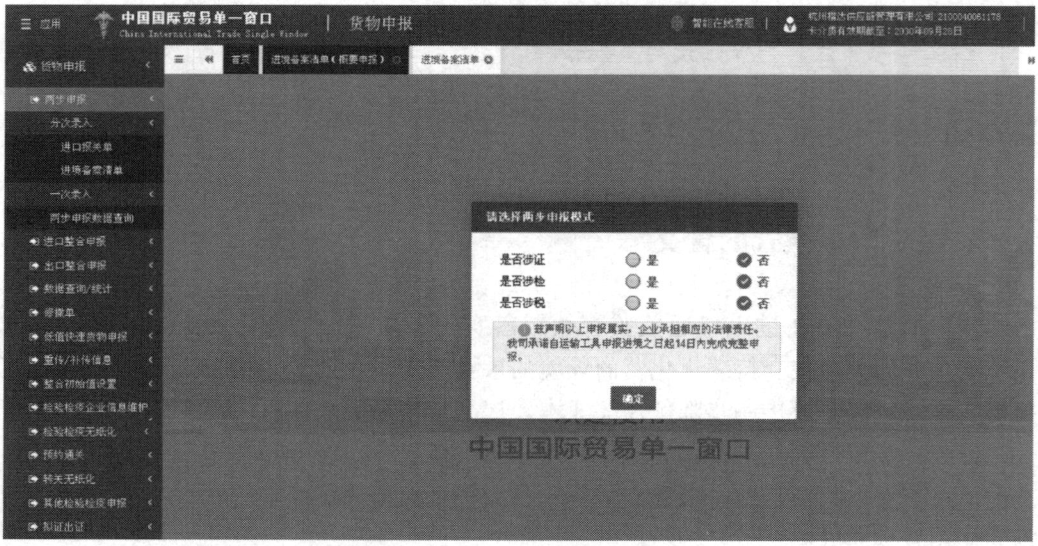

图 6-19 两步申报模式单一窗口界面

（一）分次录入

1. 概要申报

对于不涉及进口禁限管制、检验或检疫的货物，企业只需申报 9 个项目，确认 2 个物流项目；对于涉及进口禁限管制、检验检疫的货物，分别增加申报 2 个或 5 个项目；应缴税的选择符合要求的担保备案编号。如果货物不需要查验，即可提离；涉税货物已经提交税款担保的，或需要查验货物且已完成查验的，也可以提离。

概要申报分为一次录入和分次录入。在货物信息齐全、单据完善的情况下，企业可选择一次录入；在货物申报要素等信息不全、货值不确切的情况下，企业可选择分次录入。

2. 完整申报

企业要在规定时间内补充申报其他项目，办理缴纳税款等通关手续。

考虑到两步申报模式中查验环节设定在概要申报阶段进行，因此完整申报阶段的报关单不会接到查验指令，企业只需在货物入境后的 14 天期限内完成完整申报即可。有目的地查验需求的报关单，其概要申报必须符合当地海关的查验标准。

对于逾期未报关的滞留货物，两步申报模式并不适用，故必须在货物入境 14 日内完成一次性完整申报。若在货物入境后 14 天内未能按时完成完整申报的两步申报报关单，企业需要取消原有的概要申报，转而采用一体化申报模式。

在两步申报模式中，完整申报报关单与概要申报报关单是通过海关编码进行总体比对核实的，这一设计有效迎合了企业先提货、后完善报关资料的需求。企业在货物提离后仍可将其暂存，待理货完毕后，根据实际到货的真实数据完成最后的完整申报。在确保不违背海关监管规定的前提下，企业有权自行修正申报项目的详细信息。

在概要申报阶段已经选定涉证、涉检、涉税模式，在完整申报阶段不得随意更改；若确实需要变更，必须首先撤销原概要申报报关单，并重新进行申报。概要申报报关单如图 6 - 20 所示。

中华人民共和国海关进口货物报关单　*29912020100002320 4*

预录入编号：299120201000023204　　海关编号：299120201000023204　（杭州综保）　　两步申报模式：非证、涉检、非税　　页码/页数：1/1

境内收货人（91330101341964991A） 杭州******有限公司	进境关别（2225） 外港海关		进口日期 20201211		申报日期 20201211		备案号
境外发货人	运输方式（2） 水路运输		运输工具名称及航次号 ELA/012N		提运单号 OOLU2654419690		货物存放地点
消费使用单位	监管方式（1210） 保税电商		征免性质		许可证号		启运港
合同协议号	贸易国（地区）		启运国（地区）		经停港（地区）		入境口岸
包装种类	件数 1046	毛重(千克) 7037.22	净重(千克)	成交方式	运费	保费	杂费
随附单证及编号 随附单证2：代理报关委托协议（电子）							
标记唛码及备注 备注：N/M　集装箱标箱数及号码：1；CBHU5720556；							

项号	商品编号	商品名称及规格型号	数量及单位	单价/总价/币制	原产国(地区)	最终目的国(地区)	境内目的地	征免
1	2309109000	N*********鸡肉糙米配方幼猫猫粮1.36kg/袋	359.04千克 264袋	221.8900 58578.96 港币	美国 (USA)			
2	2309109000	N*********鸡肉糙米配方幼猫猫粮2.27kg/袋	1498.2千克 660袋	309.0200 203953.20 港币	美国 (USA)			
3	2309109000	N*********鸡肉糙米配方室内成猫猫粮2.27kg/袋	1498.2千克 660袋	298.2900 196871.40 港币	美国 (USA)			
4	2309109000	N*********鸡肉糙米配方室内成猫猫粮[illegible].35kg/袋	3429千克	622.3700 336079.80	美国 (USA)			

图 6 - 20　概要申报报关单

（二）一次录入

一次录入是指企业在进行两步申报时，按照报关单填制规范要求可以一次性完整地录入 105 项数据，无需分两次录入。两步申报一次录入模式单一窗口界面如图 6 - 21 所示。

货物信息单证齐全，企业可以选择两步申报一次录入模式。企业录入完整报关单信息，待查询到仓单信息后，人工提交概要申报。

企业可以勾选辅助提交，即概要申报放行后，系统会自动提交完整申报，等于一次录入就完成了两步申报模式的全部流程。

如勾选“辅助提交”，企业需要把所有概要申报和完整申报部分（必填项）数据全部录入；概要申报提货放行后系统自动完成完整申报，无需人工再次提交。如不勾选“辅助提交”，默认为“人工提交”。此模式下，企业可以先申报概要申报部分，提货放行后可以继续录入完整申报部分；“概要申报”提货放行后需要企业手动点击“申报”完成完整申报。

在“提货放行”前，如果企业发现需要修改完整申报数据，可在“两步申报数据查询”模块勾选“取消辅助提交”，修改后人工提交完整申报。

无确切把握或者有其他异常的情况下，不建议勾选“辅助提交”，这样可以降低不必要的退单率，避免造成额外的删改单。

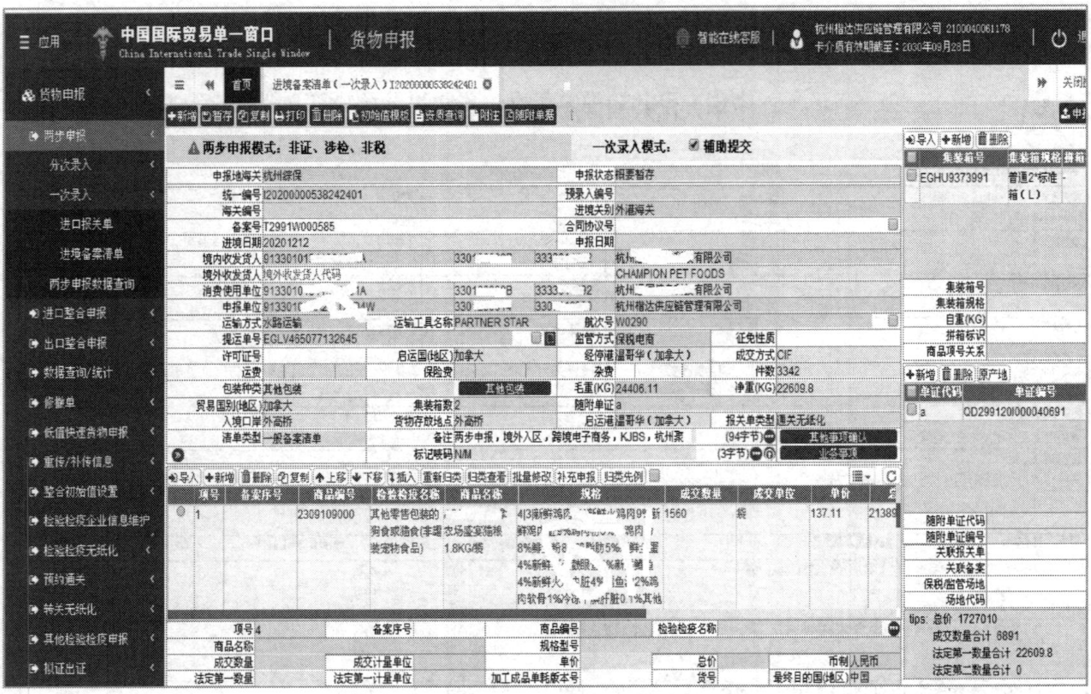

图 6-21 两步申报一次录入模式单一窗口界面

四、两步申报模式的单证

（一）《保税核注清单（进口）》

两步申报模式下的《保税核注清单（进口）》与一体化通过模式（即 9610 模式、1210 模式）中的《保税核注清单（进口）》是不同的。两步申报分次录入模式，是先概要申报报关单，再录入申报《保税核注清单（进口）》（见图 6-22），“清单类型”选择“区港联动”，“报关单类型”选择“进口两步申报备案清单（Y）”，“对应报关单编号”填报概要申报报关单编号。

两步申报一次录入模式是先申报核注清单（见图 6-23），核注清单预核扣以后，系统自动将报关单草稿转到两步申报一次录入报关单界面，企业再进行两步申报一次录入的概要申报和完整申报。“清单类型”选择“区港联动”，“报关单类型”选择“进口两步申报一次录入备案清单（f）”。

两步申报模式中的《保税核注清单（进口）》的表体和其他模式中《保税核注清单（进口）》的表体是一样的，企业既可以手动录入信息，也可以下载导入模板，通过系统导入的方式录入信息。

（二）《进卡口核放单》

鉴于使用两步申报模式，完整申报放行后，《保税核注清单（进口）》就会立即自动

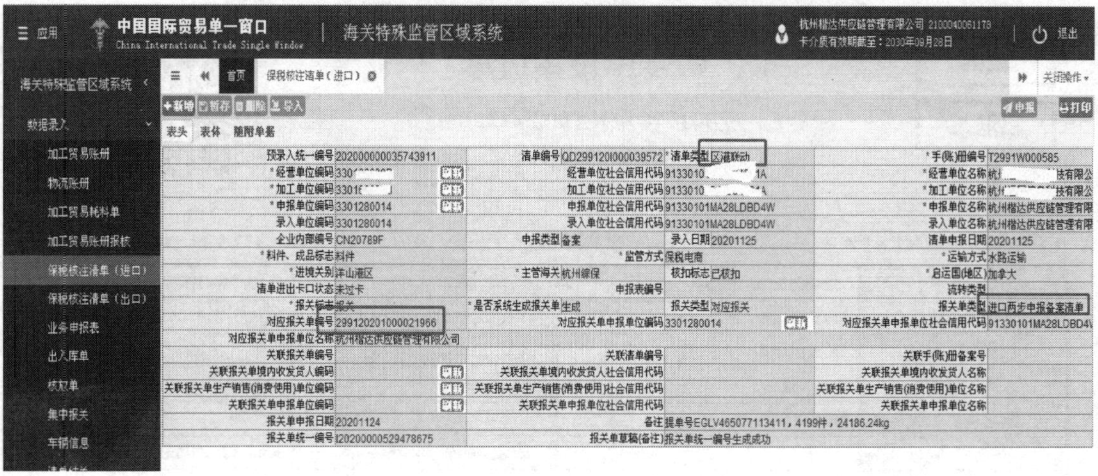

图 6－22　两步申报分次录入模式下的《保税核注清单（进口）》

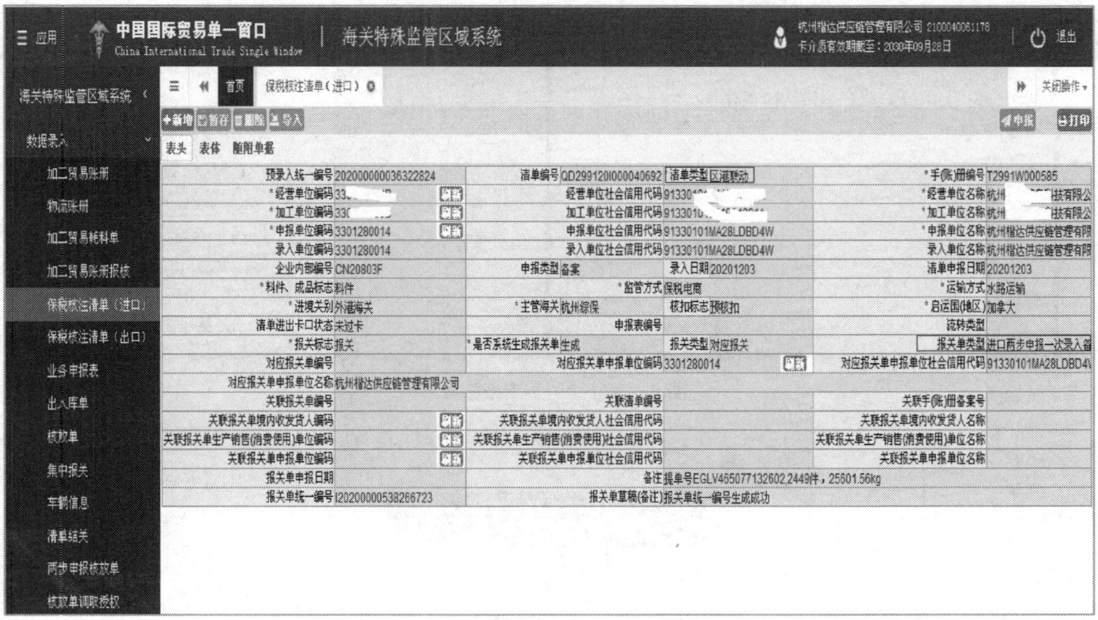

图 6－23　两步申报一次录入模式下的《保税核注清单（进口）》

核扣，车辆《进卡口核放单》与《保税核注清单（进口）》不再关联，因此《两步申报核放单》仅有车辆进卡的功能，不再涉及账册核扣、核销。《两步申报核放单》申报的信息更为简单。

在单一窗口《两步申报核放单》界面简单录入表头信息，暂存以后在表体信息中录入关联报关单号，即可申报打印或将二维码发给送货驾驶员，供运输车辆入区卸货。

空车进区时，《两步申报核放单》就是普通的《空车进区核放单》（见图 6－24）。

进区

已通过

两步申报核放单

Z2991I201212T00000000004

主管海关：杭州经济技术开发区海关驻出口加工区办事处业务类型：两步申报 进出卡口标志： 进区

预录入统一编号	202000000000057390	企业内部编号	JZX330166K00W20121200001
区内企业编码	330166K00W	区内企业名称	杭州[illegible]出口有限公司
申报单位编码	330166K00W	申报单位名称	杭州[illegible]口有限公司
录入单位编码	330166K00W	录入单位名称	杭州[illegible]口有限公司
承运车辆号牌	鲁K39673	集装箱号	
申请人		申报时间	2020-12-12 19:45:56
备注	提单号：HDFC20W5663006		

兹申明以上申报无讹并承担法律责任 企业签章： 联系电话： 签名： 年 月 日 （盖章）	卡口验放： 签名： 年 月 日 （盖章） 海关签章： 签名： 年 月 日 （盖章）

图 6-24 《两步申报核放单》

能力提升

操作两步申报模式下的报关

在概要申报阶段，企业必须按照货物的实际情况，如实选择是否需检验或检疫、是否涉及监管证件、是否需要缴纳税款，并且承诺在规定时限内进行完整申报。

对于海关特殊监管区域货物或者加工贸易进口货物，企业在完整申报时，需要采用《区港联动核注清单》。企业先从金关二期加工贸易管理系统录入或导入核注清单，在核注清单表头填写已放行的报关单号。核注清单预审核通过后，将自动生成报关单草稿数据，企业可在中国国际贸易单一窗口中查询核注清单生成的完整申报的报关单草稿并进行补充修改，提交完整申报。

概要申报阶段申报信息较为简单，根据实际货物情况选择涉证、涉检、涉税情况，简单申报货物信息、仓单信息及集装箱信息。

概要申报项目：收、发货人，运输方式/运输工具名称及航次号，提运单号，监管方式，商品编号（10位），商品名称，数量及单位，总价，原产国（地区），规格型号，币制，成交方式。其中，商品编号（10位）填报《中华人民共和国进出口税则（2024）》和《中华人民共和国海关统计商品目录》确定编码的10位；数量及单位填报成交数量，法定第一数量、法定第二数量及各自对应计量单位；总价填报同一项号下进口商品实际成交的商品总价格，如果无法确定实际成交商品总价格则填报预估总价格。其他项目按照《中华人民共和国海关进出口货物报关单填制规范》要求填写，具体包括：

货物物流项目：集装箱商品项号。

属于禁限管理需增加的申报项目：许可证号/随附证件代码及随附证件编号、集装箱商品项号关系。

属于依法需要检验或检疫需增加的申报项目：产品资质（产品许可/审批/备案）、商品编号（10位）＋检验检疫名称、货物属性、用途、集装箱商品项号关系。

以下四种情况须选择涉检：

（1）带有监管条件（法检商品）。

（2）有集装箱原箱运输的货物（整箱运输）。

（3）含有木质包装材料或辅料的货物（木质包装）。

（4）跨境电商整批进口保税货物（保税电商）。

非保税、非减免税货物均须选择涉税申报。

概要申报涉及41种证件的货物概要申报须选择涉证。

梳理两步申报的操作步骤

1. 中国国际贸易单一窗口申报步骤

第一步，概要申报。

（1）登录中国国际贸易单一窗口。

（2）进入“两步申报”模块。

（3）选择“是否涉证”“是否涉税”“是否涉检”。

（4）按照系统界面要求，录入相关信息。

第二步，完整申报。

（1）登录中国国际贸易单一窗口。

（2）进入“两步申报”模块。

（3）查找已完成概要申报并可以进行完整申报的报关单，按照系统界面要求，录入相关信息。

2. 申报状态查询

企业可以进入中国国际贸易单一窗口中的“两步申报状态查询”模块，在弹出的“两步申报”状态查询界面，通过输入报关单号，查询报关单状态。

职业能力 6－3－3　熟悉跨境电商 B2B 两段准入模式

【学习目标】

知识目标

1. 熟悉两段准入模式的含义。
2. 熟悉两段准入模式的注意事项。

能力目标

掌握两段准入模式的操作流程。

素质目标

1. 感受开放包容的丝路精神。
2. 认识“五通”与人类命运共同体的重要性。
3. 树立遵纪守法、严谨细致的工匠精神。

【基本知识】

一、两段准入模式的含义

两段准入是指以进出口货物准予提离进境地口岸海关监管作业场所（含场地）为界，分段实施“是否允许货物入境”和“是否允许货物进入国内市场销售或使用”两类监管作业（分别简称第一段监管和第二段监管）的海关监管方式。

海关在进境地口岸海关、目的地口岸海关分两段对进口货物实施准入监管，完成相应监管作业后，企业凭海关通知准予将货物提离口岸进入中国关境，对货物实施销售或使用等处置。两段准入模式分为准予进入中国关境和准予进入中国市场。

（一）准予进入中国关境

准予进入中国关境（即第一段监管）是指进口货物完成必要的口岸检查，凭海关通知准予提离进境地口岸海关监管区。符合条件的进口货物包括以下 4 类：

（1）无海关检查要求的货物。

（2）仅有海关口岸检查要求且已完成海关口岸检查的货物。其中，进境地口岸海关监管区内不具备检查条件的，收货人可向海关申请在监管区外具备检查条件的特定场所或场地实施转场检查。

（3）仅有目的地检查要求的货物。

（4）既有海关口岸检查又有目的地海关检查要求，已完成海关口岸检查，或经进口收货人或其代理人申请在进境地口岸合并实施且已完成相关检查的货物。

（二）准予进入中国市场

准予进入中国市场（即第二段监管）是指进口货物准予从海关口岸提离后，由企业自行运输和存放，凭海关放行通知准予销售或使用。符合条件的进口货物包括以下3类：

（1）有目的地海关检查要求，海关已完成检查的货物。

（2）属于监管证件管理，海关已核销相关监管证件的货物。

（3）需进行合格评定，且海关已完成合格评定程序的货物。

两段准入模式单一窗口界面如图6-25所示。

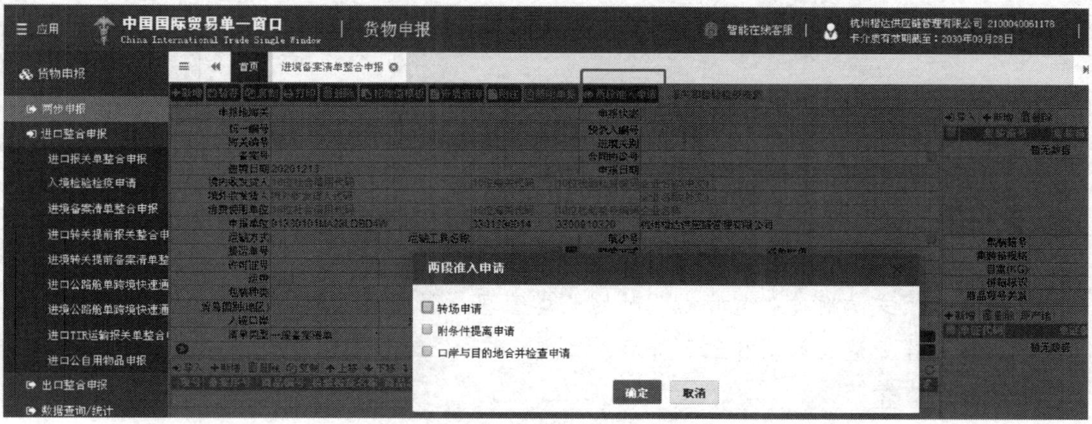

图6-25　两段准入模式单一窗口界面

二、两段准入模式的注意事项

虽然海关允许企业将完成第一段监管的货物从口岸提离，且由企业自行运输和存放，但此时货物尚未完成全部通关手续，仍需接受海关监管，因此企业不能随意处置。

已被海关布控要求在口岸海关实施以检验或检疫目的取样送检的货物，在完成口岸检查并且检查结果为正常的情况下，符合条件的可以实施附条件提离，即对于符合条件的货物，企业向海关承诺在海关实验室结果确定前不销售或使用货物，可在海关取样后将货物提离口岸。

同一批货物既有海关口岸检查又有目的地检查要求的，企业可申请在进境地口岸合并实施检查。

目的地海关是指企业申报进口货物的境内销售或使用地主管海关。进口货物的境内销售或使用所在地的主管海关为进境地口岸海关，企业可将该海关作为目的地海关申报，该海关可以实施目的地检查。

三、两段准入模式的优点

（一）压缩通关时间

通过附条件提离、转场检查、目的地海关检查等方式，企业可以将进口货物快速提离口岸，大大节约在监管场所等待的时间。

（二）提高通关效率

企业自行运输和存放，在属地完成目的地检查或获取检验合格的通知后，就可以销售或使用，大大提高口岸提离效率，实现大多数中低风险进口货物的快速通关和流转，有助于减少货物在口岸积压，降低货物滞港产生的仓储和时间成本。

能力提升

总结两段准入模式的操作流程

两段准入模式是海关在监管作业时的分类管理。两段准入模式概念如图 6－26 所示。两段准入模式作业流程如图 6－27 所示。

● 第一段监管

1. 入境拒止

运输工具进境前，海关发现应予入境拒止的，向运输工具负责人和舱单传输人分别发送禁止入境通知和禁止卸货通知。

2. 前置拦截

海关实施登临检查，准许无布控或检查无异常的运输工具进行卸货。卸货过程中，海关同时实施辐射探测、先期机检、预防性检疫处理等监管或处置作业。

3. 口岸检查

货物经口岸海关检查后，满足合规条件即可提离，部分符合规定的货物可以附条件提离或转场检查。

4. 单证检查

单证检查适用于两步申报一次录入模式。

5. 口岸放行

进口货物准予提离后，由企业自行运输和存放，凭海关放行通知销售或使用。

● 第二段监管

1. 单证检查

单证检查适用于两步申报模式。

2. 目的地海关检查

有目的地海关检查要求的货物运抵目的地后，企业应在规定时间内向目的地海关申请办理检查手续；在目的地海关完成相关检查前，不得销售或使用货物。

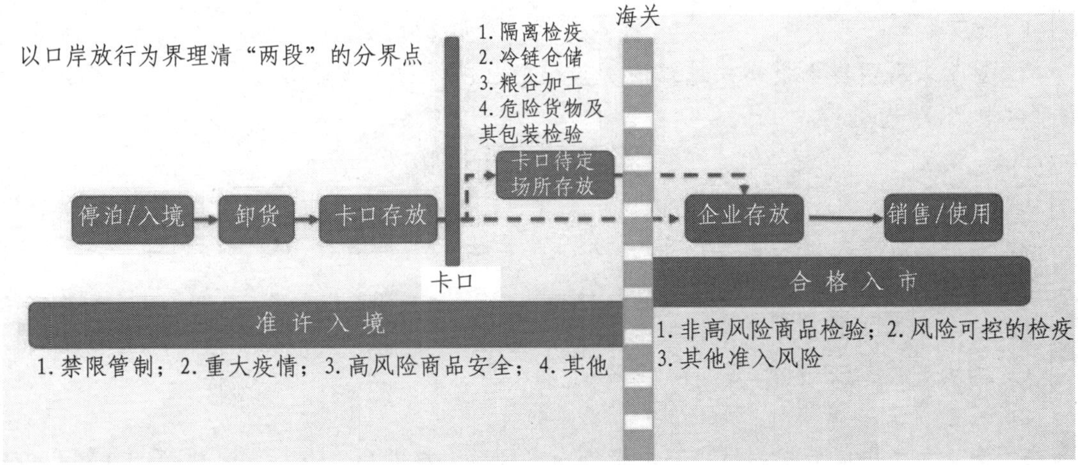

图6-26　两段准入模式概念示意图

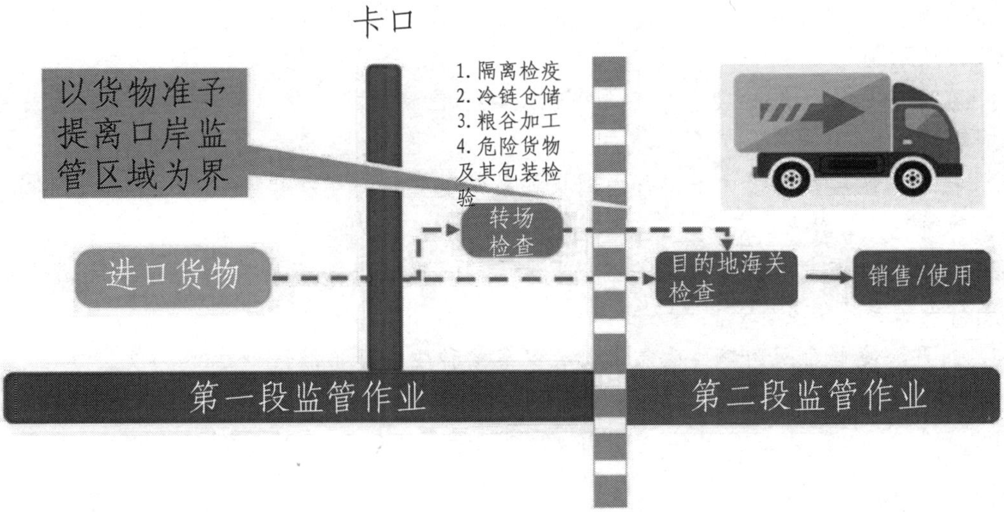

图6-27　两段准入模式作业流程

知识巩固

一、选择题

1. 两步申报模式主要适用于（　　）的境内收货人。[单选题]

A. 低信用等级　　　　B. 一般信用及以上

C. 高信用等级　　D. 无特定信用等级要求

2. 企业在进行两步申报时，若选择一次录入模式，可以一次性完成（　　）项数据的录入。[单选题]

A. 9 项　　B. 2 项

C. 105 项　　D. 5 项

3. 对于采用两步申报模式进口的货物，企业在货物入境后必须在（　　）天内完成完整申报。[单选题]

A. 7 天　　B. 10 天

C. 14 天　　D. 30 天

4. 先出区后报关模式适用于（　　）。[单选题]

A. 普通外贸区

B. 海关特殊监管区域及保税物流中心（B 型）

C. 国内普通工业园区

D. 一般贸易口岸

5. 企业在先出区后报关模式下申报货物出区后，接着应在（　　）进行报关。[单选题]

A. 货物出卡前　　B. 货物运输途中

C. 货物抵达出境口岸前　　D. 货物装船前

二、判断题

1. 在先出区后报关模式下，若货物触发运抵信息且报关单未申报，会导致通关时效显著提高。（　　）

2. 在先出区后报关模式下，若遇到报关异常需要删单重报，新的《一线转出核放单》能够自动通过监管环节。（　　）

3. 一次录入模式下，若勾选“辅助提交”，概要申报放行后系统会自动完成完整申报，无需人工再次提交。（　　）

4. 如果跨境电商网购零售商品中含有濒危物种成分就不能进口。（　　）

5. 在 B2B2C 模式中，境外采购商既是商品的所有者，又是境内消费者的商品发货方。（　　）

拓展练习

1. 请你概括 B2B2C 模式下的进口清关流程。

2. 现有一批货物需要通过 9810 模式出口至欧洲市场，请你总结操作步骤。

学习任务7

跨境电商物流信息管理

内容结构

- 跨境电商物流信息管理
  - 跨境电商物流信息系统管理
    - 物流信息管理概述
    - 物流信息系统应用
  - 跨境电商物流信息技术发展
    - 智能物流的应用
    - 物联网技术的应用
    - 人工智能技术的应用

工作任务 1 跨境电商物流信息系统管理

职业能力 7－1－1 熟悉跨境电商物流信息管理

【学习目标】

知识目标

1. 掌握跨境电商物流信息系统的含义。
2. 熟悉跨境电商物流信息系统的功能。
3. 掌握跨境电商物流信息系统的特点。

能力目标

掌握跨境电商物流综合服务平台的构建流程。

素质目标

1. 感受互学互鉴的丝路精神。
2. 感受自主探索、创新思考的工匠精神，培养创新精神和实践能力。

【基本知识】

一、跨境电商物流信息系统的含义

物流系统是指在一定的时间和空间里，由所需位移与服务的货物、提供服务的设备（含包装设备、装卸搬运机械、运输工具、仓储设施）、组织服务的人和信息技术等若干动态要素所构成的具有特定功能的有机整体。运输、储存、包装、装卸搬运、流通加工、配送和物流信息等物流基本功能要素有机地结合在一起，构成了物流系统的总功能。系统输入的是运输、储存、包装、装卸搬运、流通加工、配送等环节所消耗的人力、设备、材料等资源，经过处理转化，变成系统的输出，即物流服务。

跨境电商物流信息是对反映跨境电商中相关物流活动内容的业务、数据、单证、图像、文件、资料、知识、政策等的总称。

跨境电商物流信息系统是指由人员、设备和程序组成的，为跨境电商物流管理执行计划、组织、管理、控制等职能提供的信息交互系统，可提供信息搜集、整理、储存、加工、传输以及服务管理功能。它是跨境电商物流管理软件和信息网络相结合的产物。

跨境电商物流信息系统管理是对跨境电商环境下的物流信息进行搜集、整理、分析、应用、储存和传输的集成过程。在这个过程中，企业需要对跨境电商物流信息活动的各个要素（包括人、财、物、技术、工具、设备等）进行管理，实现订单包裹的实时接单、仓储、通关、运送、跟踪、转运、妥投等一系列物流跟踪数据处理，以及对物流成本财务报表分析和物流绩效评价等活动。跨境电商物流信息系统管理强调应用系统化和集成化观念来处理企业经营活动中的各种问题，既要求信息处理得及时、准确和灵活，也要求信息处理得安全和经济，以达到企业的最优目标。

二、跨境电商物流信息系统的功能

跨境电商物流企业的信息系统主要涉及仓储管理、运输管理、订单管理、库存管理、供应商管理等，通过使用计算机技术、通信技术、网络技术、物联网技术、人工智能技术、大数据技术等，建立物流信息化管理，以提高跨境电商物流信息的处理和传递速度，提高物流活动效率和物流服务质量，完善实时物流跟踪，降低物流成本。

跨境电商物流信息系统主要包括仓库管理系统（WMS）、运输管理系统（TMS）、车辆智能管理系统（ITS）等。此外，跨境电商物流信息系统还应该具备基本物流系统的功能，包括包装、流通加工、检验检疫、通关、装卸搬运等。

跨境电商物流信息系统的核心功能包括以下几个方面：

（1）订单管理：系统能够自动处理订单信息，包括接收、审核、分配、跟踪等环节，确保及时和准确处理订单。

（2）库存管理：实时更新并同步全球各地仓库的库存信息，支持多渠道库存共享和精准预测，以降低库存成本，提高库存周转率。

（3）物流跟踪与配送管理：整合各类物流服务提供商资源，实现跨境物流全程可视化追踪，优化配送路径，降低物流成本，提升客户满意度。

（4）海关通关服务：对接各国海关系统，实现报关单据的电子化提交与审批，简化通关流程，提高清关效率。

（5）数据分析与决策支持：通过大数据分析技术，对销售数据、物流数据等进行深度挖掘，为企业提供详尽的数据报告和决策依据，帮助企业制定或调整市场战略、供应链策略以及物流方案。

（6）财务结算管理：自动核算各项物流费用，实现与供应商、客户的财务结算自动化，减少人工误差，提高财务管理效率。

跨境电商物流信息系统通过对各个环节的信息化、智能化管理，能极大地提高企业的运营效率和服务质量，有力地支撑企业在全球市场的竞争力。

三、跨境电商物流信息系统的组成

（1）应用程序接口。应用程序接口简称 API 接口，通过 API 接口可以实现特定的功能，不需要了解其内部细节，即可将多个平台的数据和功能进行集成，快速获取跨境电商平台商品信息。集成 API 接口可以进行订单履行、快递管理、标签管理、发票管理、订单打印、物流跟踪和发送签收通知等。API 接口能对接各大主流跨境电商平台；能对接中国国际贸易单一窗口，提交货物进出口或转运所需要的单证或电子数据，实现海关、检验检疫、国税、外管、支付企业等之间的标准化信息流通；能对接国际空运、海运等运输方式；能对接各大主流 ERP 系统；能对接尾程派送渠道。

（2）订单管理子系统。订单管理子系统具有全渠道订单对接管理、销售订单管理、套餐管理、拆单合单管理、分仓管理、物流渠道分配管理、退货管理、换货管理、售后跟单管理等功能。订单管理子系统能够对接主流跨境电商平台、自建站平台，具有线下订单导入和创建等功能；能在系统智能化方面实现自动分仓、自动审单、标记发货及监控、发货超时提醒；能提供多种订单状态，满足客户日常处理订单的所有需求，无缝对接 ERP/CMS 系统，支持一键智能发货；能设置买家黑名单、试算订单利润，提前规避损失。

（3）客户管理子系统。客户管理子系统具有客户档案管理、店铺管理、客户货品管理、收发货地址管理、客户服务管理等功能。客户管理子系统支持提取与发送部分跨境电商平台的消息和电子邮件，针对不同场景设置自动发信功能；支持取消订单申请、退换货、纠纷处理等售后服务，支持客户数据维护和营销；支持客户任务分派及任务完成统计。

（4）商品管理子系统。商品管理子系统具有完善的商品资料库，自定义开发流程；支持商品资料导入和导出、自定义商品属性、批量更新商品属性；连接刊登系统，支持商品资料推送到刊登系统。

（5）采购管理子系统。采购管理子系统支持智能的采购补货逻辑，保证不缺货、不断货；具有适配度高的采购模式，支持亚马逊等多种不同场景；支持采购、主管、仓库、财务等多个角色参与，确保采购及时和准确；可以进行采购异常实时统计，方便考核筛选优质的供应商。

（6）入库管理子系统。入库管理子系统具有完善的收货、质检、上架流程；支持先质检、后收货；支持收货后直接上架；记录整个收货、质检、上架详情；支持中转仓越库操作。仓库可以通过订单号、物流单号直接退货入库。

（7）仓库管理子系统。仓库管理子系统提供全面、多角度的库存管理功能，对于仓库内部收货、上架、拣货、分拣、打包发货、移库、库存盘点和库存调拨等流程记录完整的交易历史痕迹，可追踪、可动态掌握库存问题；提供多仓支持，无论仓库或配送中心位于何处，都可以通过 WMS 进行统一的管理；具有多样化的拣货方式，拣货单提示库位信息，无需人工逐一寻找货品；有方便的库位标签管理，拣货无需重复判断；系统排列高效拣货路径，提升拣货效率；提供增值装箱打板等服务，人工校验商品后，可即时打印装箱单，提高发货效率；提供增值装箱打板等服务，人工校验商品后，可即时打印装箱单，发货时扫描包装标签，可显示箱内商品明细，一人即可完成校验与贴标；支持多样化的盘点方式，支持库位盘点、抽检模式，无需全库盘点，可随时随地盘点与抽检，大大提高效率和精确度，使用PDA盘点快且准，无需手工录入盘点数据。

(8) 出库管理子系统。出库管理子系统出货类型多样化，能高效分拣出货；能处理出货异常、交接班记录，异常处理跟进到位；支持次品上架，支持商品借用归还，支持批量出库。

(9) 头程管理子系统。头程管理子系统支持头程管理流程的个性化配置；具有FBA备货计划，支持提前备货；支持海外仓头程管理流程，支持FBA和其他第三方海外仓管理；支持多样化的FBA转运换标操作、FBA订单操作、FBA退件操作等差异化服务，能够提高企业在行业中的竞争力。

(10) 协同子系统。协同子系统支持移动办公，具有每日推送任务通知的功能；及时处理待办事项，随时查看员工任务进度。

(11) 财务管理子系统。财务管理子系统支持多仓多货主，具有成熟的收费模型，计算精确，账单清晰详细；支持应收账单、应付账单、客户账单、服务商账单等多格式账单。

(12) 数据管理系统。数据管理系统支持KPI与报表查询，能统计、查询与分析KPI，包括收货完好率、库存准确率、库位利用率等；支持解决原报表冗余、表述不清、汇率耗损、数据不准确的问题，能够自定义报表，实现多维度分析、图表结合、指标监测，提供一体化数据平台，高效建立企业数据体系；精准分析运营成本，提前发现企业经营风险。

跨境电商物流信息系统需要符合企业的实际运营流程，将主要的业务流程电子化、信息化，并实现对各项业务的量化评价，为企业经营管理提供全面的信息指导，辅助经营者调整经营策略。跨境电商物流信息系统管理过程是跨境电商物流信息从分散到集中、从无序到有序的过程。

四、跨境电商物流信息系统的特点

(1) 集成性。系统能够集成国内外多个跨境电商平台的订单信息，同时对接各种物流服务提供商，实现从订单生成到商品出库、运输、清关、派送等全链条信息的一体化管理。

(2) 实时性。系统具备实时数据更新与传输能力，可实时反馈货物在途状态、库存状况、物流时效等信息，便于商家和消费者及时了解商品动态。

(3) 灵活性。系统可以根据不同国家和地区的政策、法律、行政法规、物流环境等因素灵活配置和调整业务流程，满足跨境电商物流的各种复杂需求。

(4) 透明度。系统提供全程物流跟踪服务，使整个跨境物流过程透明化，有助于提升客户体验及企业的服务水平。

（5）数据分析反馈。系统能收集和分析大量运营数据，如物流成本、配送时间、异常情况等，为企业的决策提供数据支持，助力企业优化物流网络布局、降低成本、提高效率。

（6）合规性。系统严格遵循各国海关、税务等相关法律、行政法规要求，实现电子化报关、缴税等，保证跨境贸易的合法性、合规性。

（7）扩展性。随着业务的发展和市场需求的变化，系统具有良好的扩展性和升级能力，可以快速响应新的业务需求和技术发展。

（8）安全性。系统保护商业机密和客户隐私，采取高级加密技术和安全防护措施，能够确保交易数据的安全传输和储存。

能力提升

构建跨境电商物流综合服务平台

跨境电商物流综合服务平台项目的建设，以信息系统为手段，为跨境电商进出口企业提供跨境专线、邮政小包、国际快递、FBA 转运等递送的通关物流、三单对碰、查询统计、供应链金融、阳光结汇、风险预警、商品防伪溯源等服务，提高物流配送时效和海关监管力度；以平台为媒介，实现跨境电商平台企业、海关、仓储、物流配送等各业务主体多方信息共享、合作共赢。企业通过跨境电商物流综合服务平台实现信息化，为以上业务各个环节提供支撑。

跨境电商物流综合服务平台项目构建方案流程包括：

（1）备案。构建一套集中开放的跨境电商物流综合服务公共信息备案数据库。

（2）订单管理。与境内、境外跨境电商平台的订单数据对接，搭建与客户、供应商、合作伙伴的协同作业平台。

（3）申报通关。实现进、出口跨境电商商品的通关业务处理，企业信息与商品信息的备案。

（4）仓储服务。保税仓的仓储管理是企业将商品批量存入保税仓库，根据实际的订单信息再逐件进行出仓、封装邮件及入境申报，仓配一体系统协同操作，为进出口跨境电商业务提供完整的解决方案。

（5）功能协同。集成 API 接口，包括与中国国际贸易单一窗口进行数据对接，支持海关总署系统、各海关报关辅助系统；支持多种进出口跨境电商平台接口；与物流承运商系统、跨境电商企业系统、保税仓和海外仓等相关仓储企业系统对接，与各资金平台、银行系统、税务系统、结汇系统、政府系统等相关系统对接；打通多个环节与多个系统的数据通道，实现数据的共享。

（6）业务扩展。支持多种典型业务流程和扩展流程，支持海关监控的不同处理模式，提供全面的过程数据供海关参考；在标准业务处理流程的基础上，通过配置多种典型业务流程，支持多种业务模式。

(7) B2C、B2B2C 业务支持。B2C 订单数据接入、商品报关处理、税务处理与结汇处理，支持 FBA 退换货；B2B2C 订单数据接入、商品入仓、入境报关处理、税务处理，支持退换货及转口。

职业能力 7-1-2 掌握跨境电商物流信息系统应用

【学习目标】

知识目标

1. 熟悉条形码技术应用。
2. 熟悉 RFID 技术应用。
3. 熟悉 GIS 技术应用。
4. 熟悉大数据技术应用。

能力目标

掌握条形码技术、RFID 技术、GIS 技术、大数据技术在跨境电商物流领域的应用。

素质目标

1. 感受互学互鉴的丝路精神。
2. 感受自主探索、创新思考的工匠精神，培养创新精神和实践能力。

【基本知识】

一、条形码技术应用

(一) 概念

条形码（简称条码）技术是一种基于光学自动识别的自动数据采集技术，它利用一组规则排列的宽窄不等的黑白条纹（或颜色对比明显的其他图案）来代表一系列数字或字母信息。这些条纹和空白区域按照特定的编码规则编码，可以被专用的光电扫描设备（如条形码阅读器或扫描枪）读取和解码，然后转换为计算机可以识别和处理的数字或文本信息。

(二) 优点

条形码的优点在于输入速度快、准确度高、成本低廉，能够在众多领域实现数据自动化处理，大大提高工作效率和准确性。它广泛应用于零售业的商品销售、物流与供应链管理、图书馆图书管理、医疗行业药品管理、制造业的商品追踪与质量管理等多个领域。

条形码最早由美国乔·伍德兰德和伯尼·西尔沃于 20 世纪 40 年代研究发现，后来得到大规模应用和发展。条形码由国际物品编码协会（GS1）制定统一的全球标准，不同国家又根据自身情况做细分管理，我国由中国物品编码中心制定相关国家标准和应用规范。

（三）构成

一般来说，一个完整的条形码符号由厂商识别代码、商品项目代码、校验位等组成。

（四）分类

常见的条形码类型如图 7－1 所示。按维数分，条形码可以分为一维条码和二维条码。一维条码主要用来标识信息，二维条码可描述信息；一维条码需要有数据库或者在连接网络的条件下使用，且只能表达数字和字母，而二维条码提高了信息容量，有纠错功能，局部被损坏也能正确识读，可表示多种语言文字和图像，可引入加密机制，可防止证件、卡片伪造；一维条码常用于商品标签、图书管理、物流出口、固定资产、医药食品等领域，二维条码可以用于运输业的各个环节。QR 码支持中文汉字，目前普及率比较高，多用于扫码支付和溯源管理。

图 7－1　常见的条形码类型

按码制分，条形码可分为 UPC、EAN-13 码、EAN-8 码、ITF-4、TIF-6 等。不同国家或组织制定和研发出很多种类型的条形码。我国的商品上市销售都需要申请 EAN-13 码，这是一种由 13 位数字组成的条形码。

（五）系统构成

条形码系统具体由条码编码方式、条码机、条码扫描器、编码器及解码器、应用程序介面（API）等构成。条码扫描器可分为接触式和非接触式两种。接触式条码扫描器有光笔和卡槽；非接触式条码扫描器有 CCD 扫描器、激光扫描器等。数据采集器是条码扫描装置与数据终端一体化的终端电脑设备，具备实时采集、自动储存、即时显示、即时反馈、自动处理、自动传输等功能，为现场数据的真实性、有效性、实时性、可用性提供了保证，具有一体性、机动性、体积小、重量轻、性能高并适于手持等特点。

(六) 物流条码概述

物流条码作为储运过程中的唯一标识，服务于物资供应全过程。物流条码的标准体系由三部分组成，分别是码制标准、应用标准和商品包装标准。物流条码标准体系是物流条码体系中一个极其重要的组成部分，它的应用和标准化可以极大地推进物流行业的现代化和标准化。

目前国际上公认的物流条码有 3 种：通用商品条码，储运单元条码和贸易单元 128 码。

（1）通用商品条码。通用商品条码适合在国内用于标记单个商品单元，有 EAN-13 码和 EAN-8 码。标准版的商品条码（EAN-13 码）是国际物品编码协会在全球推广应用的商品条码，是一种定长、无含义的连续条码，没有自校验功能。缩短版的商品条码（EAN-8 码）适用于可印面积比较小的商品，如糖果、化妆品。

（2）储运单元条码。储运单元条码是专门表示储运单元编码的一种条码，常用于搬运、仓储、订货和运输过程中。储运单元条码分为定量储运单元（由定量消费单元组成的储运单元，如成箱牙膏、瓶装酒、药品等）和变量储运单元（由变量消费单元组成的储运单元）。

储运条码的标识：仓储和物流管理中运用最多的是交叉 25 条码。交叉 25 条码是一种长度可变的连续型自校验数字式码制，其字符集为数字 0～9。

（3）贸易单元 128 码。贸易单元 128 码是一种条和空都表示信息的条码，是一种长度可变的、连续的由字母和数字组成的条码，可根据需求将重量、日期、地址等编入。其优点：一是自动输入信息，节省信息传递及输入成本；二是保证物流信息的正确性和及时性；三是在生产、配送、零售等各环节中都能掌握商品动态。

二、RFID 技术应用

(一) 概念

射频识别技术（Radio Frequency Identification，RFID），又称无线射频识别技术，是一种利用无线射频信号进行非接触式自动识别与数据交换的技术。它通过电子标签（RFID 标签或电子标签）和 RFID 阅读器之间的无线通信来获取标签中储存的信息。

(二) 优点

RFID 的优点是非接触式识别。RFID 通过无线通信结合数据访问技术，连接数据库系统，实现非接触式双向通信，从而达到识别的目的，用于数据交换，串联起一个极其复杂的系统。在识别系统中，RFID 通过电磁波实现电子标签的读写与通信，被认为是 21 世纪最具发展潜力的信息技术之一。

（三）应用

RFID主要应用于供应链管理与物流、商品追踪、仓储、集装箱和托盘追踪、交通运输、智能交通系统、公共交通、身份识别与安全管理、门禁系统、生产自动化、生产线追踪、资产管理等。

（四）特性

（1）适用性。RFID依靠电磁波，并不需要物理接触，这使得它具有穿透性，达到无屏障阅读。在被覆盖的情况下，RFID能够穿透尘、雾、塑料、纸张、木材以及各种障碍物，建立连接，直接完成通信。条码扫描器只有在近距离而且没有物体阻挡的情况下才可以辨读条形码。

（2）高效性。RFID的读写速度极快，一次典型的RFID传输过程通常不到100毫秒。高频段的条码扫描器可以同时识别、读取多个RFID标签的内容，极大地提高了信息传输效率。

（3）独一性。每个RFID标签都是独一无二的，RFID标签与商品一一对应的关系使得人们可以清楚地跟踪每一件商品。

（4）简易性。RFID标签结构简单。尤其是随着NFC技术在智能手机上逐渐普及，手机成为最简单的RFID之一。

（5）数据的信息容量大。随着记忆载体的发展，RFID的信息容量有不断扩大的趋势。

（6）安全性。RFID承载的是电子信息，其数据内容可经由密码保护，不易被伪造和变造。

RFID因其所具备的远距离读取、高储存量等特性而备受瞩目。它不仅可以帮助企业大幅度提高信息化管理的效率，还可以使制造企业、销售企业、物流企业互联，从而更加准确地接收反馈信息，了解需求信息，优化企业的供应链。

三、GIS技术应用

地理信息系统（Geographic Information System，GIS）是在计算机硬件、软件系统支持下，对整个或部分地球表层（包括大气层）空间中的有关地理分布数据进行采集、储存、管理、处理、分析、显示和描述，为地理研究和地理决策服务的计算机技术系统。GIS以地理空间为基础，采用地理模型分析方法，实时提供多种空间和动态的地理信息，包括空间定位数据、图形数据、遥感图像数据、属性数据等，用于分析和处理在一定地理区域内分布的各种现象和过程，以解决复杂的规划、决策和管理问题。

GIS的功能包括：地图制图与可视化；空间查询；叠加分析；缓冲区分析；网络分析等。

四、大数据技术应用

大数据技术是指从各种类型的数据中快速获得有价值信息的技术。大数据领域已经涌现出大量新的技术，它们成为大数据采集、储存、处理和呈现的利器。

目前，大数据处理关键技术一般包括：大数据采集技术、大数据预处理技术、大数据储存及管理技术、大数据分析及挖掘技术、大数据安全与隐私保护技术、大数据展现与应用技术等。

（一）大数据采集技术

大数据智能感知层涵盖了数据传感体系、网络通信体系、传感适配体系、智能识别体系以及软硬件资源接入系统等关键部分，通过这些部分的协同工作，能够对包括结构化、半结构化和非结构化在内的海量数据，进行智能化的识别、定位、跟踪、接入、传输、信号转换、监控、初步处理与管理等一系列操作。基础支撑层旨在为大数据服务平台提供基础支撑环境，包括虚拟服务器、数据库以及网络资源等。其中，数据库涵盖用于储存不同类型的结构化、半结构化以及非结构化数据，以满足大数据的多样化储存需求。

（二）大数据预处理技术

大数据具有规模大和数据源多样化等特点。为获取高质量数据，大数据预处理技术可将已接收数据进行预处理，预处理技术包括数据清洗、数据转换和数据集成3个环节。数据清洗是指通过检测除去数据中的明显错误和不一致来达到减少人工干预和用户编程量的目的；数据转换是指按照已经设计好的规则对清洗后的数据进行转换来达到统一异构数据格式的目的；数据集成是指为后继流程提供统一且高质量的数据集合来达到解决“信息孤岛”现象的目的。目前常用的数据采集渠道包括传感器技术、电子渠道、传统搜索引擎，以及物联网技术等。

（三）大数据储存及管理技术

针对大数据的规模性，为了降低储存成本、并行地处理数据、提高数据处理能力，采用分布式数据储存管理技术，主要储存模式为冗余储存，即将文件块复制储存在几个不同的储存节点上。比较有名的分布式储存技术有GFS（Google File System）和HDFS（Hadoop Distributed File System），其中，HDFS是GFS的开源实现。为了达到方便管理数据的目的，大数据不再采用传统的单表数据存储结构，而是采用由多维表组成的按列储存的分布式实时数据管理系统来储存和管理数据，比较有代表性的是Big Table和HBase，其中，Big Table基于GFS，HBase基于HDFS。

（四）大数据分析及挖掘技术

为了从体量巨大、类型繁多、生成快速的大数据集中寻找出更高的价值，大数据分析及挖掘技术可以帮助理解数据的语义，从而提高数据的质量和可信度。目前，关键的大数据分析及挖掘技术是云计算技术和可视化技术。

（五）大数据安全与隐私保护技术

大数据潜在的巨大价值，吸引着无数潜在的攻击者。同时，在社交网络的快速发展下，人们的隐私安全更是受到威胁，甚至影响国家安全。现有的大数据安全与隐私保护技术包括：能对数据所有者进行匿名化的数据发布匿名保护技术，能隐藏用户信息和用户间关系的社交网络匿名保护技术，能确定数据来源的数据溯源技术，能实现用户授权和简化权限管理的角色挖掘技术，能将标识信息嵌入数据载体内部的数据库水印技术等。

（六）大数据展现与应用技术

大数据展现与应用（大数据检索、大数据可视化、大数据应用）技术能够将隐藏于海量数据中的信息和知识挖掘出来，为社会经济活动提供依据，提高各个领域的运行效率和整个社会经济的集约化程度。目前，我国大数据技术重点应用于商业智能、政府决策、公共服务等领域，如商业智能技术、政府决策技术、电信数据信息处理与挖掘技术、电网数据信息处理与挖掘技术、气象信息分析技术、环境监测技术等。

能力提升

归纳各种技术在跨境电商物流领域的应用情况

结合条形码技术、RFID技术、GIS技术和大数据技术的特征，调研它们在跨境电商物流行业发展情况。

1. 条形码技术

条形码技术广泛运用在物流领域，表现载体为物流条码。这类条形码在跨境电商领域的应用包括：

（1）物流条码在跨境电商进出口货物订货业务的应用。跨境电商进出口商品进入仓库的检查验收处理、商品验收及外发、商品在库内保管等，都采用条形码技术进行识别、标签化、定位入格等。

（2）物流条码在进出口商品包装中的应用。物流条码在进出口商品包装中主要发挥商品识别、质量追溯和防伪作用。

（3）物流条码在国际物流配送和加工中心的货物分拣中的应用。跨境电商采用条形码技术进行识别、分拣、贴签、存放、再出库。

（4）物流条码在装卸搬运中的应用。在装卸搬运中，跨境电商采用条形码技术进行商品验证、计数、分拣、尺寸测定、机场通道条形码识别、货物通道条形码识别等。

（5）物流条码在通关物流中的应用。条形码技术可用于检验外贸商品；可用于国际出口单证业务、海关报关、银行结算；可用于运输车辆调度与管理、配送管理、货物跟踪与识别，为记录并获取这些信息提供方便、快捷的解决方案。

(6) 物流条码在海外仓储管理中的应用。在海外仓储管理中应用物流条码进行库存品管理、仓库库位管理等，可发挥自动化立体仓库高效、实时、准确的功能。

(7) 物流条码在目的地配送中的应用。目的地配送集装卸、包装、保管、运输于一身，在备货、储存、分拣及配货、配送运输、送达服务等一系列活动中，采用条形码技术可以高效达成将货物送达的目的。

2. RFID技术

运输管理、物流仓储是RFID技术最有潜力的应用领域之一。在运输管理方面采用RFID技术，只需要在货物外包装上安装电子标签，在运输检查站或中转站设置阅读器，就可以实现货物的可视化管理。货主可以根据权限，访问在途可视化网页，跟踪了解货物的具体位置。UPS、DHL、FedEx等国际物流巨头都在积极实验和应用RFID，以期在将来大规模应用以提升物流能力。RFID技术的应用途径包括：物流过程中的航空包裹和铁路包裹等的货物追踪、信息自动采集、仓储管理应用、港口应用、邮政包裹、快递等。

3. GIS技术

在跨境电商物流领域，GIS技术是打造智能物流的关键技术与工具。使用GIS技术可以构建一张物流服务的电子地图，将订单信息、网点信息、送货信息、车辆信息、客户信息等数据都在一张图中进行管理，帮助物流企业实现基于地图的服务，实现快速智能分单、网点合理布局、送货线路合理规划、车辆监控与管理。

(1) 网点标注。GIS技术可以将企业的网点及网点信息，如地址、电话、提送货等信息标注到地图上，便于用户和管理者快速查询。

(2) 配送片区划分。GIS技术可以从地理空间的角度管理大数据，为物流业务系统提供业务区划管理基础服务，并与网点进行关联。

(3) 快速分单。GIS技术可以搜索定位区划单元，将地址快速分派到区域及网点，并根据该物流区划单元的属性找到责任人，以实现“最后一公里”配送。

(4) 最优配送线路规划。GIS技术可以设置车辆型号以及载货量限制条件，根据车速限制、订单时间限制和导航规划，设计配送线路；可以根据用户需求，将目的地一次性批量导入系统，根据订单地址精确生成地图点位，进而生成最佳配送线路，提高配送效率，节约配送成本。

(5) 车辆监控管理系统。GIS技术能将全球定位系统（GPS）传来的数据显示在电子地图上，帮助企业进行动态的全程物流管理。首先，实时监控运输车辆，实现对车辆的定位、跟踪与优化调度，以达到配送成本最低，在规定时间内将货物送到目的地，避免迟送或错送；其次，根据跨境电商网站的订单信息、供货点信息，合理调度车辆，提高车辆利用率。

(6) 货主跟踪货物。货主可以对货物进行全过程的跟踪与定位管理，掌握运输货物的动态信息，增强供应链的透明度和控制能力，提高客户满意度。

(7) 数据统计与服务。GIS技术将企业的数据信息在地图上以可视化的方式直观显示，通过科学的业务模型、专业算法和空间挖掘分析，帮助企业了解商业发展趋势和内在关系，从而为制定市场营销策略、规划物流线路、合理选址分析、分析预测发展趋势等构建良好的基础，使商业决策系统更加智能和精准，从而帮助企业获取更大的市场契机。

4. 大数据技术

随着大数据技术被各个领域广泛运用，将大数据技术和跨境电商海外仓相结合，构建属于跨境电商的物流信息管理系统，能够帮助企业降本增效。企业可以通过大数据挖掘，分析海外消费者的消费习惯、地址等信息，选择在消费多、收货多、性价比高的地方建设海外仓；通过分析目的地消费者以往购买需求，将商品提前采购运输到海外仓中储存起来，消费者下单后可以直接利用海外仓信息就近配送。这种通过采用大数据分析技术的批量运输、报关不仅能够提高商品的通关率，还可节约运输及通关商检成本，提高配送速度。同时，消费者在退换货时也无须再次报关、运输，只需要将问题商品退回到海外仓，借助海外仓存货即可轻松实现退换货，从而大大提高了客户满意度。

工作任务2　跨境电商物流信息技术发展

职业能力7-2-1　了解智能物流在跨境电商物流领域的应用

【学习目标】

知识目标

1. 了解智能物流的含义。
2. 了解智能物流的特点。

能力目标

总结智能物流在跨境电商物流领域的应用。

素质目标

1. 感受互学互鉴的丝路精神。
2. 感受创新思考的工匠精神，培养创新精神和实践能力。

【基本知识】

一、智能物流的含义

智能物流在跨境电商中的应用是近年来行业发展的关键驱动力，它通过集成物联网、大数据、人工智能、云计算等先进技术，对传统跨境物流进行智能化改造和升级，极大地提高了效率，降低了成本，并优化了消费体验。

智能物流是指将条形码、RFID技术等先进的物联网技术和人工智能技术，通过信息处理和网络通信技术平台，广泛应用于物流运输、装卸搬运、仓储、包装、配送等基本活动环节，实现货物运输过程的信息化、自动化运作和高效优化管理，提高物流服务水平，降低成本、减少自然资源和社会资源消耗。

智能物流系统的普及将推动跨境电商物流水平的飞跃性提升。在物联网、大数据、人工智能等先进技术的支持下，跨境电商物流将实现更加精准、高效的全球货物运输。预测性维护、智能仓储、无人机配送等前沿技术的应用，将大幅提高物流效率，降低运营成本，为跨境电商的快速发展提供有力支撑。

二、智能物流的特点

智能物流在实施的过程中强调物流过程数据智慧化、网络协同化和决策智慧化。智能物流在功能上要实现 6 个“正确”，即正确的货物、正确的数量、正确的地点、正确的质量、正确的时间、正确的价格，在技术上要实现货物识别、地点跟踪、货物溯源、货物监控、实时响应。

一方面，物流企业可以通过对物流资源进行信息化优化调度和有效配置，来降低物流成本；另一方面，在物流过程中加强管理和提高物流效率，可以改进物流服务质量。随着跨境电商物流的快速发展，物流过程越来越复杂，物流资源的优化配置效率和管理难度也随之提高。要想实现物流行业长远发展，就要实现从物流企业到整个物流网络的信息化、智能化，因此，发展智能物流成为必然。

跨境电商智能物流的特点体现在以下几个方面：

（1）全链条信息化整合。智能物流实现了从订单处理、仓储管理、货物打包、国际运输、海关申报、“最后一公里”配送等全流程的信息一体化，所有环节的数据都能实时同步并互联互通。

（2）大数据驱动决策。利用大数据分析技术，智能物流能对市场需求、供应链状态、运输资源等进行深度挖掘和预测，优化配送线路、货车调度和仓储管理，帮助企业精准调度物流资源，有效降低成本，提升响应速度。

（3）智能化装备与自动化作业。高度自动化的仓储系统，包括机器人拣选、无人驾驶运输车、无人机配送等先进技术的应用，使得物流作业更加高效且准确。

（4）可视化与实时追踪。通过物联网技术和云平台，智能物流可以实现运单的在线生成、自动化处理和跟踪。智能物流可以提高运单处理的速度和准确性，物流轨迹能够被实时追踪，交易双方可以随时查询货物位置，增强物流透明度和提高客户满意度。

（5）快速通关和报关服务。智能物流利用自动化和数字化技术简化海关报关流程，并与海关部门建立 API 接口，实现快速通关和安全合规的运输。这有助于缩短物流周期，缩短交货时间，提高客户满意度。

（6）协同化服务平台。智能物流能够整合不同国家和地区、不同物流服务商的资源，形成全球化的物流网络，实现跨境物流的一站式服务。

（7）合规与风控能力。结合区块链、AI 等技术，智能物流能有效解决跨境交易中复杂的清关、税收问题，强化合规管理，并对可能的风险进行预判和防控。

（8）绿色环保理念。在设计和执行物流方案时，智能物流也注重节能减排，通过优化路径、减少空驶等方式践行可持续发展策略。

智能物流不仅极大地提高了跨境物流的运作效率和服务质量，还为企业带来了更高的竞争力和市场适应能力。

三、智能物流技术的发展前景

（1）智能获取技术使物流从被动走向主动，实现物流过程中的主动获取信息、主动监控车辆与货物、主动分析信息，使货物从源头开始被实施跟踪与管理，实现信息流快于物流。

（2）智能传递技术应用于企业内部、外部的数据传递。

（3）智能处理技术应用于企业内部决策，通过对大量数据的分析，在商品库存等方面做出决策。

（4）智能利用技术在物流管理的优化、预测、决策支持、建模和仿真、全球化管理等方面的应用，使企业的决策更加准确和科学。

智能新技术将快速发展的现代物流信息技术和管理方式引入行业中，物流领域的创新应用模式不断涌现，它的发展推动了中国物流行业的变革和智能物流时代的到来。

能力提升

总结智能物流在跨境电商物流领域的应用

（1）信息化集成与智能化管理。智能物流集成物联网、大数据、云计算等技术推动实现物流全过程的信息自动化采集、传递和处理，从而帮助物流企业实现实时监控、精准预测和高效调度。

（2）自动化仓储与智能分拣。自动化立体仓库、智能分拣系统的使用可以大幅度提高仓储作业效率，减少人工干预，实现库存精细化管理和快速出库。

（3）全程可视与实时追踪。条形码、RFID 等技术的应用，实现了货物从发货到收货的全程跟踪，帮助企业提供实时物流信息查询服务，提高客户信任度和满意度。

（4）智能路由规划与优化运输。先进的路径优化算法结合实时交通、天气等数据，可以为跨境物流提供最佳物流配送线路建议，缩短运输时间，降低物流成本。

（5）便捷通关与电子化服务。区块链、AI 等技术促进报关数据的电子化交换与验证，实现跨境贸易单证无纸化，加快清关速度，简化手续。

（6）风险管理与合规保障。智能物流利用大数据分析技术预警可能存在的物流风险，如政策变动、供应链中断等，协助企业做好预案，同时确保物流活动符合各国法规和标准，降低违规风险。

（7）供应链协同与资源整合。智能物流有助于构建智慧物流平台、整合多方物流资源，实现跨地区、跨国界的无缝对接，提供一站式综合物流解决方案，提升整体供应链的协同效应。

（8）客户服务与个性化体验。智能物流可以根据客户需求提供定制化服务，如预约配送、灵活退货等，通过不断提升服务质量来增强品牌竞争力和客户忠诚度。

智能物流以其高效、透明、便捷、安全的特性，在跨境电商物流领域发挥着至关重要的作用，有力地推动了全球贸易的发展和创新。

职业能力 7-2-2 了解物联网技术在跨境电商物流领域的应用

【学习目标】

知识目标

1. 了解物联网的含义。
2. 了解物联网应用技术。

能力目标

总结物联网技术在跨境电商物流领域的应用。

素质目标

1. 感受互学互鉴的丝路精神。
2. 感受创新思考的工匠精神，培养创新精神和实践能力。

【基本知识】

一、物联网的含义

物联网（Internet of Things，IoT）是指通过各种信息传感设备（如 RFID、红外感应器等），按照约定的通信协议，将物品与互联网相连接，实现智能化识别、定位、跟踪、监控和管理的一种网络概念。这些物品既可以是传统的电子设备，又可以是日常生活中的普通用品，只要嵌入了能够采集或发送信息的芯片与软件，就能够在物联网中成为智能节点，与其他节点进行信息交互。

物联网的关键特征在于它扩大了互联网的边界，不再局限于人与人之间的交流，而是扩展到了人与物、物与物之间的连接和沟通。物联网的目标是建立一个无所不在的网络环境，使得物品能够自主地传输数据、接受指令并作出反应，从而达到提高效率、节约资源、优化管理、改善生活品质等多种目的。

物联网作为信息科技产业的第三次革命，被广泛应用在智能家居、智慧城市、工业自动化、农业、医疗保健、交通运输、环境保护等诸多领域，并且被认为是继计算机、互联网之后世界信息产业发展的重要里程碑。

二、物联网应用技术

（1）传感器技术。这是计算机应用中的关键技术。到目前为止，绝大部分计算机处理的都是数字信号。自从有计算机以来，就需要传感器把模拟信号转换成数字信号。

（2）RFID技术。RFID技术也是一种传感器技术，在自动识别、物品物流管理领域有着广阔的应用前景。

（3）嵌入式系统技术。嵌入式系统技术是集计算机软硬件、传感器技术、集成电路技术、电子应用技术于一体的复杂技术。经过几十年的演变，以嵌入式系统技术为特征的智能终端物品随处可见。嵌入式系统技术正在改变人们的生活，推动工业生产以及国防工业的发展。

传感器是人的眼睛、鼻子、皮肤，用来感受；网络是人的神经系统，用来传递信息；嵌入式系统是人的大脑，用来在接收到信息后进行分类处理。

能力提升

总结物联网技术在跨境电商物流领域的应用

（1）货物的追踪与监控。传感器和无线通信技术可以对货物的位置、温度、湿度等信息进行实时监测。例如，在冷链运输中，物联网可以实时监测运输温度，一旦温度超过预设范围，系统会自动报警，及时采取措施防止货物受损。

（2）智能仓储管理。物联网技术可以帮助仓库实现自动化库存管理，如使用RFID读取器自动记录货物出入库信息，配合智能货架和自动化分拣系统，优化空间利用率，提高拣选效率。

（3）运输车辆监控。利用北斗卫星导航系统和车载传感器，企业可以实时监控运输车辆的位置、行驶速度、线路、车厢内温度等情况，有效管理运输队列，预防货物损坏或延误。

（4）预测与优化。通过对物联网收集的大数据进行分析，企业可以预测物流流量、优化配送线路、提前调配资源，有助于降低物流成本。

（5）智能通关。物联网设备可以与海关系统对接，实时上传货物信息，辅助完成电子报关、快速查验等流程，提高清关效率，减少因信息不透明而导致的延迟。

（6）防盗防损预警。当货物在运输途中遭遇异常情况（如非法开启、冲击、倾斜等）时，物联网设备会立即发出警报，保护货物安全。

职业能力7-2-3　了解人工智能技术在跨境电商物流领域的应用

【学习目标】

知识目标

1. 了解人工智能的含义。
2. 了解人工智能的实现方法。

能力目标

总结人工智能在跨境电商物流领域中的应用。

素质目标

1. 感受互学互鉴的丝路精神。

2. 感受创新思考的工匠精神，培养创新精神和实践能力。

【基本知识】

一、人工智能的含义

人工智能（Artificial Intelligence，AI）是研究、开发用于模拟、延伸和扩展人的智能的理论、方法、技术及应用系统的一门新的技术科学。它是计算机科学的一个分支，是通过探索研究用各种机器模拟人类智能的途径，使人类的智能得以物化与延伸的一门学科。该领域的研究包括机器翻译、机器人学、语言和图像理解、智能控制、专家系统、自动程序设计、航天应用、信息处理等。

二、人工智能的实现方法

人工智能的实现方法多种多样，每种方法都有其特定的应用场景和解决问题的方式。

（1）基于规则的系统：使用一系列预先定义好的规则来做出决策。这种系统通常包括一个知识库，储存关于特定领域的信息，以及一个推理引擎，用来根据规则进行推断。

（2）机器学习（Machine Learning）：让计算机通过数据自动学习模式和规律，而不需要显式编程指令。机器学习可以进一步分为以下几个子类：

1）监督学习：使用已知“输入—输出”来训练模型，以便它正确地预测结果。

2）非监督学习：没有标签的数据集，目标是从数据中发现内在的模式和规律。

3）半监督学习：介于监督学习和非监督学习之间，使用少量的标注数据和大量的未标注数据。

4）强化学习：通过与环境互动来学习策略，目的是最大化累积奖励。

（3）进化计算（Evolutionary Computing）：模拟自然选择和遗传学原理来寻找优化问题的解，包括遗传算法（GA）、粒子群优化（PSO）、蚁群算法（ACO）等。

（4）模糊逻辑（Fuzzy Logic）：一种用于处理不确定性和模糊信息的强大工具；允许中间值的存在，能够处理不确定、模糊和不精确的信息。

（5）自然语言处理（Natural Language Processing）：包括文本分析、情感分析、机器翻译等功能，旨在使计算机能够理解和生成人类语言。

（6）计算机视觉（Computer Vision）：使计算机能够处理图像和视频数据，从而识别图像中的对象、场景或动作。

（7）深度学习（Deep Learning）：机器学习的一个子集，主要依赖神经网络，尤其是深层神经网络来实现复杂的模式识别任务，通常需要大量的数据和计算资源。

(8) 推荐系统（Recommendation Systems）：使用用户的历史行为数据和其他信息来预测用户可能感兴趣的内容，并据此提供个性化推荐。

(9) 专家系统（Expert Systems）：结合人类专家的知识与计算机的处理能力，以解决特定领域内的复杂问题。

(10) 多智能体系统（Multi-Agent Systems）：由多个相互作用的智能体组成，共同完成复杂的任务或解决复杂的问题。

人工智能就其本质而言，是对人的思维的信息过程的模拟。对于人的思维模拟可以两种方法进行：一是结构模拟，仿照人脑的结构机制，制造出“类人脑”的机器；二是功能模拟，暂时撇开人脑的内部结构，而对其功能过程进行模拟。现代计算机的产生便是对人脑思维功能的模拟，是对人脑思维信息过程的模拟。弱人工智能迅猛发展，尤其是经济危机后，一些国家希望借机器人实现再工业化，工业机器人比以往任何时候都更快地发展，更加带动弱人工智能和相关领域产业的不断突破，很多必须用人来做的工作如今已经能用机器人实现。

能力提升

总结人工智能在跨境电商物流领域中的应用

人工智能技术在物流行业的应用包括但不限于以下领域：

(1) 车货匹配系统。物流企业可以利用人工智能技术，结合自身资源打造全新的货运匹配平台，基于自身货源建立数字化货运平台，低价获取社会运力。

(2) 无人驾驶体系。无人驾驶技术可以解决干线运输司机短缺问题，提高物流效率，降低交通运输过程中的安全事故，克服人为因素所带来的诸多痛点。商用车无人驾驶技术在港口等特殊场景率先应用，在高速公路干线得到普及，并与车联网、车路协同等技术相结合，推动整个公路运输体系智能化。

(3) 语音识别技术。语音识别技术是包含特征提取技术、模型训练技术以及模式匹配准则在内的智能科技，是让机器通过识别与理解，把语音信息转变为相应的文本符号的技术。在物流领域，语音识别技术已成为电话信道上最为重要的应用之一。基于语音识别技术的客服坐席，可实现客户语音的可视化和智能分析，辅助人工坐席迅速完成词条和关键字识别，并进行关键知识库与知识点的搜索匹配，从而提高物流行业客服坐席的工作效率、服务质量与电话接通率。

(4) 智能化物流场站管理、库存作业。为实现垛口、车辆、物理格口的自动协同，进场车辆调度引导、智能停靠，企业可对运输车辆进行智能扫描、在装卸垛口加装智能传感器。在智能仓库内作业环境中，人工智能对搬运机器人、分拣机器人与机架进行有序操作，使它们相互协作，能够极大提升仓库操作的处理速度、拣取精度和储存密度。人工智能通过测算数百万SKU货物的体积数据和包装箱尺寸，利用深度学习算法技术，由系统智能地计算并推荐耗材和打包排序，从而合理安排箱型和货物摆放方案；通过对货物数量、体积等基础数据进行分析，使企业对各环节进行智能调度。

（5）海外仓出入库操作及库内操作。出入库操作包括实现自动化配送的无人机技术，实现长途运输转向“最后一公里”配送的3D打印技术（3D打印机器人配送），实现末端智能收货的智能快递柜等。库内操作主要包括分拣识别和搬运上架货物，即用分拣机器人进行货物分拣、用可视化设备技术进行快速货物识别、用货架穿梭车和自动导引车进行货物搬运和上架操作等。通过智能作业技术的应用，海外仓内货物的运输、分拣及配送效率大大提高，解决了物流作为劳动密集型产业所面临的国外劳动力成本高、效率低下的问题。

（6）物流运营管理。人工智能技术还能为新一代物流行业提供更加智慧的运营管理模式。人工智能技术结合大数据分析技术，在物流转运中心、仓库选址上能够根据运输线路、客户分布、地理状况等信息进行精准匹配，从而优化选址、提高效率。采用人工智能技术和学习算法分析，供应链各环节的生产制造商、供应商、物流提供商的水平也能得到相当程度的提升。在人工智能技术辅助下，企业可以预测订单量，识别影响订单量的关键因素，并监控这些因素对库存需求的影响，从而能够更准确地预测库存需求，提前有针对性地制定营销策略和货物的仓、运、配计划。

知识巩固

一、选择题

1. 人工智能技术的主要研究目标是（　　）。[单选题]

A. 创建完全超越人类智能的机器

B. 设计和实现模拟、延伸和扩展人类智能的系统

C. 用机器完全替代人类的所有工作

D. 构建能自我复制的人造生命体

2. 在跨境电商物流领域，（　　）不属于人工智能技术的应用范畴。[单选题]

A. 车货匹配系统　　B. 无人驾驶系统

C. 智能化仓库管理系统　　D. 传统的手动分拣作业

3. 物联网在智能仓储管理中，主要用于（　　）。[单选题]

A. 实现货物的自动化识别与追踪

B. 提高仓库工作人员的工作效率

C. 对仓库温湿度进行远程控制

D. 自动完成海关报关

4. 智能物流的核心技术手段不包括（　　）。[单选题]

A. 物联网技术　　B. 大数据技术

C. 人工智能技术　　D. 生物识别技术

5. 智能物流通过（ ）提升客户体验。[多选题]

A. 全程可视与实时追踪 B. 提供个性化物流服务

C. 加快清关速度与简化手续 D. 强化风险管理与合规保障

二、判断题

1. 智能物流仅依赖物联网技术实现物流过程的信息化和自动化。（ ）

2. 智能物流通过大数据分析技术可以实现对市场需求、供应链状态等的深度挖掘和预测。（ ）

3. GIS 技术只适用于物流企业的网点管理，无法用于配送线路规划。（ ）

4. 大数据技术无法帮助跨境电商企业降低物流成本和提高配送速度。（ ）

5. 跨境电商物流信息系统不具备灵活应对不同国家和地区政策法规的能力。（ ）

拓展练习

1. 请你简述如何构建跨境电商物流综合服务平台。

2. 请你简述条形码技术在跨境电商物流管理方案中的应用。

参考文献

1. 陈碎雷. 跨境电商物流管理［M］. 北京：电子工业出版社，2018.

2. 戴小红，吕希. 跨境电商物流实务［M］. 杭州：浙江大学出版社，2020.

3. 米志强，邓子云. 物流信息技术与应用［M］. 北京：电子工业出版社，2010.

4. 苏杭. 跨境电商物流管理［M］. 北京：对外经济贸易大学出版社，2017.

5. 羊英，陈建，吴翠红. 跨境电商物流实用教程［M］. 北京：中国海关出版社，2019.

6. 张娴. 跨境电子商务物流管理［M］. 北京：高等教育出版社，2019.

7. 全球（郑州）跨境电商研究院. 跨境电商物流［M］. 北京：中国商务出版社，2021.